U0879761

何以

中国

何以中国

吴鹏 著

水运与国运

浙江人民出版社

图书在版编目（CIP）数据

水运与国运 / 吴鹏著. — 杭州 ：浙江人民出版社，2022.8

ISBN 978-7-213-10635-4

Ⅰ. ①水… Ⅱ. ①吴… Ⅲ. ①中华文化-通俗读物 Ⅳ. ①K203-49

中国版本图书馆CIP数据核字(2022)第095130号

水运与国运

吴鹏 著

出版发行：浙江人民出版社(杭州市体育场路347号　邮编　310006)

市场部电话：(0571)85061682　85176516

责任编辑：朱碧澄　　营销编辑：陈雯怡　陈芊如

责任校对：戴文英　　责任印务：程　琳

封面设计：尚燕平

电脑制版：杭州天一图文制作有限公司

印　　刷：杭州钱江彩色印务有限公司

开　　本：680毫米×1000毫米　1/16　　印　　张：23.75

字　　数：281千字　　插　　页：1

版　　次：2022年8月第1版　　印　　次：2022年8月第1次印刷

书　　号：ISBN 978-7-213-10635-4

定　　价：88.00元

序

孟宪实

所有的人生共同聚合成历史，所以历史一如人生，横看成岭侧成峰。获此感想，是因为读到了吴鹏的书稿《水运与国运》。中国之所以为中国，有无数的视角可以观察，无数的因果可以归纳，但水的视角无疑是最灵动、最根本的一种。水是生命之源，所有生命都离不开水，但江河奔流，不必然孕育文化，完全可以是生机盎然与文化荒蛮同在。水与文化，才是历史的必然主题。水孕育了生命，只有水利才是文化的根脉。人类历史如此，中国历史亦如此。

水孕育了生命与文明，但水之与人，首先是自然关系。人类历史中，与大自然的关系始终脱离不开利用的基本格局。古往今来，利用自然的效率几乎是衡量国家发达与否的唯一指标。近代以来，起源于西方的现代科技，就是新生态背景下对大自然的新利用，电能、核能这些更难控制的自然力量被人类社会开发出来为人类服务，前景甚至达到令人担忧的程度。回顾传统社会，在以农业开发为基本方式的时代，利用自然相对简单，最多就是自然力量的搬运，绝不是引导自然发生物理、化学反应，从而获取更高能量。

工业化之前的传统社会，在自然力量的利用方面，水利绝然名列第一。水利是农业命脉，是各地农业发展的基础。在区域经济的竞争中，水利事业的发达与否，是一项重要指标。此前，历史学家研究秦朝统一的基础与背景，深受汉代学者的影响，尤其是强调“虎狼之秦”的表面文章，稍微深入一些，会认为秦国有商鞅变法的新制度，驱使人们在“耕战”政策上为国拼命。事实上，还有更重要的因素，秦国的武器开发系统先进、水利事业发达，秦国早就不是“西戎”秦国了。秦国统一六国，是先进战胜落后，是文明战胜野蛮。

郑国渠的故事在中国家喻户晓，即使是在秦国发现了韩国的阴谋之后，秦国还是坚持完成了郑国渠的修建。韩国希望通过郑国渠的修建阻挡秦国灭韩的脚步，这个目标确实实现了，但郑国渠虽然让韩国又多存在了几年，却也让秦国统一全国的力量反而更强劲。秦王发现郑国渠的阴谋后，也曾一度发出逐客令，但秦国内部的争论，最终让秦国选择了正确道路，停止逐客，继续修建郑国渠。轻重缓急如何选择，任何时候、任何国度，都是决策者的难题，浮云遮目是最常见的现象。但秦国遭遇郑国渠危机，决策最终不误，证明秦国决策有合理性机制的存在。

中国古代水利发达，这几乎是一个历史常识。有学者受到启发，专门把水利与政治体制进行了因果连接，如魏特夫等。水利事业与政治体制的关系，到底如何进行历史分析才是恰当的，这显然是个复杂的课题，非一言能够蔽之。但是，这可以看作是西方学者承认古代中国水利事业发达的一个佐证。中国的历史传说和现代考古学都证明，人类确实曾经面临一个洪水泛滥问题，挪亚方舟的传说是逃离洪水的故事，大禹治水是应战洪水的故事。茫茫禹迹，划为九州，中国的历史与文化，从初始就与水利有了不解之缘。水是一道严肃的历史课题。

一提“上善若水”，中国的哲学意味就会喷涌而出。中国哲人关于水的思考，同样振聋发聩。金、木、水、火、土，用少数几个元素结构整个宇宙，并不是中国哲人才如此，但强调几个基本元素之间的辩证统一，是否是中国哲学接受了历史的启迪呢？也许仅仅是生活启发了思想，所以曹雪芹才用水去赞扬女孩的美好。于是又令人联想到山水诗和山水画，与其说是命里不能无水，不如说是思想不能无水，有水才有自由。打住，一旦言及水，就可能陷入汪洋恣肆，难以遏制。从水的角度思考中国历史，无疑是抓住了中国文化的一条根脉，想一想，不免令人激动。

最近读到李伯重先生的一部新书《新史观新视野新历史》（香港城市大学出版社、广西师大出版社2018年版），开篇第一章就是《中国是水造就的——水与中国历史》，文章总结道：“在过去两千多年中，中国发展出了先进的水利工程技术，建成了世界上最大的防洪体系，最大的灌溉系统和最大的水运系统。”李先生是颇具国际视野的中国学者，他使用的数据都来自国际对比，值得信服。依照历史的发展顺序，《水运与国运》把中国历代的水利事业清晰地勾勒出来，给出了一个水利视野下的中国历史。提及李伯重先生的文章是想说明，吴鹏的思路，确实符合历史学的学术思考。

从吴鹏博士毕业算起不过几年时间，一转眼，他却以另一种面貌出现。虽然在行政单位工作，但他不仅没有放弃历史学的学养，反而在非虚构的历史作品写作方面卓有成绩。报刊上常见吴鹏的文章，过往的历史平实而有趣，与现实遥相辉映，读来又不无思考深度。我带过的研究生，算起来也有几十人了，除了继续奋斗在历史专业以外的，多数同学后来都与历史学关系不大。当年的历史教育，已经沉淀成工作的人文素养而已。吴鹏属于特例。他的历史作品的写作和思考，对于他现在的工作无疑是有帮助的，而对于公众而言，则具有雪中送炭的意义。一方面，社会阅读需要非虚构历史作品，另一方面，这类作品大量泥沙俱下，良莠不齐，很多作者没有经过历史学训练，自身还是爱好者，有的甚至满足于自身的民科状态。而专家通常不屑于写通俗作品，有的想写又写不好。

历史学需要深入研究，也需要深入浅出的普及性写作，毕竟历史学是社会分工的一部分。社会的需要，这就是吴鹏的希望。

是为序。

目　录

前　言　从大河大江走向大海大洋

从某种意义上说，一部华夏文明史，就是一部中国在北方大河边生长，往南方大江畔拓展，通过开凿人工运河沟通南北、打造牢不可破统一体，最后向大海进发，将大陆大洋连为一体，而自身则成为陆洋中介、世界枢纽的历史。

正如英国地理学家、地缘政治学家詹姆斯·费尔格里夫在《地理与世界霸权》中所言，“中国是一个独特的江河之乡，这不仅意味着它的土地上有众多的河流，而且意味着其历史受到了这种支配事实的巨大影响”。

水是生命的源泉，大江大河是文明的摇篮。早在上古时期，炎帝部落与黄帝部落就在渭水两岸创造他们的功业，通过互相学习，最终融合成血浓于水、不可分割的华夏族，发展出农耕文化和衣冠文明。这种统一起来的整体性力量，在后来的尧舜大洪水时代经受住了严峻考验。

鲧禹父子带领百姓接力平治洪水的成功，奠定了中国古代大一统政权早熟的群体合作基础，使得从渭水流域肇始的人文之光，逐渐沿着黄河扩展到整个北方大河流域尤其是黄土覆盖地区，形成统一的华夏文明，奠定了中华文化与西方文化面对灾难时的不同选择底色。

东西方在上古时期都有大洪水的记载或传说，西方文化的选择是建造逃难的挪亚方舟，中华文化的选择是团结起来共同治水。西方文化选择的本质是“逃”，但毕竟相对于全体人民而言，能登上挪亚方舟的人必定是少之又少的极少数。中华文化选择的本质是“治”，通过摸索治水规律，采用疏堵结合的方式平治洪水，尽可能让每个族群成员都能安全挺过灾难，进而变水害为水利，最终重建家园，延续文明。中华文化和西方文化在面对史前大洪水时的不同历史选择记忆，深刻灌注进各自的民族性格基因中，并影响到之后历史进程，甚至持续作用于今天应对疫情等灾难时的策略选择。

无论是国内还是域外，都充分肯定了治水和水利在构建中华民族统一体和中国早期国家起源中的重要作用。如冀朝鼎在《中国历史上的基本经济区与水利事业的发展》一书中所言，中国北方的黄土中含有丰富的磷、钾等无机质，浇灌进适当水分后，黄土犹如海绵一般吸水，利用其毛细管吸收能力，将蕴藏在黄土深层的磷、钾无机质输送到顶层，便于谷子、小麦等农作物根部的摄取。中国南方则主要是利用水利设施排除沼泽、湖泊中多余的积水，改造沼泽、湖床地区用以种植稻米等农作物。因此，无论南北，以灌溉系统为主要内容的水利建设都成为农业发展的重要条件。水利建设不但是推动农业发展的具体工程技术问题，更是关涉国计民生的经济、政治问题。

魏特夫等西方学者，指出了中国古代王朝赖以立基的农业生产与水利建设的正相关关系。魏特夫认为，在东亚和南亚的三角洲平原地区，国家机器在农业与人口发展的基础——水利设施的建设与管理中起着至关重要的作用，形成东方“治水社会”；在中国的每个地方，灌溉都是集约农业不可缺少的条件，在此基础上，便确立了中国的农业社会，正如现代资本主义的工业社会是建立在煤与铁的基础上一样。

但必须注意和警惕的是，魏特夫等学者的论著对东方尤其是古代中国，在具体地理条件、经济环境中形成的政治制度和历史传统的傲慢偏见，则是不足为训的，这类学说具有浓厚的歪曲亚洲国家历史的意识形态色彩。如魏特夫认为，在东方“治水社会”中，为了保障国家力量永久大于社会力量，避免在社会上形成对抗皇权的政治力量，统治者在军事、行政、经济乃至宗教信仰方面采取了一系列措施，以巩固专制统治，因此，东方社会一直处于专制主义统治之下，若没有外部强力的介入，东方专制主义是不能被打破的，等等。

当代中外学者在综合中国各区域水利事业研究的基础上普遍认为，魏特夫等人的观点并不适用于中国这一地域广阔、地形多样且政区严密的地理实体；即使考虑到国家在水利上的核心功能，国家及其官僚体系也不是影响水利问题的唯一因素，不是唯一的决策者和执行者；多数水利工程并非必须由范围广大的国家来管理，官方通常并不独自从事大规模的工程，而主要依靠地方士绅与土地所有者的合作；水利资源与区域性的社会结合所形成的“水利社会”明显强于“水利国家”“治水社会”，“水利社会”比“治水社会”“水利国家”更有意义。

中国古代以农为本、以农立国，农业是一切政治、经济、军事体制和意识形态、礼仪制度安排的根基，而水利建设是决定农业生产水平的直接因素。马克思指出，“利用水渠和水利工程的人工灌溉设施成了东方农业的基础”，“那些通过劳动而实际占有的共同的条件，如在亚细亚各民族中起过非常重要作用的灌溉渠道，还有交通工具等等，就表现为更高的统一体，即凌驾于各小公社之上的专制政府的事业”。马克斯·韦伯亦认为，在中国的文化发展中，灌溉起了决定性的作用；而水的问题，又决定着官僚制度的存在和依附阶级的强制服役，以及被统治阶级对君主的官僚制职能的依赖。

从这个意义上讲，中国古代王朝的兴亡、国运的兴衰，都与农业生产的支撑力量即水利建设，进而与水利背后的“水运”密不可分。

本书中的“水运”是指围绕水而开展的制度安排、经济运作、社会治理、军事行动、文化互动等，包括洪涝灾害的治理、水利设施的修建、人工运河的开凿、海洋贸易的展开、水战海战的进程、海外文化的交流，等等，这一切都与历朝历代的国运兴衰有着紧密相连的关系。中国古代历史的“国运”进程，正是依靠“水运”的承载，沿着大河大江向大海大洋展开。

凭借治水导渭建立起来的宏大功业，禹在部落事务中的权力、地位空前加强，为其子启建立夏朝奠定根基。经过夏商时代的传递，中国历史的接力棒交到周人手中。周人始祖后稷曾帮助大禹治水并掌管农业事务，后在雍水、杜水、渭水流域辗转迁徙，引水务农，种植百谷百蔬，为华夏族早期农业生产经验的积累作出了重大贡献。正是在渭水边，周文王与吕尚以“渭水对”的形式，展开了灭商兴周的战略对话。经过文王、武王的不懈努力，借助吕尚等人的辅佐，周人终于灭掉商朝，将“周国”升级为“周朝”。

西周衰落，平王东迁，是为东周。王权下移，诸侯纷争，春秋各国以邻为壑，均把水作为战争征伐的有力武器。晋水边的大战促成了韩、赵、魏三家分晋，拉开战国历史的帷幕。而相对于水战，更值得注意的是春秋战国时期大型水利工程建设的发展。

尽管在夏商周时期，华夏先民就已经开始了农田水利建设，但基本上以局限于一隅之地的小规模建设为主。在西周时期井田制土地制度的背景下，劳动者从耕地中间打井取水，利用各块耕地之间的“沟洫”渠网进行灌溉。农民被牢牢束缚在土地上耕种“公田”，土地所有者实行劳役地租，需要通过占有农民劳动时间获取剥削收入。各诸侯国没有足够的权威组织大型水利工程，土地所有者没有足够的动力、农民没有足够的时间去参与水利工程建设。

历史的发展进入春秋时期尤其是战国时期后，铁器和牛耕的使用极大地提高了粮食生产力，部分农民开始从土地上解放出来，土地所有者的剥削方式从劳役地租转变为实物地租，从占有农民劳动时间转变为直接占有劳动果实。农民劳动时间的长短与土地所有者剥削收入的多少不再有直接的正相关关系。各诸侯国中央权力的加强，也增强了相对于各级土地所有者的政治权威。

诸侯国组织力的增强，土地所有者政治力量的削弱，农民从土地上的解放，使早期中国的水利建设，开始突破井田制条件下打井取水、利用“沟洫”渠网灌溉的狭隘格局。各诸侯国从农村调取大量劳动力开展大规模水利工程建设，具有了现实可能性。正是在具备这种历史条件的情况下，各诸侯国开始组织大型水利工程建设，如楚国孙叔敖兴建芍陂，魏国西门豹、史起治理漳河等，在客观上为即将形成的大一统国家积累了水利建造技术的经验。这其中，以秦国的都江堰、郑国渠、灵渠三大水利工程在国家统一中的战略意义最为典型。

秦昭襄王五十一年（前256）左右，李冰开始在成都主持修建都江堰，蜀地成为秦军剑指六国的战略后勤基地。十年后，秦王嬴政利用韩国水工郑国修建郑国渠，对统治重心关中地区的水利系统进行全方位、整体性的升级改造。借助成都平原和关中平原的双轮驱动效应，“秦以富强，卒并诸侯”。秦始皇三十三年（前214），秦军凿通广西灵渠，有效疏通了南下的后勤补给线路，秦朝由此将南方百越之地全部占领。依赖都江堰、郑国渠、灵渠三大水利工程提供的经济支持和地理沟通，中国统一多民族国家的基本规模初步形成。

秦朝在对水利技术的运用日渐精熟的同时，却在政治思想层面对“水德”的理解发生重大偏差。秦始皇统一天下后，根据战国时期流行的政治理论“五德终始说”，自命“大秦属水”，代表“五德”中的“水德”，将阴阳五行中“水尚刑”的特点与秦国厉行严刑峻法的治国传统相结合创设了一套治理体系，用人“专任狱吏”，动辄“乐以刑杀为威”，以致短短二世而亡。

刘邦灭秦建立汉朝后否定了秦朝的“水德”属性，宣布大汉才真正应“水德”之运。汉初君臣强调“水德”顺应自然、浸润万物的属性和对君主的道德制约，效仿水的顺从之性，顺应民心民意，与民休养生息，很快呈现“文景之治”。直到汉武帝时期，为推行积极有为的国策，才将汉朝属性由“水德”改为“土德”。

汉朝“水德”属性虽改，但水利驱动作用不变。汉武帝即位后，对匈奴展开进攻态势。为供应前线军需，汉朝在渭水与黄河之间开凿运河，沿水路运输粮草，引水灌溉沿岸万顷田地。经过卫青、霍去病三次大规模主动出击，汉朝赢得了对匈奴战争的决定性胜利。战后，汉朝先后修建六辅渠、白渠，灌溉土地，提高粮食生产能力，缓解对匈奴开战以来的民生压力。

天下大势，分久必合，合久必分。东汉末年黄巾起义，天下大乱。黄河、淮河、长江三大东西走向水域限隔南北的地理位置，导致围绕这些水域发生的战争成为加剧分裂的重要因素，以致形成从三国魏晋到南北朝三百六十多年的大分裂、大动乱。

曹操、袁绍在黄河边的官渡之战，虽然促成了北方的统一，但长江岸的赤壁之战也最终奠定魏、蜀、吴三分天下的基础。诸葛亮试图再造一统，却出师未捷身先死，在渭水岸边大星斗落五丈原。三国期间和西晋短暂统一后，渭水之西和黄河以北的匈奴、鲜卑、羯、狄、羌等游牧民族集体南下，西晋屡屡应对失策，最终失守黄河流域，衣冠南渡，退守江淮，凭借长江天险保存华夏文明火种于江南，绵延不绝。

在东晋南朝与十六国北朝的对抗中，淝水之战、浮山堰之战等大部分战争都发生在长江中下游与黄河中下游之间的淮河流域这一狭长地带。南方守江必守淮，北方渡江必过淮，南北方在淮河流域各有胜负，形成各守疆界的长期拉锯局势。最终在隋文帝开皇九年（589）正月才打破僵局，北方隋朝发动跨江作战灭亡南陈，分裂两百七十三年的中国再次统一。

平陈元帅杨广夺嫡即位成为隋炀帝后，开凿纵贯南北的大运河，形成沟通全国的水上交通完整体系，南北经济的循环更加顺畅，南北一体化加速。南方财富源源不断运到北方，为北方抵抗外族入侵提供经济支持，成为战略大后方；而北方则顶住国防压力，抵御草原民族入侵，为南方经济发展提供安全保障，成为国防大前线。南方经济中心与北方政治中心紧密联系在一起，成为密不可分的整体。

唐朝建立后，面临北方突厥的巨大威胁。唐太宗顶住签订“渭水之盟”的奇耻大辱压力，休养生息打造“贞观之治”，随后对东突厥全线开战，生擒颉利可汗，开始重建以其为主导的亚洲国际秩序。高宗时期，唐朝通过白江口海战将日本以朝鲜半岛为跳板进攻中国大陆的幻想击碎，最终确立唐朝在东亚国际格局中的主导地位。

开元元年（713）十月，玄宗在渭水畔召见老臣姚崇共论治国之道，对即将到来的盛世进行了顶层设计。天宝二年（743）暮春时节，玄宗在长安北部的水路通道港口广运潭举行了著名的广运潭盛会，这是开元、天宝时期唐朝社会经济繁荣的集中展现，显示了大唐巅峰时期的无限风采。

安史之乱后，唐代漕运废弛。刘晏对漕运制度进行了深度改革，不仅解决了关中粮荒，更是重新沟通了南北经济，进而重构财政体系，为大唐再次延续一百多年的荣光奠定了财经基础。

唐朝灭亡后，历经五代十国短暂分裂，北宋再次大体统一华夏地区，同时面临着因幽云十六州落入契丹辽国之手而泰山压顶般的军事国防压力。北宋相对于辽国在军事上的弱势，也逼迫其必须探索与前朝不同的中原、草原关系处理模式。

在辽国大举入侵，饮马黄河，威胁首都东京的战争背景下，北宋与辽国在黄河岸边签订表面上具有城下之盟色彩的“澶渊之盟”。盟约中虽有交付岁币的经济屈辱内容，但约定双方为兄弟之国、划定疆界、开关贸易等条款，一定程度上显示了双方的平等地位。

这一情况表明，中国从北宋开始，就在逐步探索中原与草原政权平等相处的对外关系新模式。日本学者内藤湖南在20世纪20年代通过分析唐宋之际“贵族政治的衰落”“君主地位的变迁”“人民地位的变化”“经济上的变化”“文化性质上的变化”等，认为“唐代是中国中世纪的结束，宋代是中国近世的开始”，提出了“中国近代化始于宋朝”的观点。这一观点得到海内外学者的广泛赞同，美国华人学者孙隆基于2001年在《二十一世纪》杂志上发表长文《全球视野中的中国千年》，亦认为“我们探讨宋朝是否世界‘近代化’的早春，仍得用西方‘近代化’的标准，例如：市场经济和货币经济的发达、都市化、政治的文官化、科技的新突破、思想与文化的世俗化、民族国家的形成以及国际化，等等。这一组因素，宋代的中国似乎全部齐备，并且比西方提早五百年”，甚至将宋代视为世界近代化的开端。“澶渊之盟”对国际关系模式的探索，应该属于中国走向“近代化”的重要努力。

北宋“近代化”色彩的另一抹亮色是市民社会的兴起和城市经济的繁荣，这就产生了城市治理，尤其是城市防涝排洪的问题。在赣州，北宋官员刘彝用一条良心下水道——福寿沟，为后人留下了城市地下设施营造的良心经验，几乎让赣州具备了现代海绵城市的雏形。

放宽历史的视界，从长时段、宽视角的角度观察，宋元明清整体历史发展的重要主线，是在隋唐借助开凿运河把中原、江南连为南北一体的基础上，通过更高层次的民族融合将以塞北草原为主体的“北”，和以中原江南为主体的“南”，连接为更大规模的南北统一体，从而背靠草原，面向大海拓展经济发展空间和战略回旋余地。

北宋由于军力不振，无法统一西夏收复西域进而疏通陆上丝绸之路，只有从海洋上寻找贸易新通道，从而刺激了海上贸易的繁盛。南宋偏安江南，以半壁江山顶住金国和蒙古铁骑连续一百多年的军事冲击，正是依靠海外贸易提供的财政支撑。南宋大兴海贸的国家战略，探索了古代中国“向海而生”的历史可能。

元朝经过崖山海战消灭南宋最后的抵抗力量，再次统一中国，很快开通连接南宋故都杭州与元朝新都北京的京杭大运河，初步将中原江南和塞北草原融合为新的南北统一体。疆域空前辽阔的元朝以世界帝国的姿态登上中国历史舞台，以“全球购”的思维理念重塑中国外贸体系，进一步繁荣了海外贸易，推动中国历史发展朝着“背靠草原、面朝大海”的全新格局前进。虽然元朝因在黄河治理上处置失当而激起大规模农民起义以致最终灭亡，但其海洋战略为明朝所继承。

明朝的海外贸易政策经历了“开—关—开”的调整。明初延续了元朝的开拓海洋政策，出现郑和下西洋的历史绝唱；后因倭寇扰边暂时闭关，严令片板不许下海；隆庆开海后又重新打开国门大兴海贸，主动走向世界，积极参与以白银为国际贸易结算方式的世界经济体系的初步建构，努力推动全球市场最终形成。更重要的是，明朝在发展海上贸易的同时，通过海上通道大量吸收西方近代科学知识和启蒙思想，重新接续因蒙元入侵打断的宋朝以来近代化历史进程。明末思想家将中国传统民本思想与欧洲启蒙思维糅合，中国事实上几乎与欧洲在同一时期出现启蒙之光。

历史的悲哀在于，清朝的入关再次打断中国历史向近代化的努力。与明朝对待海外贸易的“开—关—开”政策开放思路相反，清朝走了一个“关—开—关”的政策闭环路线。清初为防止郑成功等明末残余力量的抵抗，清朝统治者严格实行海禁政策，禁航南海；后曾短暂打开国门，但将外贸主导权严格控制在与朝廷关系密切的个别地域商人群体手中；清朝中期之后，又是几乎全面禁海，只保留广州一处通商口岸。自认天朝上国，视海外为蛮夷的清朝，终究被海上的坚船利炮轰开国门。畏惧海外华人与本土百姓联合的清朝，终究被发源于南洋的革命党人推翻。

海洋成了清朝挥之不去的梦魇，却是中华民族走向新生的历史起点。詹姆斯·费尔格里夫在20世纪之初就认为：“无论发生什么事，我们可以断言，一方面，不论清朝统治者的结局如何，中华民族并无衰落之象；另一方面，中国的历史仍将受地理环境和来自陆地与海洋的一些庞大势力的支配，尤其是这些势力之间的相互作用，会使中国越来越趋向于统一，并结合得比过去更加紧密。”

从鲧禹治水锻造华夏民族早期统一体，到周人引水务农浇灌出中国礼乐文明源头；从秦朝建造都江堰、郑国渠、灵渠等水利设施一统六国，却曲解“水德”二世而亡，到汉朝重新定义“水德”，与民休息，奠定四百年太平之局；从黄河、淮河、长江水域战争隔限南北，加剧魏晋南北朝的分裂动乱，到隋唐开凿大运河，从经济上将南北深度融合为牢不可破统一体；从宋元明背靠草原、走向大海，拓展海外贸易，打开中国历史新局面进而积极参与世界近代经济体系的初步建构，到清朝被海上的敌人敲开国门，被动进入世界现代化新秩序。五千年历史风雨兼程，沧海桑田，水运与国运彼此影响，互相重塑。可以说，水运影响国运兴衰，国运制约水运荣枯。

中国历史走过从大河起源、往大江拓展、向海洋进发的万水千山，经过1840年以来的反复试错、摸索，最终找到了连接大洋与大陆、成为陆洋枢纽的崭新定位。

第一章
夏商周：治水、灌溉与华夏勃兴

水是地球生命的源泉，水域是人类文明的摇篮。在黄河的最大支流渭水畔，华夏民族阔步登上历史舞台。鲧治水失败的真相，远不是“只堵不疏”那么简单。大禹接过父亲治水接力棒，不但最终平息洪灾，更是借助治水活动使华夏文明从渭水、黄河扩展到整个北方大河流域，构建了中华民族最早的共同体。

周人在渭水边舀起第一捧灌溉秧苗的河水，浇灌出八百年礼乐文明的源头。周文王与吕尚在“渭水对”中的人生初见，按下了兴周灭商的加速键。历史发展到东周，晋国内部韩、赵、魏三家与智家的晋水大战，拉开了战国历史的帷幕。西南地区三星堆文明的神秘面纱，亦要从遥远的开明治水时代揭开。

鲧禹导渭：构建中华民族共同体

根据考古学者的深入考察，最早孕育文明的往往并非大江大河的主体河道，而是汇入其中的某一支流。渭水，恰是这一理论的最佳示例。詹姆斯·费尔格里夫即认为，“黄河从高原一路向平原流去时，接纳了渭河这条‘清澈的’支流，后者在周围高原的环抱下形成了一个很深的谷地，这个谷地就是中华文明的摇篮”。

如果说黄河是华夏文明的摇篮，那么黄河最大的支流渭水就是华夏文明的产房；如果说黄河流域是华夏文明成长与发展的核心地区，那么渭水流域就是华夏文明生发与勃兴的策源地。从渭水流域肇始的人文之光，逐渐沿着黄河扩散到整个北方中原。正因如此，渭水自古便备受重视。北魏郦道元著《水经注》四十卷，记载大小河流一千两百五十二条，其中渭水就占了三卷，仅次于占五卷的黄河，与同样占三卷的长江并列第二。

渭水即渭河，主要发源于甘肃省渭源县鸟鼠山，流经甘肃天水，陕西宝鸡、咸阳、西安、渭南等地，全长八百十八千米，流域面积十三万四千平方千米左右。

渭水边的文明曙光

早在上古时期，渭水流域就已经是华夏先民活动的主要地区。据《山海经》《列子》所载，夸父“与日逐走”，连续数日不眠不休，终于接近太阳。长途跋涉的他一口气喝光了渭水和黄河的水，仍不解渴，欲到北方大湖中继续畅饮，结果还没等走到大湖就渴死在路上。

临死前他将手杖插在地上，用血肉之身将其滋润，培育成一片树林，是为“邓林”。

夸父追日寄托了华夏先民探索未知的信念和为理想不惜付出任何代价的意志，这一精神深刻灌注进了华夏民族的性格中。考古学者在渭水流域发现的早期文化遗存，印证了华夏先民在这一地区的足迹。

早在115万—70万年前，蓝田（今陕西省西安市蓝田县）猿人就在渭水流域以艰苦的劳动改造自然和自身。20万年前，大荔（今陕西省渭南市大荔县）古人在采集、狩猎中积累、提高他们的劳动经验和生活技能，进一步扩大在渭水流域的活动范围。大约5万年前，新人阔步登上渭水流域的历史舞台，靠着渭水的滋养，氏族公社逐步形成，人们团结在氏族中，共同劳动，抵御自然风险。

距今8000年左右，渭水之滨老官台文化（又称大地湾文化，主要遗址有陕西省渭南市华州区老官台遗址，甘肃省天水市秦安县五营乡邵店村大地湾遗址等）中的先民开始种植粟类作物，磨制石器，捏制红陶，驯化家畜。

距今7000年左右，仰韶文化以渭水流域关中地区为中心迅速发展起来，半坡遗址（陕西省西安市灞桥区浐河东岸半坡村一带）、姜寨遗址（陕西省西安市临潼区人民北路一带）、杨官寨遗址（陕西省西安市高陵区姬家乡杨官寨村，地处渭水与泾水交汇处西北四千米处）、案板遗址（陕西省扶风县城关镇案板村南、湋河流域北岸一带）等地的先民建造聚居村落，以刀耕火种的形式进行原始的规模化农业生产，逐步成群饲养牛、猪、狗、鸡等家畜，同时烧制彩陶，冶炼金属，铸造铜器，使用弓箭，编织麻布，制作陶埙等原始吹奏器。

到了距今5000年左右的龙山文化时期，黄帝、炎帝开始在渭水两岸创造他们的功业。史载，“黄帝以姬水成，炎帝以姜水成”，古姜水即渭水中上游的一条支流，位于今陕西省宝鸡市内；古姬水的具体位置虽有今陕西武功和河南新郑两说，但根据很多学者的考证，其更可能同样是渭水的支流之一。甚至有学者提出，“姜水、姬水无论如何讨论，都在渭水流域”。

正是依偎着渭水，一衣带水的炎帝部落与黄帝部落互相学习、彼此交往，最终融合成血浓于水、不可分割的华夏族，发展出农耕文化和衣冠文明，兴文字、设官职、推历法、作干支、制乐器、创医学，还开辟市场，发展商业、交易所需，推动华夏早期文明进入蓬勃发展的新时代。这种统一起来的整体性力量，在后来的大洪水时代经受住了严峻考验。

鲧治水失败的真相

尧帝时期，大雨频繁，水量充沛，渭水河道既宽且浅，经常泛滥，“汤汤洪水方割，荡荡怀山襄陵，浩浩滔天”，洪水淹没丘陵平原，包围高山，百姓被迫背井离乡，流离失所，衣食无着。

根据《山海经》等古籍中的神话传说，原是天神的鲧不忍看到人间百姓受难，不经天帝批准，私自下凡帮助百姓治水。鲧下凡的时候偷了天帝的法宝“息壤”，“息”即生生不息之意，“壤”即土壤，“息壤者，言土自长息无限，故可以塞洪水也”。“息壤”就是一种可以自我生长的神土，放在地上能自动筑成土堆，可见鲧想用“水来土掩”的方式封堵洪水。刚开始这一措施是奏效的，毕竟“息壤”神器可以源源不断地供应土壤原料以筑造堤坝，可就在即将大功告成之时，根据屈原《天问》所言，天帝发现“息壤”被窃取，大怒之下收回法宝，导致鲧治水失败。不但如此，天帝还让火神祝融下界将鲧杀死在羽山，以示惩罚。

屈原在《天问》中对鲧的遭遇发出不平质问，寄予了深切同情：“不任汩鸿，师何以尚之？……鸱龟曳衔，鲧何听焉？顺欲成功，帝何刑焉？……伯禹愎鲧，夫何以变化？……何由并投，而鲧疾修盈？”如果鲧不胜任治水事务，为何众人一致推荐他？鲧有何德何能，神鸟鸱衔来青泥、神兽龟驮来石块帮助他治水？鲧忠于所托，天帝为何对他处以极刑？禹作为鲧的儿子，为何在治水方法上与其父大为不同？鲧的治水功劳被一笔抹杀，他们对鲧的忌恨为何如此无以复加？

据说鲧死后三年尸身不腐，祝融剖开他的肚子，禹从鲧的腹部出生，鲧的身体则化成一条黄龙飞去。禹继承了鲧的遗志，继续带领百姓对抗洪水。这时天帝被禹的精神感动，幡然悔悟，不但把“息壤”法宝送给他，还派千年神兽“应龙”前来相助。有了神兽、法宝的加持，禹治水如鱼得水。在需要疏导河道的地方，禹就派“应龙”用尾巴开山挖河，让洪水流入大河；在需要封堵洪水的地方，禹就用“息壤”堆起一座座高山，筑起一条条堤坝，让洪水不再肆虐。渭水流域的洪灾由此被禹平息。

鲧禹治水的神话传说虽说有些荒诞，但却是历史真实的升华再造。从屈原的质问出发，通过《山海经》《尚书》《史记》等史料的相互印证，鲧的形象和功绩逐渐清晰。

根据《史记·夏本纪》等史籍中的记载，尧帝为解民于水患之中，“求能治水者”，“四岳”等大臣共同推荐有崇部落的首领鲧去治水。但尧对鲧很不放心，认为鲧“为人负命毁族”，执行上级命令时喜欢搞变通，而且和部落元老的关系紧张，因此不同意。但“四岳”认为“等之未有贤于鲧者”，即没有比鲧更合适的人选，坚持“愿帝试之”。尧帝无奈，只能“听四岳”，暂且让鲧前去一试，鲧遂试图采用修堤封堵的方式困住洪水。

据《世本》《吴越春秋》等史籍，修筑堤防、封堵洪水是鲧之前的共工在黄河上游山区所行治水之法。山区洪水从两山之间涌来，本就有两侧高山阻挡，易于围堵。但平原地带无丘陵阻隔，一味封堵洪水容易造成决堤。因此，鲧在黄河中下游治水时，改为“筑城造郭，以为固国”，建造能够抵御洪水的城郭让百姓居住，同时在城墙外面加筑石龟、土墩等，用来分散水力，抵抗洪水冲击，这其实就是屈原在《天问》中所言的“鸱龟曳衔”。

鲧造作城郭的治水方式，不仅避免了水灾，还为华夏先民在平原地带生存发展提供了基本的居住保障，推动了生产的发展、文化的进步。近年来，考古学者在靠近黄河、济水、淮河等河流故道的地方，发掘出二十余座新石器时代古城遗址，印证了史籍对鲧筑城治水的记载。

上古时期，金属冶炼技术还不发达，石锄、石斧等石制工具的生产效率还比较低，取土筑城非常困难。神话传说中鲧用来制造土壤的法宝“息壤”，在《五杂俎·地部二》中记载为“石也，而状若城郭”，有学者据此推测“息壤”是用石头凿成的长方形花盆，可以在里面放入土壤种植花木，用以装饰、美化部落联盟首领的宫室庭院。因此，《山海经》“洪水滔天，鲧窃帝之息壤以堙洪水，不待帝命”的记载，真实情况很有可能是鲧未经尧的同意，将部落首领宫苑中的“息壤”拿去筑城修堤。毕竟“息壤”装满土壤沉入水中可堵缺口，不会像散装土壤那样容易被水冲走，是当时理想的治水利器。

鲧此举虽出于公心，但无疑会惹怒尧和其他部落首领。加上尧“欲传天下于舜”时，鲧极力反对，大言“不祥哉，孰以天下而传之匹夫乎”，干预部落首领传承交接，认为尧没有选对接班人，这更是印证了尧之前对他“负命毁族”的政治判断，尧遂对鲧不再信任。而鲧连续九年都没能治水成功，尧帝难辞用人不当之咎，只能禅位于舜帝。

舜帝即位后，鉴于鲧反对其接班的言行，加上鲧因取土困难、筑城缓慢导致“九年而水不息，功用不成”，遂以鲧治水失败的罪名，将其流放羽山。鲧郁郁不得志，在羽山去世，故屈原在《离骚》中言，“鲧婞直以亡身”。彼时百姓苦水久矣，“天下皆以舜之诛为是”。

禹治水成功的意义

渭水洪灾并没有因鲧的流放、去世而自动平息，舜按照当时父死子继的历史传统，遂“举鲧子禹，而使续鲧之业”，让大禹接过父亲鲧的接力棒，重启治水大业。但舜帝没有立即授予禹相应职务，毕竟尧帝当年起用鲧就很勉强，让鲧之子继续治水，会触及尧帝的颜面。

尧帝驾崩后，舜帝为尽快平息水患，打造政绩，有意授予禹治水全权，就让“四岳”等大臣再次推荐治水之官。“四岳”和当年推荐鲧一样，再次集体推荐禹担任负责水利、营建之事的司空。舜欣然接受“四岳”建议，史载其“嗟，然”，立即任命禹为司空，“女平水土，维是勉之”。禹则谦让，表示德行稍浅，能力不足，欲让位于契、后稷、皋陶三人。由此可见，禹充分吸取了父亲鲧“毁族”的教训，注重搞好和部落大臣的关系，避免前方治水时有后方掣肘之忧。舜对禹政治上的成熟很是欣赏，让他放手去做，言“女其往视尔事矣”。

禹其人“敏给克勤”，机智聪敏，性情严肃，遇事深思熟虑，“其德不违，其仁可亲，其言可信”“声为律，身为度，称以出”“亹亹穆穆，为纲为纪”，品德不违正道，对人仁爱友善，信守承诺，一言一行、动作举止都严格依照法度。禹良好的道德操守，确保了他能最大范围地团结不同部族，一起投入治理洪水这一华夏族的共同事业中去。禹放手发挥伯益和后稷的作用，不专权独断。他“伤先人父鲧功之不成受诛”，深以父亲治水不成反倒被贬丧命为戒，“劳身焦思，居外十三年，过家门不敢入”，苦思治水新法。

鲧筑城避水之法，需动用大量耕地土壤。在当时洪水泛滥的情况下，良田被淹没，耕地本就捉襟见肘，是异常宝贵的农业经济资源，鲧当初之所以宁可得罪尧也要调用“息壤”，很可能就是因为耕地上已经无土可取。一味筑城避水，在技术上或许可行，但在当时的经济条件下并不可持续，会严重影响已经急剧下行的农业经济，即使治水成功，也会加剧洪灾后的饥荒，得不偿失。

因此，禹改变了父亲鲧的筑城避水法，他首先“命诸侯百姓兴人徒以傅土”“行山表木，定高山大川”，带领百官百姓一起翻山越岭，开展原始的地理水势测量工作，为治水提供数据支持。随后他将治水方法由单纯的筑堤封堵改为疏导与筑坝结合，利用水向低处流的自然趋势，顺应山川地形，于高峻处凿通，于低洼处疏通，进而把滔滔洪水引入早先疏导好的湖泊、河道与洼地，最终引导湖泊、河流注入渭水，汇入黄河，奔向大海。

水患平息后，禹又发动百姓从高地迁回平川居住，带领各部族抓紧开垦土地，利用疏导的川流积水灌溉良田，化害为利，恢复农业生产，发展经济。禹让伯益教导百姓种植谷物，让后稷调剂各地粮食余缺，不出几年，社会生产力有了显著提高，农业丰收，百姓安居。舜帝赐给禹代表水色的黑色玄圭，“以告成功于天下，天下于是太平治”，史称“大禹导渭”。

其实，导渭治水功业并非大禹一人之力，还有其父鲧先前的探索，屈原在《天问》中对鲧的地位给予了肯定：“纂就前绪，遂成考功；何续初继业，而厥谋不同?”“鲧何所营，禹何所成?”没有鲧的开创之力，禹如何能功成圆满?治水大业更有大禹工作团队的群策群力、渭水百姓的鼎力支持。由于这一切都是团结在禹的旗帜下进行的，因此渭水两岸民众又把渭水称为“禹河”。

鲧禹父子带领百姓接力导渭治水的尧舜时代，正是发源于渭水的华夏原生文明向外拓展和扩散的重要时期。鲧禹治水的成功，使得华夏文明借助渭水和黄河，扩展到整个北方大河流域。

有学者将华夏早期文明在渭水—黄河、汉水—长江以及珠江、辽河流域等地的众多文化遗存比喻为“满天星斗”。以渭水—黄河为代表的中原文化经过对其他地区文化的整合和自身的重组，在发展过程中逐步领先四方并形成辐射效应，成为中华文明的核心地带，是为“众星拱月”。按照这种文明发展书写模式，在“满天星斗”时代，渭水文化无疑是最亮的那颗星；到了“众星拱月”时期，渭水文化无疑就是那轮明月。

从“满天星斗”到“众星拱月”，渭水流域一直是华夏早期文明极其重要的发源地、成长地、壮大地和整合地。在后来的历史进程中，渭水更是两周八百年旧邦的发祥地，周文王与姜太公商讨兴周灭商的决策地。

引水务农：华夏礼乐自周而始

依靠着治水导渭建立起来的宏大功业，禹在部落事务中的权力、地位空前加强，威望日隆，与尧、舜根本不可同日而语。禹最终成为“大道之行，天下为公”的大同时代最后一位英雄，同时推开了“大道既隐，天下为家”的小康时代大门。

大禹之子夺取部落联盟最高权力建立夏朝，历史进入夏商时代。夏文化的渊源可能在中国西部渭水流域，这一地带的华山可能是夏族在某一时期崇拜过的圣山。而同样成长于渭水的先周文化经过对夏商文化的吸收吐纳，历经一千余年，茁壮成长为集礼乐文明之大成的周文化。

灌溉秧苗　种植谷蔬

根据史料记载、考古发现和钱穆等学者的研究，姬周部族最早可能起源于山西汾河下游的晋南地区，但其却是在渭水流域兴旺发达。周人的始祖后稷曾帮助大禹治水并掌管农业事务，后率领族人定居在邰（今陕西省武功县西南一带）。邰地接近雍水、杜水等支流汇入渭水的河口处，位于渭北平原膏壤沃野的中心地带。后稷及其族人在这里舀起第一捧灌溉秧苗的渭水，种植百谷百蔬，为华夏族早期农业生产经验的积累作出了重大贡献。

夏朝后期，西北黄土高原上的游牧民族不断南下侵扰，渭北平原的农业生产受到很大破坏，周人首领不窋率领部族北迁到渭水支流泾水的中游一带。商朝初年，周人首领公刘带领族人在豳（今陕西省旬邑县一带）“务耕种，行地宜”，开垦耕地、整治农田，农业生产蒸蒸日上，储积的粮食堆满仓库。周人不断扩大活动范围，渡过渭水采集矿石用以改进生产工具和锻造武器，很快发展成繁荣兴盛之邦，“周道之兴自此始”。到了商王武丁时期，周已经成为商朝西部有重要影响力的诸侯国。

大致在距今3000年左右，周人首领古公亶父带领族人南迁到渭水支流雍水、杜水之间的岐山之南，在后来被称为“周原”的地区建立都城。古公与早先居住在此地的姜姓部族联姻，繁衍人口，建设城邑，疆理交通，扩大耕地面积，经济实力迅速壮大。古公迁岐标志着周人建立的早期国家进入到比较成熟的阶段。

靠着雄厚的农业经济基础，周人连续击败散居在岐山西北的混夷、西戎部落，军事实力大幅度增强，周边小国纷纷归附。近年来在周原考古发现的周人宗庙建筑遗址等大型建筑基址群、墓葬群、石子路，以及出土的甲骨片、青铜器、玉石器、陶器、骨器等，都反映了当时周国的经济、文化实力。

古公亶父功业煌煌，《诗经》赞其“居岐之阳，实始剪商”，开始了灭商一统的事业。而周人剪商大业的源头，无疑是姬昌与吕尚在渭水边的人生初见，是为“渭水对”。

太公垂钓　文王上钩

据《吕氏春秋》记载，吕尚（即姜太公）胸怀经天纬地之才，手握鬼神莫测之术，可惜报国无门，长期郁郁不得志，“欲定一世而无其主”，年届七十仍一事无成。后“闻文王贤，故钓于渭以观之”，听说姬昌懂得礼贤下士、知人善任，就到周原附近的渭水垂钓，以求获得赏识垂青，同时观察姬昌是否名实相符、值得托付。

吕尚在渭水垂钓的场景，被传奇小说《武王伐纣平话》演绎为

“直钩钓渭水之鱼，不用香饵之食，离水面三尺”，用短杆长线，线系直钩而非钓鱼所用弯钩，且不用诱饵，钓钩还不在水中，反倒离水面三尺。吕尚边作此钓鱼姿态，边自言自语，念念有词：“负命者上钩来。”由此就有了“姜太公钓鱼——愿者上钩”这句歇后语。而这位“上钩者”，正是姬昌。

早在姬昌曾祖父古公亶父带领族人迁徙到周原地区，周人就开始下起“剪商大棋”。古公亶父在全力发展农业提升经济实力的同时，下得最长远的一步大棋就是派长子太伯、次子仲雍到东南钱塘江流域的吴地发展并建国。

古公亶父此举并非是一步闲棋冷子，而是为了牵制在长江以南日渐崛起的楚人，同时扼住楚人、越人联合的咽喉，以免将来周、商对决之时，楚、越趁乱进攻中原黄河流域。毕竟在当时的华夏族天下格局中，楚、越还属于化外之地的蛮夷。周、商争夺天下的斗争再激烈，也是华夏族内部事务，华夏族共同的核心利益不能因为内部斗争被外族侵犯。

太伯、仲雍奔吴之事影响深远，在周人灭商的军事斗争中，楚人因有吴国在后方虎视眈眈，不敢有丝毫动作。在后来的东周即春秋战国时期，吴国也在相当长的历史时期扮演着为中原华夏诸国牵制楚国的角色，使其不敢全力北上争霸。

在太伯、仲雍到达吴地后不久，古公亶父去世，幼子季历即位。大哥太伯、二哥仲雍在东南布局到位后，三弟季历就在西北大举挞伐，展开对西北诸戎部落的进攻，先后征伐西落鬼戎、燕京之戎、余无之戎、始呼之戎等戎人部落，不但开疆拓土，解除周边戎族的威胁，更是受到商朝的看重。商王文丁任命季历为“牧师”，周成为得到商朝承认的西方大国。

但好景不长，随着周族势力急剧扩张，商周矛盾迅速尖锐起来。重用季历的商王文丁为遏制住周族的扩张势头，直接将季历杀掉以绝后患。季历死后，其子姬昌即位。姬昌报仇心切，急于摆脱商朝控制，贸然发动对商朝的战争，结果在强大的商朝反击下迅速失败，甚至被俘，成为商纣王的阶下囚。周人用宝马、美女贿赂纣王，姬昌才得以获释返回国内。

姬昌回国后，一日准备到渭水边打猎，就先卜了一卦，卦象显示“所获非熊非罴，非虎非豹，兆得伯王之师”，这次打猎得到的猎物不是熊也不是罴，不是虎也不是豹，而是能帮助姬昌成就霸业的国师级别人物。姬昌大喜，就沐浴熏香斋戒三日方才去打猎，以示郑重。

等到了渭水北岸，姬昌“见吕尚坐茅而渔”，就前去作揖寒暄，问吕尚：“子乐渔邪?”吕尚回道：“君子乐其志，小人乐其事，吾渔非乐之也。”君子以抱负为乐，普通人以爱好为乐，钓鱼不是我的爱好，我并不以之为乐。吕尚言外之意是其志向远大，不乐垂钓逍遥。

姬昌一听吕尚谈吐不凡，遂与之深谈一番。言罢，姬昌大喜过望，告诉吕尚，自己的先太公曾经预言过，“当有圣人适周，周以兴”，会有圣人帮助周族事业实现突破性发展，现在看来您就是先太公预言的那个人。姬昌当即与吕尚同车回城，并拜其为太师。

明确目标　韬光养晦

姬昌能被吕尚一席话打动，显然和两人深谈之事即灭商大业有关。吕尚明白姬昌要行非常之事，姬昌亦深知吕尚能谋非常之策，于是劈头就问：“为天下若何?”如何才能夺取天下和治理国家?吕尚胜券在握，逐一向姬昌和盘托出胸中谋略。

首先是明确战略目标。吕尚认为，商朝已经危机四伏，走向衰弱迹象明显。周族代商是大势所趋、历史必然。通过分析商朝“草茅胜谷”“众曲胜直”“暴虐残贼，败法乱刑”的亡国之象，吕尚坚定了姬昌灭商的决心。同时他建议姬昌行善修德，顺应天命，立足于“道”和“义”，夺取天下、安定四方。姬昌表示“允则，敢不受天之诏命乎”，要自觉肩负起上天赋予的灭商重任。

其次是继续韬光养晦。在坚定姬昌信心的同时，吕尚劝姬昌要清醒地认识到商、周实力的差距。尽管周族经过几代人的经营，已经崛起为西方最强的势力，但其实力仍不足以与商朝全面抗衡，商仍然是“大邑商”，周依旧是“小邦周”。建国数百年的商朝根深叶茂、地盘广大，而且控制着豫西和晋南等周族东进的必经之地，在整体战略态势上对周族形成压倒性优势。在“商周之不敌”的敌强我弱的客观事实面前，不能急于求成、操之过切。

吕尚指出，“天道无殃，不可以先倡；人道无灾，不可以先谋”，告诫姬昌不可强行出头，轻举妄动，又用“鸷鸟将击，卑身翕翼；猛兽将搏，俛耳俯伏；圣人将动，必有愚色”，建议姬昌恭顺事商，麻痹纣王。姬昌心领神会，在周原建造商朝宗庙，供奉商朝列祖列宗，按时恭敬祭祀；主动进攻背叛商朝的诸侯，做出替商朝清理门户的姿态；在周原大兴土木，广纳美女，宴饮观舞，装作腐化享乐、胸无大志。姬昌这一系列举动，成功麻痹了商朝。纣王一看姬昌作出服软的姿态，顺理成章地得出“西伯改过易行，吾无忧矣”的政治结论，还赐给姬昌专门负责西方征伐事务的大权，从此不问西方之事。

争取人心　剪商羽翼

随着纣王将注意力转向东方，全力对付东夷部落，姬昌和周族的外部压力大为减轻，获得了难得的发展良机。吕尚趁势建议姬昌把主要精力放在争取人心上，即“阴谋行善修德以倾商政”，在国内发展生产，富民强国，推行善政，照顾鳏寡孤独、老弱病残，改善民生，礼贤下士，搜罗人才，收揽民心。此外，姬昌不计较崇伯虎向纣王告密他有异心的行为，树立宽宏大量的形象；把周族的洛西之地献于纣王，请求纣王废除“炮烙之刑”，树立敢为天下人请命的形象，从而扩大了在诸侯中的影响力。

在收揽人心、树立形象的基础上，吕尚建议姬昌结交同盟，在诸侯间纵横捭阖，分化瓦解商朝的诸侯国。周人彻底巩固渭河平原后，势力很快扩展到河东地区，借助调停虞、芮两国争端，极大提高了自身的政治地位。

据《史记》《毛诗正义》等记载：“虞、芮之人有狱不能决，乃如周。”虞国（今山西省平陆县东北一带）、芮国（今山西省芮城县西部一带）“相与争田，久而不平”，发生领土纠纷。两国国君不去找宗主国商朝裁决，却“相与朝周”，找姬昌进行调解，这就是“西伯阴行善，诸侯皆来决平”。

虞、芮国君刚进入周国地界，就见“耕者让畔，行者让路”，农夫互相让田，行人互相让路。走到周国国都，见“男女异路，斑白不提挈”，男女老少都互相谦让。进入周国朝堂，见“士让为大夫，大夫让为卿”，士让大夫先走，大夫让卿先行。

虞、芮国君见此，还没见姬昌和姜尚的面，就“皆惭”，长叹一声，“吾所争，周人所耻，何往为，只取辱耳”，还表示“我等小人，不可以履君子之庭”。

回去后，虞、芮“乃相让，以其所争田为间田而退”，把有争议的土地划为缓冲地。各诸侯国听闻此事，纷纷表示“西伯盖受命之君”。不久，“天下闻之而归者四十余国”。

“断虞芮之狱”事件在周族发展史上意义非凡，虞、芮两国赴周国裁决争端的法律行为，代表着政治上对周国的归顺，这说明周已经开始取代商朝成为一些小国的实际宗主国。周人将此年称之为“受命之年”，姬昌随之称王，是为文王，并追尊古公亶父为太王，季历为王季。宋代学者吕祖谦评论道：“文王听虞芮之讼而商道始衰。”随后有更多的小国归附周国，从此河东平原与渭河平原连成一片，成为周国的基本统治范围。周国由此将势力扩展到潼关至崤函一带的函谷关天险，打通了东征灭商的必经之路，开始主动进攻商朝核心统治区域。

在结交同盟之外，文王还根据吕尚的谋划，抓住纣王征讨东夷无暇西顾的战略机遇期，打着拥护商朝的旗号，利用纣王赋予的“专征伐”之权，出兵攻打忠于商朝却与周国敌对的国家。首先征服西北地区的犬戎，泾水上游的密须、阮、共等方国，解除东进的后顾之忧。接着渡过黄河，进入山西南部和河南西部一带，灭掉位于太行山西麓的黎国（今山西省长治市上党区一带），打通了穿越太行山最重要的通道，向东可以在太行山头俯瞰商朝都城，向南可以直取商朝核心区域河洛地区。

文王扩展势力的另一方向是南方。借助太伯、仲雍在吴地站稳脚跟的态势，继续向长江、淮河、汉水流域拓展。周原地区出土的“伐蜀”“征巢”“楚子来告”等甲骨文显示，当时周人势力在南方已经到达江淮、江汉之间，西南进入巴蜀地区。

通过向商朝北部太行山脉和商朝南部江淮、江汉两个方向的拓展，周国完成了对商朝的南、北两路战略大包围。至此，天下南、北、西三个方向的大部分诸侯国都已经臣服于周国，这就是《论语》所言“三分天下有其二”。完成对商朝的南北钳形包围布局后，文王从中路拔掉了商朝封锁周人向东发展道路上的最后一道关隘崇国（今陕西省渭南市华州区一带），形成俯冲豫中平原的战略态势，揭开了后来武王伐纣、问鼎中原的战略序幕。

吕尚明确战略目标、继续韬光养晦、争取人心支持、逐一剪商羽翼四条克商之策，虽不一定是一次性就在渭水之滨全部向文王提出，更大可能是根据时势变化逐一制定，但其开篇起笔却是在渭水之北。

文王去世后，其子武王姬发继续执行灭商战略。武王借助吕尚等人的辅佐，终于在公元前1057年取得牧野决战的大胜，攻克殷都，灭掉商朝，随后胜利班师，在渭水下游镐京（今陕西省西安市长安区沣河一带）正式建立周朝。

周朝开国后，以渭水、泾水、黄河、洛水流域核心地带为王畿。以京师镐京为中心的渭河平原，是周人兴起的根据地，是为“宗周”；以东都洛阳为中心的洛水流域，是保卫宗周和镇抚东方的重镇，是为“成周”。在其他地区，周朝则大规模分封诸侯，以为藩屏。

周人由此通过渭水和洛水两大水系，将东、西两大地区连成一片，既能向东输出西方渭水文化，又吸吮东方河洛文明营养，历八百年旧邦而其命维新。周朝创制的宗法制度、井田制度、国家制度、典章制度、礼乐制度和道德法治规范，成为华夏文明独特精神气质和中华民族思想心理结构的重要源头。

渭水边的吕尚对策，奠定周朝八百年基业。西周末年，国政衰落，犬戎攻入京师镐京，平王东迁洛阳，是为东周。而晋水畔的一场大战，则将东周历史分为春秋、战国两段，拉开了战国历史的序幕。

晋水之战：拉开战国历史帷幕

河流不仅流淌于大地之上，更留存于历史之中。有些河流，虽然当下已少有人知晓，但其在历史上却有着辉煌的过去，深刻影响了历史的进程。比如晋水，公元前455—前453年这里发生了著名的“晋水之战”。

山西之简称“晋”，由晋水而来。而晋水在哪？众说纷纭，通常认为晋水发源于晋祠悬瓮山，也有学者考证，其主要源流在山西绛县，更有人认为今天的汾河就是当年的晋水。

山西又称“三晋大地”，其中“三晋”，即指韩、赵、魏三家诸侯。而晋水之战参与者，却是四大家族，除了韩康子、赵襄子、魏桓子，还有智伯瑶。

当然，在晋国的牌桌上，刚开始也并不是智、韩、赵、魏四家牌局，而是十家乱局。

智伯瑶的贪欲

作为春秋五霸之一，晋国的政治格局和其他四霸稍有不同。尽管都是从“礼乐征伐自诸侯出”转向“礼乐征伐自大夫出”，国君权力下移，但其他诸侯国的大权是旁落到同姓王室公族手中。而晋国由于王室公族窝里斗过于凶狠，公族精英在内战中损伤不少，以致出现“晋国无公族”的局面。国君不得不启用大量异姓大臣治国理政，晋国的实权就逐渐被异姓贵族掌握。异姓贵族的崛起使晋国充满了活力，很快称霸诸侯并保持了百余年的霸主地位，是春秋五霸中霸业最长久的诸侯国。

掌控晋国实权的贵族刚开始有十多家，经过你争我夺剩下六家：韩、赵、魏、智、范、中行，史称“晋国六卿”。到春秋末期，范氏和中行氏在内讧中败亡，六方会谈演变为四家麻将，其中以智氏最为强大。智家的头面人物是智伯瑶，掌控着晋国的军政大权。

这时晋国的霸业已经衰落，连远在东南卧薪尝胆的越王勾践都要来争夺霸主之位。作为执政者，智伯瑶深感责任重大，以继续维持晋国霸业不坠为己任，遂选择了攘外必先安内的政治路线，这首先要在内政一统上有番作为。毕竟四家牌局各打各的，人心不齐，不能有效地一致对外。

智伯瑶的安内之策不是统战韩、赵、魏，把三家更加紧密地团结在智家周围，而是削藩，将三家的土地、人民抢过来据为己有。智家不光要一家独大，更要大小通吃。智伯瑶认为维持晋国霸业的伟大征程只能由自己独自走完，韩康子、赵襄子、魏桓子这些“家奴”不配投身到晋国争霸天下的宏大事业中。

韩、赵、魏三家中，韩康子的势力最弱，智伯瑶就柿子拣软的捏，先从声势上恐吓韩家。一次和韩、魏两家在兰台聚会时，智伯瑶公然调戏韩康子，羞辱韩家家臣段规。

智伯瑶的叔父智果听说了这件事，赶紧跑过来劝侄子：你在兰台宴会上干的事，已经惹怒韩家上下了，士可杀不可辱，说不定人家要报复，你要做好应对预案，要不然就大祸临头了。智伯瑶不屑一顾：要说搞事发难，主动权也是在我这边，我不找韩家的茬，已经是他们天大的运气，难道他们还敢先动手？

智果苦口婆心地劝智伯瑶：你这话说得不对，《夏书》中曾经说过，一个人屡次三番和别人掐架犯错误，即使不在明处结下仇怨，也会在暗处埋下矛盾，不能因为看不见别人明面上的怨恨就不作提防。干大事的人，一定要在细微之处也保持谨慎，才不会在阴沟里翻船。今天你在宴会上把韩家君臣都给羞辱了，又不戒备他们可能的反扑，连黄蜂、蚂蚁这些虫子都能蜇人、咬人，何况那是手里有刀把子的韩家君臣！可任智果说得口干舌燥，智伯瑶却是左耳进右耳出。

兰台宴会后，韩康子虽然颇为不忿，但也无可奈何，毕竟刀把子没有人家锋利。智伯瑶看韩康子的“忍功”修炼得极佳，认为其已经完全屈服于自己，就得寸进尺，“请地于韩康子”，要求韩康子割地给智家。

韩康子断然拒绝，被智伯瑶羞辱的段规劝主公，“智伯好利而愎”，智伯瑶喜欢占小便宜，性情又刚愎自用，要是不割地给他，肯定会发兵攻打咱们。不如惯着他，把地割给他，他得到甜头后，就会再向魏、赵两家索要地盘，这两家如果不给，智伯瑶暴脾气一上来，肯定会大打出手，到时咱就有机会了。听完段规的腹黑分析，韩康子一拍大腿：“善！”就派使者割让给智伯瑶一个有万户人口的城池。

智伯瑶看到韩家拱手奉上的城池，自然是乐不可支，“又求地于魏桓子”。魏桓子出于和韩康子同样的考虑，决定继续惯着智伯瑶，也把一个“万家之邑”乖乖献出。

将欲取之，必先予之。韩康子和魏桓子都在冷眼旁观，看智伯瑶能横行到几时！

不费吹灰之力，兵不血刃地拿下两个“万家之邑”，智伯瑶信心爆棚，“又求蔡、皋狼之地于赵襄子”，赵襄子很硬气，“弗予”。赵襄子之所以拒不割地，除了宁死不低头外，还有另一层隐情。

晋出公十一年（前464）的时候，智伯瑶带领晋军征讨郑国。当时赵简子有病在身，就让儿子赵襄子代替自己出征。有一天前线大营举办宴会，智伯瑶乘着醉意酒劲儿，强灌赵襄子酒，赵襄子不喝，智伯瑶竟然拿着酒杯浇了赵襄子一头酒。赵家将领们气愤不过，当即就要与智伯瑶开战，被赵襄子给摁住。赵襄子对将领们解释说，当初父亲之所以选我做接班人，就是因为我能忍辱负重，今天怎么能连这点小事都忍不下去呢？赵襄子虽然没当即和智伯瑶拼命，但从此也开始对他有所戒备。

没想到智伯瑶蹬鼻子上脸，到赵简子那挖赵襄子的墙角。智伯瑶班师回到晋国后，去找赵简子，说赵襄子过于软弱，我拿酒灌他，浇他一头，他连声都不敢吭，这样的接班人有什么用，干脆废了换一个吧。这是在明目张胆地干涉赵家内政，赵简子当然不能妥协，坚定地维护了赵襄子的接班人地位。赵襄子和智伯瑶的梁子就此结下。眼前新仇与往日旧恨交织在一起，赵襄子怎能乖乖地奉上地盘。

智伯瑶发热的脑袋碰到冰冷的钉子上，恼羞成怒，立马“帅韩、魏之甲以攻赵氏”，进攻赵氏在晋国首都曲沃（今山西省曲沃县一带）的府邸，试图活捉赵襄子。韩康子、魏桓子相对一笑，机会终于到了，于是答应同去。

晋水畔的失意

面对智家、韩家、魏家三对一攻打自己的严峻形势，赵襄子很快做出了正确且唯一的决策：走为上策，逃离首都曲沃。

晋国很大，赵家的封地也不小，去哪里寻找容身之地呢？手下军师给赵襄子提供了两个选项：长子（今山西省长子县一带）、邯郸（今河北省邯郸市一带）。

选择长子，是因为长子比较近，且刚刚修完城墙，城防工事坚固。赵襄子不同意：“民罢力以完之，又毙死以守之，其谁与我？”

老百姓为修城墙已经累得筋疲力尽，现在还要他们浴血守城，谁会跟我一起上？

不去长子，那只有奔邯郸了。邯郸国库比较充实，吃的喝的用的玩的都不缺，可以守上一阵子。赵襄子继续摇头："浚民之膏泽以实之，又因而杀之，其谁与我？"邯郸国库充裕是不假，但那都是地方官从老百姓家里搜刮的，掏空了百姓的家产，又要让他们卖命打仗，谁会帮我？

天下之大，难道无处可去了吗？

赵襄子大手一挥，去晋阳！那里是我老赵家的老根据地了，地方官为政比较宽和，对百姓轻徭薄赋，百姓受我赵家恩惠，其心可用，定会团结一致，抱团杀敌。赵襄子遂带宗族众人投晋阳而去，晋水之畔的这场战争就此打响。晋阳城在今天山西省太原市晋源区一带，晋水绕城而过。

赵襄子前脚到，智伯瑶后脚就带韩康子、魏桓子杀将而来。先是在城外野战，打了三个多月不分胜负。赵襄子为保存实力，退守城内，三家军队将晋阳城围了个水泄不通，但攻了一年多，愣是没有打下来。智伯瑶怒了，决定用水攻，掘开晋水灌晋阳城。

智伯瑶不明白，啃不开晋阳城墙，并不是因为工事坚固，而是民心归附。尽管洪水滔天，水位最高时距墙头不过六尺，遍地鱼虾，百姓家里的灶台都淹塌了，但"民无叛意"，誓要与智伯瑶死战到底。

一日，智伯瑶去巡视水情，排场很大，魏桓子给他驾车，韩康子站立右边充当警卫员。望着水漫晋阳的大好风景，智伯瑶意气风发，吐出一句："吾乃今知水可以亡人国也。"我今天才知道水也是打仗灭国的有力武器。

听到智伯瑶的这句话，魏桓子用胳膊肘蹭蹭韩康子，韩康子也用脚碰碰魏桓子。这一刻，他们想到的是同一件事。

魏桓子的老家安邑城（今山西省夏县一带）有汾水，韩康子的老家平阳（今山西省临汾市尧都区一带）有绛水。既然今天晋水可以灌晋阳，那明天也保不齐智伯瑶会用汾水泡安邑，用绛水淹平阳。今天跟着智伯瑶干掉赵襄子，智伯瑶吃肉，自己是能跟着喝点汤，可下次智伯瑶的刀把子，又会架到谁的脖子上呢？

不是没有人看穿魏桓子、韩康子的心思，智伯瑶的智囊絺疵告诉主公：韩、魏两家必反无疑。刚开始打赵襄子时，我们与他们约定共分赵家土地。现在晋阳城即将拿下，可他们不但不高兴，还面带忧愁之色，肯定是在谋划窝里反。

絺疵与智伯瑶的君臣对话本属机密，可智伯瑶竟然把絺疵的怀疑告诉了魏桓子、韩康子。魏桓子、韩康子指天为证："夫二家岂不利朝夕分赵氏之田，而欲为危难不可成之事乎。"没有的事，我们对您忠心耿耿，马上就要跟着您吃赵襄子的肉了，高兴还来不及，哪会去干谋反的勾当？这肯定是赵襄子使出的离间计，智伯瑶您这么圣明烛照，定要明察秋毫。

智伯瑶竟然就信了魏桓子和韩康子的跺脚发誓，为表示对他们的信任，还把絺疵打发去出使齐国。排除隐患、争取最后胜利的机会，从智伯瑶指尖轻轻溜走。

魏桓子与韩康子确实在考虑出路，赵襄子被灭后，下一个肯定是他们，不能不提前预防。赵襄子也敏锐地观察到了这种形势，派家臣张孟谈去游说韩、魏。

张孟谈见到魏桓子、韩康子，开门见山："臣闻唇亡则齿寒。今智伯帅韩、魏以攻赵，赵亡则韩、魏为之次矣。"魏桓子、韩康子回道，"我心知其然也"。我们都明白局势严重，但"恐事未遂而谋泄，则祸立至矣”，怕就怕还没操刀干呢，消息就走漏，大祸临头。

张孟谈道，“谋出二主之口，入臣之耳，何伤也”，话从你们嘴里说出来，就进我耳朵里，谁能听到？

三人遂约定好举事日期。是夜，赵襄子派兵突袭智伯瑶守堤部队，反决堤防，倒灌智伯大营。智家军慌忙上堤堵口子，军中大乱。韩家军、魏家军趁势从左右两翼一齐杀出，赵襄子亲率赵家军出晋阳城从正面攻击。

三家齐进，大败智家军。智伯瑶被生擒，当即遭斩杀，智氏宗族亦被屠灭殆尽。三家瓜分智氏之地，共掌晋国之政。晋国政局从四家麻将过渡到三家斗地主阶段。

大战后的转折

韩、赵、魏三家将智家排除出局后，并没有继续陷入你争我斗的历史怪圈，而是把共同的矛头指向了晋国国君晋幽公。他们不仅分光了智家的土地，还把国君的领地分了个七零八碎，只留给晋幽公首都曲沃和一个城池聊示安慰。晋幽公非但不能号令三家，反要去朝见韩、赵、魏三君。

到了幽公的儿子烈公时期，韩康子、赵襄子、魏桓子的位子都已经传给了孙辈，韩家是韩虔，赵家是赵籍，魏家是魏斯。相对于祖辈，孙辈们对晋国国君更是没有君臣感情，分家单干的愿望越来越强烈。

终于，周威烈王二十三年（前403），威烈王姬午正式下诏，“命晋大夫魏斯、赵籍、韩虔为诸侯”，册封魏斯为魏国国君，是为魏文侯；赵籍为赵国国君，是为赵烈侯；韩虔为韩国国君，是为韩烈侯。而三家化家为国的建国大业起点，无疑就是五十二年前的晋水之战。

由晋水之战导致的三家分晋，扭转了中国历史的发展方向，直接推动历史进程从“春秋五霸”阶段进入“战国七雄”时代。北宋司马光在编《资治通鉴》时，将晋水之战与三家分晋置于全书开篇，与此不无关系。

春秋五霸之中，晋国实力最强，其余威影响至战国初期。尽管晋国一分为三，但在战国两百五十余年的历史中，仅继承晋国三分之一遗业的魏国却最先强盛称雄，独霸中原长达百年，压得秦国不能东出函谷关半步。

如果晋水之战中智伯瑶胜而赵襄子败，那下一步智伯瑶必然是削平韩、魏两家，独揽晋政，像取代姜姓成为齐国国君的田氏一样，接任晋国国君，晋国就不会一分为三。在一个统一的晋国面前，秦国极有可能无法崛起，更谈不上后来吞灭六国、一统天下，中国历史从这时起就有可能被改写。由此可见，晋水之战无论双方孰胜孰负，都注定了其为中国历史上一个绕不过去的转捩点、分水岭。

当黄河流域的中原大地通过治理洪水、引水灌溉阔步登上历史舞台，借助晋水之战拉开战国历史帷幕时，巴山蜀水地区同样通过治水，形成原始族群，创造了辉煌的三星堆文明。

开明治水：揭开三星堆神秘面纱

对于古蜀国历史，李白在《蜀道难》中有“蚕丛及鱼凫，开国何茫然”的追忆。其实早在蚕丛之前，巴蜀大地就已经鸿蒙初开，升腾文明之光。华夏民族多元一体的历史进程，也早已翻越巴山，蹚过蜀水，在巴蜀先民与中原文明的交流互动中，阔步展开。

黄帝父子　四川女婿

古蜀国历史久远，西汉扬雄《蜀王本纪》言“从开明以上至蚕丛，积三万四千岁”，东晋常璩《华阳国志》有“蜀之为国，肇于人皇”之说。上古神话谱系中，盘古开天辟地后，有天皇、地皇、人皇相继担任部落联盟首领，是为最原始意义的“三皇”。

人皇时期，在黄河上游活动的羌、氐等民族沿着青藏高原横断山脉向南迁徙。其中一支部落在今天四川松潘县镇江关与叠溪之间的岷江森林河谷中，有意无意间发现桑树和野蚕。他们观察到野蚕蚕茧可以溶解抽丝，柔韧性和舒适度远胜动物皮毛和植物麻布，遂捡拾蚕茧，抽丝制作衣物，成为华夏民族中最早的制丝部落。据《说文解字》：“蜀，葵（桑）中蚕也。”“蜀”即“野蚕”之意，盛产野蚕之山为蜀山，这一部落遂被称为蜀山氏。随着文明的扩散，蜀山氏的制丝技术逐步传播到相邻的西陵氏等部落。

黄帝时期，西陵氏、蜀山氏与中原文明发生深度关联。据《史记》《世本》，黄帝曾迎娶西陵部落女子为正妃，是为嫘祖，二人育有玄嚣与昌意二子。嫘祖将母族的剥茧抽丝技术传播到中原，帮助黄帝带领中原部落联盟制作衣冠，由此开创华夏衣冠文明。

借助黄帝与嫘祖的联姻，四川与中原联系紧密。经嫘祖介绍，中原得知抽茧制丝技术最早源于蜀山氏。据《华阳国志·蜀志》，可能是为更完整地学习制丝技术，黄帝还为儿子昌意娶蜀山氏名为“昌仆”的女子为妻。黄帝驾崩后，昌意与昌仆的儿子高阳继任部落联盟首领，是为五帝之一的颛顼。颛顼即位后，“封其支庶于蜀，世为侯伯”，蜀山氏加入中原部落联盟。

蚕丛鱼凫　开国茫然

蜀山氏制丝主要依靠捡拾野蚕蚕茧，收获量较小且不稳定，不易扩大生产规模。野蚕生性孤独，在桑树上各据一叶，以保证食物充足，故扬雄《方言》曰，“一，蜀也，南楚谓之独”；《尔雅》云，“独者，蜀”，唐朝孔颖达注疏言，“虫之孤独者蜀，是以山之孤独者亦名蜀也”。

要将习惯独居的野蚕强制聚集一起，需使用器皿。蜀地盛产竹子，但原始石刀只能砍竹，不能将竹子劈成篾片。经过从尧舜到禹夏上千年的历史发展和技术摸索，夏朝掌握了青铜冶炼技术，进入青铜时代。根据历史学家任乃强的推测，蜀山氏的一支在与夏朝的交往中，从中原学习引进青铜技术，制作青铜刀具，将竹子劈成篾片制成细眼竹筐，用以强制聚集饲养野蚕，并将其逐步驯化成家蚕。《说文解字》言，“丛，聚也”。掌握了聚集饲养家蚕技术的蜀山氏支脉，被称为蚕丛氏。家蚕吐丝稳定量大，蚕丛氏可以较大规模地剥茧抽丝制作丝绸，并将丝绸输入中原，开展贸易。三星堆遗址最新出土的丝绸制品残留物，印证了蚕丛氏养蚕缫丝技术的发达。

大致从三星堆四号祭祀坑所处的殷商晚期早前的中叶，古蜀国历史从蜀山氏时期发展到蚕丛氏阶段，统治中心从岷江上游茂汶盆地迁徙到成都平原。依靠丝绸贸易积聚的经济实力，蚕丛氏的青铜冶炼技术得到大幅提升，制作了大量精美的青铜器，创造了足以与殷商媲美的青铜文明。三星堆遗址出土的“青铜大立人像”“青铜神树”等大型青铜器，说明了古蜀国青铜技术的高超和青铜文明的发达。据《华阳国志》，蚕丛氏“其目纵”，以“纵目”即眼角上斜为形象特征，三星堆遗址发现的青铜纵目人面具，正是古蜀国蚕丛氏时期的考古印证。

武王伐纣时，蚕丛氏曾带领大军前往牧野助战，势力拓展到“东接于巴，南接于越，北与秦分，西奄峨嶓”。西周时期，深度联合起来的黄河流域各诸侯国团结在周天子的旗帜下，阔步朝着大一统的方向发展，经济文化交流更为密切，综合实力更上一台阶。囿于西南群山阻隔，曾经在青铜时代和殷商文明同场竞技的巴蜀大地，日渐与中原拉开差距，被视为蛮荒之地，“虽奉王职，不得与春秋盟会”，甚至没有资格参加中原各国会盟；“君长莫同书轨”，文化发展、政治制度、度量衡规制亦是自成体系。

平王东迁，西周历史进入东周时代后，“周失纲纪”，对包括古蜀国在内的各诸侯国控制力减弱，蚕丛氏开始称王。但不久，以“柏灌氏”为族名的氏族短暂取代了蚕丛氏的统治地位，三星堆遗址从第二期开始出土的鸟形器物，反映了柏灌氏的崛起。

之后，善于驯化水鸟帮助捕鱼的鱼凫氏壮大，他们喜好渔猎，战斗力强悍，打败柏灌氏，成为新的蜀王。李白《蜀道难》“蚕丛及鱼凫，开国何茫然”，即指蜀国这段历史。三星堆遗址第三期出土的鱼图纹饰和鱼鸟造型器物，印证了鱼凫氏取代柏灌氏的历史事实。

开明治洪　望帝禅让

鱼凫氏王位后来传到杜宇手中，他“教民务农”，带领蜀人发展农耕。杜宇身世相当传奇，据三国蜀来敏《本蜀论》，杜宇“从天下，女子利，自江源出，为宇妻，遂王于蜀”。《蜀王本纪》亦言杜宇“从天坠”。有学者推测，“女子利”是鱼凫氏女王，杜宇“从天下”且懂农耕，应该是由中原华夏而来。鱼凫女王利看中杜宇所掌农耕技术进而爱慕其人，遂与他结为夫妻，并将王位让给杜宇。

杜宇获得古蜀国王位后，“移治郫邑，或治瞿上”，将都城迁移到郫邑（今四川省成都市郫都区一带）或瞿上（今四川省成都市双流区一带）。这一区域气候温和，雨量充沛，河流密布，适宜农耕。郫都区北郊的杜鹃城，相传就是杜宇时期古蜀国都城遗址。有学者认为，三星堆遗址可能纵贯蚕丛氏到杜宇的古蜀国历史。

战国七雄相继称王后，杜宇更进一步直接称帝，“号曰望帝”。随着蜀国农耕生产的发展，国力日益强大，杜宇“自以功德高诸王”，在成都平原大加挞伐，极力扩大统治范围，“乃以褒斜为前门，熊耳、灵关为后户，玉垒、峨眉为城郭，江、潜、绵、洛为池泽，以汶山为畜牧，南中为园苑”，其统治势力囊括成都平原、川西盆地、汉中平原以及贵州、云南大部分地区。

郫邑、瞿上是成都平原腹心，处于岷江、沱江两条大河之间，接近岷江主河道。尽管因地势相对较高，一般水灾不会殃及此。但如果岷江上游来水量巨大，出现特大洪水，郫邑、瞿上亦不免成为泽国。杜宇统治后期，成都平原洪水漫堤，相国开明“决玉垒山以除水害”。开明治水见效后，杜宇将全部国务都交给他打理，后又效仿尧舜禹禅让之事，“遂禅位于开明”。开明即位，“号曰丛帝”。

杜宇退位后到西山隐居，时值早春二月，杜鹃声声哀鸣，苦苦挽留不欲杜宇离去。蜀地百姓“悲子鹃鸟鸣”，听闻杜鹃鸣叫，心生悲戚，“鸣而思望帝”，怀念故君杜宇。后来“杜宇”成为杜鹃别名，唐朝李商隐《锦瑟》“庄生晓梦迷蝴蝶，望帝春心托杜鹃”，北宋李重元《忆王孙·春词》“柳外楼高空断魂，杜宇声声不忍闻”等诗词，即引用此典。

《蜀王本纪》对开明治水有更详细的记载，同时揭示了杜宇禅让的另外隐情。据此书，开明是楚国人，原名鳖灵。按东汉应劭辑录的《风俗通义》，“鳖灵从井出”，精通水性，通晓水利，去世后“其尸亡去”，尸身无故不见，“荆人求之不得”。原来鳖灵尸身顺长江逆流而上，来到正饱受洪水围城之苦的蜀国都城郫邑后，竟然复活，并“与望帝相见”。望帝杜宇见鳖灵不但会逆水上行，而且能死而复生，惊为天人，遂委任其为相国。

人死不能复生。据历史学家推测，事情真相可能是鳖灵因事被楚人定罪，判处死刑。“尸”在古语中不一定是尸体、尸骸，也可以指受监禁不能自由行动之人。鳖灵被定下死罪，故称其为“尸”。所谓“其尸亡去”，应是鳖灵逃奔至蜀国，楚人通缉而不得。鳖灵一介亡命，入蜀投奔望帝得到重用，故云“死而复生”。

当时“玉山”即岷江上游雪山雪线下移“出水”，融水大涨，浩浩汤汤，“若尧之洪水”，如上古尧帝时期黄河流域洪水泛滥一般。“望帝不能治”，遂“使鳖灵决玉山”，授予他治水全权。鳖灵组织百姓，经过数年艰辛努力，终于治水成功，“民得安处”。中国古代方术中，象牙魔力可以殴杀水神，三星堆出土了一百多根象牙，可以想见当时蜀人用象牙镇杀水中精怪的场景。

鳖灵在治水前线辛苦操劳、过家门而不入时，杜宇却在后方填补相府空白，“与其妻通”。事后，杜宇良心发现，心生“惭愧”，自认“德薄不如鳖灵”，德不配位，就“委国授之而去”，将帝位禅让给鳖灵，“如尧之禅舜”。鳖灵即位后，“号曰开明帝”，其政权被后世称为开明王朝。

开明玉垒山治水的传说广为流传，甚至有开明治水三峡的说法，如《本蜀论》载：“时巫山峡而蜀水不流，帝使令（即鳖灵）凿巫峡通水，蜀得陆处。”北宋益州张俞《郫县蜀丛帝新庙碑记》亦记有“巫山龙战”，巫山一带群龙恶斗，以致“崩山壅江”，鳖灵“凿巫山，开三峡……然后蜀得陆处，人保厥命”。

前文提到，有学者将华夏文明早期在黄河、长江、珠江、辽河流域等地的众多文化遗存比喻为“满天星斗”。四川成都新津区宝墩遗址、广汉三星堆遗址、成都青羊区金沙遗址的发现，印证了古蜀国文明是“满天星斗”时代最为璀璨夺目的星辰之一。以黄河流域为中心的中原发展成为中华文明核心地带，并形成“众星拱月”态势后，嫘祖、昌仆为中原衣冠文明发展提供的蚕桑技术支持，无疑是蜀地文明对“众星拱月”时代的重要贡献。

从蜀女嫘祖、昌仆出嫁黄帝父子，到华夏杜宇入蜀教民农耕，再到楚人开明赴蜀平治水患，巴山蜀水的历史发展与中原、江南交织交融，文明进展与黄河、长江交相辉映。以三星堆遗址为核心的古蜀国历史进程，充分证明了中华民族自古以来的多元一体历史格局。

经过开明及其继任者带领百姓在成都平原进行的持续不断的治水活动，古蜀国农业经济更上一层楼，“山林泽渔，园囿瓜果，四节代熟，靡不有焉”，成都平原“地称天府”即是从此而来。开明王朝传至第九世时，迁都至今天四川省成都市新都区一带，又占据秦岭脚下“褒、汉之地”，与发源东海、兴于渭水的秦人持续摩擦。

杜宇时代，蜀国声威远播，“巴亦化其教而力农务”，邻近的兄弟国家巴国也听其教诲尽力从事农业。“巴蜀民农时先祀杜主君”，杜宇得到巴、蜀两国百姓的共同尊崇祭祀。但到了开明王朝晚期，巴蜀关系出现重大裂痕，兄弟阋墙，为秦国乘虚而入提供了战略机遇。

第二章
秦汉：水利、水德与打造大一统

“水利”一词，最早使用于秦，出自《吕氏春秋》中的“堀地财，取水利”。秦军战车的所向披靡，在很大程度上得益于都江堰、郑国渠、灵渠提供的水利驱动。从秦昭襄王修筑都江堰打造成都平原后勤基地，到秦始皇开通郑国渠升级关中平原前出基地，再到攻灭六国后开凿灵渠向珠江流域发展，三大水利工程代表了秦统一六国和拓展华夏民族生存空间的不同阶段。

根据“金木水火土”五德终始说，秦朝属于“水德”。秦朝建立后，秦始皇以水德为理念对国家制度进行了开创性的设计，但在指导思想上却否定了水德要求善养百姓、与民休息的正面思想，突出了“水主阴，阴主刑杀”的负面观点，使之成为实行严刑峻法治国方针的理论依据，为二世而亡的国运埋下祸根。

秦横扫六合历程中的水利因素值得挖掘阐释，而秦并吞八荒后扭曲水德的历史教训亦足以发人深省。汉朝重新定义水德，效仿水的顺从之性，顺应民心民意，实行无为而治，与民休养生息，在关中平原兴修水利，不仅打造了征讨匈奴的前出基地，更奠定了两汉四百年太平之局。

发源东海、兴于渭水的秦人

作为在渭水河畔崛起的中国历史上第一个大一统王朝，秦朝人的祖先却不是土生土长的渭水土著居民，而是从东海之滨迁徙过来的外来户。渭水以其宽广的胸怀接纳了东来的秦人，滋润其族发展壮大，最终从关中走向天下。

东来西去

根据傅斯年、郭沫若、范文澜、林剑鸣等学者的考证，秦人祖先最早生活在今天山东境内的东海之滨，可能与同样发源于东方的商朝人祖先属于同一个部落联盟甚至氏族，他们都有着共同的“玄鸟”（即燕子）图腾崇拜，都过着以游牧、狩猎为主要内容的生活，在墓葬习俗上也有着高度的一致性。

秦人虽发源于东海，但却与渭水有着不解之缘。当秦人还在东海游牧、狩猎时，他们的祖先伯益就帮助禹治理渭水。治水成功的禹成为天下共主，“举益，任之政”，重用在治水中功绩卓著的伯益处理政事。禹去世之前，还在名义上根据禅让制的传统“以天下授益”，确立伯益为接班人，如此看来，秦人似乎提前一千八百年就可以坐拥天下。但已经推开“天下为家”大门的禹，实际上却是极力培养儿子启的势力，让启自取帝位。伯益显然不是禹、启父子的对手，根基太浅的他，得不到诸侯拥护，只能放弃帝位。

因着这层缘故，在商汤灭夏的斗争中，秦人祖先“去夏归商”，全力以赴加入商朝军队，并“为汤御，以败桀于鸣条”，发挥特长为商汤训练战马，大败夏桀于鸣条，凭战功成为殷商大臣。商朝建立后，一部分秦人在渭水中游为商朝防守西部边界，但大部分仍居住在东海之滨。

周武王伐纣，攻入朝歌时，秦人首领恶来与纣王一同被杀。周成王初年，商纣王之子武庚在东方发动反周叛乱，秦人群起响应，坚决与西周为敌。周公旦东征镇压叛乱后，将秦人强制性地迁徙到西部边境，即今天渭水上游的甘肃省天水市甘谷县西南一带，从此秦人一直过着游牧生活。

立国周原

到了周孝王时期，秦人首领非子因非常善于养马，被召至“汧渭之会”（即汧水和渭水交界处，今陕西省扶风县和眉县一带），负责为周王室牧马。非子尽心尽力，受到孝王赏识，不但受封为“附庸”，还被允许在一个叫“秦”（今甘肃省清水县秦亭一带）的地方建筑城邑，秦人这才有了“秦”这个族号。

西周末年，国事日下，西方戎狄部落屡屡攻入关中，甚至打到镐京附近。周宣王鉴于内外交困的局势，任命秦人首领秦仲为大夫，让弓马娴熟的秦人去攻打戎狄。秦人势力由此迅速壮大，到了秦襄公时期，任职周王朝司徒的郑国国君郑桓公甚至发出“其（秦）将兴乎”的感叹。

但西周的没落终究不是善战的秦人所能挽救的，公元前770年，戎狄攻入镐京，杀死周幽王。秦襄公率领秦兵和其他诸侯一起护送周平王东迁洛阳，历史进入急剧变革的春秋时期。

为感谢秦襄公护驾之功，平王封他为诸侯，并许诺秦人，如能赶走戎狄，收复被占领的岐山以西之地，就将此地封给秦人。秦国由此正式建立，从“大夫之地”上升为与齐、晋等国平等的“诸侯之国”。

但新生的秦国还不是战斗力强悍的戎狄之对手，一直到襄公之子文公初年，秦人的活动中心仍在渭河上游。到秦文公四年（前762），文公率七百秦兵经过一年艰苦卓绝的东征，才打到周人故都周原地区，并在当年非子为周王室养马的“汧渭之会”重新建城定居，秦人这才稳定下来。渭水成为秦人的生命之河，秦人也开始沿着渭水向东发展。

当时的周原，气候温暖湿润，大地上河流溪涧星罗棋布，渭水支流纵横蜿蜒，汧河、漆河分别从东、西两侧缓缓流过，河谷最深不超过四十米，取水相当方便。依靠着周原优越的自然环境，秦人从游牧转向农耕，并将没有随平王东迁的西周遗民吸纳进来，学习他们的先进农业生产技术，从而实现了经济结构的转型升级和更新换代。

为制服戎狄，秦宁公二年（前714），秦国将国都从“汧渭之会”迁徙到同为周原地区的平阳（今陕西省宝鸡市陈仓区一带），先后灭掉了黄河以西到渭水上游的戎狄部落。到秦武公十一年（前687）前后，秦国基本上控制了整个关中渭水流域。

秦德公元年（前677），因“汧渭之会”和平阳地形狭窄，战略回旋余地较小，向东、向西发展都颇为受限，秦国将都城迁徙到渭水支流漳河上游和雍水附近的雍城（今陕西省凤翔市城南雍水北岸一带）。此处是周原最富庶的地区，且地势较高，是陇山以东地区的门户屏障，无论是向东进取还是防御西边戎狄，都极为便利。此后数百年，雍城始终是秦国的政治中心。到秦穆公时期，秦国向东将国土拓展到黄河西岸后，突然挥兵西向，消灭了长期盘踞在渭水、泾河流域的戎狄势力，史称“开地千里，遂霸西戎”，穆公由此位列“春秋五霸”之一。

变法咸阳

但是到了战国初期，秦国由于地处西陲，位置偏僻，农业经济和社会结构总体上仍处于相对落后的阶段。尤其是与其毗邻的魏国率先进行变法改革后，秦国明显开始落后于时代，内部斗争也尖锐起来，以致陷入被动挨打的局面，河西之地全部被魏国夺走。直到秦献公把都城迁到栎阳（今陕西省西安市阎良区一带），才进行了部分小打小闹的改革。

秦孝公即位后，依靠离魏入秦的商鞅制定新法，对秦国旧制度进行了全面改革。商鞅先从法治入手，重新颁布、修订了一批法律，确立了秦国社会的基本规范，鼓励百姓垦荒种地，奖励战场立功军士，力图富国强兵。

变法推进过程中受到的阻力很大，商鞅为确保新法得到贯彻，不惜采用残酷的镇压手段，将触犯法令的人全部处以酷刑。据西汉刘向《新序》，商鞅曾于一天之内在渭水边处决七百余人，“渭水尽赤，号哭之声动于天地”。渭水不仅见证了商鞅变法的宏大手笔，还看见了他的残酷血腥。在淋漓鲜血的教育下，秦国民众对商鞅由不理解转为高度认可和支持，新法得以推行，三年后大见成效。秦国由此脱胎换骨，以崭新面貌走进战国时代。

变法的目的是图强。由于献公时期秦国已经收复部分河西之地，秦魏斗争的中心地带转向函谷关以东，而栎阳作为国都，位置过于偏北，没有通往函谷关的大路，不便于靠前指挥前线斗争。秦孝公十二年（前350），孝公和商鞅将都城迁到咸阳（今陕西省咸阳市一带），此举对秦国发展具有极其重大的战略意义。咸阳地处秦岭怀抱，北依高原，便于取用南山丰富的物产；南临渭水，浮渭水而下可以直达黄河。其又在终南山与渭水之间，控制着向东南直通函谷关的交通大道，有利于秦国东进逐鹿中原，可谓“据天下之上游，制天下之命”。

迁都咸阳，秦国向东夺取天下的野心昭然若揭。孝公和商鞅继续在咸阳推进第二次变法，主要是进行制度建设，如推行郡县制、废除井田制度、改革赋税制度、统一秦国度量衡、革新社会民俗等，对秦国的政治、经济、社会、文化进行了全方位的变革。孝公、商鞅变法的广度和深度均超过之前各国变法，由此成为中国古代变法改革事业中的模范蓝本，奠定了秦国乃至中国古代社会的基本政治规模和制度取向。

商鞅虽然几乎以一己之力把秦国推上了一个新高度，但其个人命运却以悲剧收场。周显王三十一年（前338），秦孝公去世，秦惠文王即位。商鞅变法之初，还是太子的秦惠文王曾出面反对，商鞅为将改革推行下去，不得已处罚了太傅公子虔，割去他的鼻子，并在太子老师公孙贾脸上刺字，由此和太子及其身边人结下矛盾。秦惠文王即位后，公子虔的党徒诬告商鞅谋反，秦惠文王也想借机从商鞅手中夺取改革的主导权，遂将商鞅五马分尸，屠灭全家。

秦惠文王虽然一上台就车裂处死商鞅，但并没有废除商鞅变法举措，反而继续执行，深入推进变法强秦事业。秦国国力进一步提升，向魏国发动猛烈攻势，夺取河西之地，兵锋深入中原腹地，并在秦惠文王更元八年（前317）粉碎魏、赵、韩、燕、楚五国合纵攻秦行动。

正当秦国在东方战场接连取得胜利的时候，秦惠文王更元九年（前316），秦军兵锋突然转向西南，出现在巴蜀地区，剑指位于今天重庆市西部的巴国和四川省西部一带的蜀国。正是依赖这次军事行动，秦国在巴蜀修建大型水利工程都江堰，使之成为碾压六国的水力发动机，开启了横扫六合、打造大一统的历史进程。

都江堰：秦灭六国的水力发动机

作为中国古代第一个大一统王朝的缔造者，秦始皇最终完成了统一六国的伟业，是为“秦王扫六合，虎视何雄哉”。但正如贾谊《过秦论》所言，“吞二周而亡诸侯”大业的实现，并非秦始皇一代之力，乃是“奋六世之余烈”。从秦孝公、秦惠文王到秦武王、秦昭襄王，再到秦孝文王、秦庄襄王，秦国六代君王在历史发展的不同阶段都做出了各自的贡献。

秦孝公父子的历史使命是变法强秦，秦国统一大业的真正展开是在秦昭襄王时期。正是在昭襄王手上，秦国通过修建都江堰打造了剪灭诸侯的战略后方基地——成都平原。而都江堰工程能够落地，则首先应归功于秦惠文王进军蜀国和巴国的战略决策。

伐蜀攻韩　孰先孰后

由于地近相邻，蜀国与秦国交往较多，亦不免冲突。秦立国之初，国力微弱，蜀王开明之子卢帝曾主动进攻秦国，攻打到当时的秦都雍城城下。秦国在关中平原站稳脚跟后，两国逐渐形成对峙之势。秦厉公二年（前475），蜀国主动“来贿”求和，关系暂时缓和。

随着秦、蜀同时向秦岭南麓的“褒、汉之地”拓展，两国矛盾再次尖锐起来，围绕南郑（今陕西省汉中市南郑区一带）进行了激烈的争夺。南郑本属于蜀国，是其北部门户，亦是秦国向西南扩展的重大阻碍。秦国率先攻取南郑，并于秦厉公二十六年（前451）在南郑修建城池。十年后，秦躁公二年（前441），“南郑反”，被蜀国夺回。

秦惠公十三年（前387），秦“伐蜀，取南郑”。但就在同一年，由于惠公去世，秦国国君易位，无暇外顾，蜀国又再夺南郑。

此后，秦国致力于变法图强，调转兵锋，东向与六国争霸。蜀国亦把主要矛头对准楚国，曾于周安王二十五年（前377）“伐楚”，夺取兹方（今湖北省松滋市、宜都市或房县境内）。蜀国对楚国的进攻，无疑为后来秦国通过并吞巴蜀，迂回包抄楚国的战略规划提供了重要启迪。

由于秦、蜀暂时调整进攻方向，两国关系再次缓和。秦惠文王即位时，蜀国曾派使臣专程到咸阳朝贺。据《华阳国志》，蜀王有次在秦岭山谷打猎，与秦惠文王不期而遇，惠文王赠送蜀王“金一笥”，蜀王回赠“珍玩之物”。不料惠文王将珍玩带回咸阳后，宝物全部化作泥土。惠文王被蜀王的障眼法欺骗，“怒”，群臣劝道：“天承我矣，王将得蜀土地。”此乃天意昭示蜀国将成为大秦不可分割的领土，惠文王听后“喜”。此后，为麻痹蜀国，惠文王又利用“蜀王好色”的软肋，“许嫁五女于蜀”，用美色惑其心志。这些记载虽带有明显的传说色彩，但无疑透露出秦国君臣并吞蜀国的野心。

秦国欲攻伐蜀国，难在秦岭山高，蜀道艰难，军队无路可走。据《括地志》，秦惠文王“刻石为牛五头，置金于后”，让工匠刻制五头石牛，在牛尾放置黄金，哄骗蜀王此牛能够排泄黄金，源源不绝。惠文王表示独乐乐不如众乐乐，愿将此牛送给蜀国，示永结同好之意。蜀王贪，竟然听信惠文王的信口雌黄。为将石牛运到蜀国，蜀王下令“堑山堙谷”，逢山开路，遇水搭桥，削平山谷，在群山环绕中硬是开凿出一条从咸阳到成都的道路。蜀国通过此道将石牛“致之成都”，秦国“遂寻道伐之”，此路“因号曰石牛道”。

据《华阳国志》，此事还有后续。蜀王“遣五丁迎石牛”后，发现石牛并无排泄黄金的特异功能，“怒，遣还之”。以农立国的蜀人不但将石牛遣返秦国，还嘲笑祖上为周天子养马放牧的秦人是“东方牧犊儿”，秦人笑曰，“吾虽牧犊，当得蜀也”。

嘲笑秦人的蜀王不会料到，老秦劲卒的笑声和秦军铁骑的马蹄声很快便会响彻石牛道。而给秦国提供战机的，亦是蜀王本人。蜀王曾分封其弟葭萌到汉中为侯，号称苴侯。葭萌不知何故，不与蜀王亲善，反倒与巴国交好。蜀王怒，于秦惠文王更元九年（前316）出兵讨伐葭萌。弟弟葭萌不敌兄长，只得投奔巴国，但巴国也无力对抗蜀国，只有“求救于秦”。

秦惠文王接到葭萌和巴国的求援后，立即召开御前会议商讨对策，而秦国君臣的决策过程在各个史籍中的记载并不相同。据《华阳国志》，面对千载一遇的伐蜀机遇，惠文王却险些放弃。当时惠文王“方欲谋楚”，群臣拍马溜须，逢君之恶，皆曰“蜀，西僻之国，戎狄为邻，不如伐楚”。只有将军司马错、田真黄坚持伐蜀，强调“其（蜀）国富饶，得其布帛金银，足给军用”，占据巴、蜀后，可以利用蜀国“水通于楚”的交通地利，巴国“劲卒”兵源精壮的军事优势，打造强大水师顺长江而下“以东向楚”，则“楚地可得”。从蜀国可以形成对楚国的战略包抄态势，是为“得蜀则得楚，楚亡则天下并矣”。

而《战国策》《史记》《资治通鉴》则记载，当时秦国君臣是在伐韩与伐蜀之间进行抉择。据上述史籍，巴蜀开战后，同时向秦国发出援助请求。秦惠文王“欲发兵以伐蜀”，但又怕“道狭难至”，千里奔袭，石牛道道阻且长，无法速战速决，容易陷入长期战争的泥淖。正当惠文王还未下决断时，“韩又来侵”，韩国从东面做出攻秦态势。惠文王担心“欲先伐韩，后伐蜀，恐不利”，而“欲先伐蜀，恐韩袭秦之敝”，陷入两线作战的腹背受敌境地，故“犹豫未能决”。

司马错“请伐蜀”，国相张仪反对，认为“不如伐韩”。

秦惠文王让二人各自陈说厉害，张仪的着眼点是“争名者于朝，争利者于市”，三川（伊水、洛水、黄河交汇处，即洛阳外围地区）和周王室就是“天下之朝市”，是经略天下的棋眼所在。秦国当下应执行“亲魏，善楚”的伐韩外交战略，派大军深入韩国“三川”，进攻新城（今河南省伊川县西南一带）、宜阳（今河南省宜阳县一带），进抵东周、西周边境[1]，“诛周王之罪”，逼迫周慎靓王交出代表天子地位的传世国宝九鼎，拿到天下地图、户籍数据。此举能形成政治上的重大影响，“挟天子以令于天下，天下莫敢不听，此王业也”。张仪强调，如果秦国不去抢占东方“三川”和周王室这两个棋眼，反而介入西南无足轻重的戎狄之争，“敝兵劳众不足以成名，得其地不足以为利”，如此则“去王业远矣”，大秦的王图霸业定会遥遥无期。

司马错的立论点是“欲富国者务广其地，欲强兵者务富其民，欲王者务博其德”，成就“王业”受到政治、经济、军事各项条件的约束，若想国家富有，必须拓展生存空间；若要军队强大，必须提高百姓生活水平；若求号令天下，必须提升政治威望，增强政治动员能力，以德服人，“三资者备，而王随之矣”。如今秦国“地小民贫”，国土狭小，百姓贫困，对外开战必须“先从事于易”，拣软柿子捏。蜀国地处偏僻，国小民寡，却是“戎翟之长”，一旦拿下，会对西南民族部落产生极强的威慑效应。蜀国眼下有“桀、纣之乱”，大秦铁骑兵发西南，“譬如使豺狼逐群羊”，不需要经过激烈战斗“而彼已服焉”。吞并蜀国，“取其地足以广国，得其财足以富民”，一战即可实现“富国”“广地”“强兵”三大战略目标，可谓“拔一国而天下

1. 当时东周分裂为东周国和西周国两个小国。

不以为暴，利尽四海而天下不以为贪”。秦国亦能占据政治舆论上的主动权，“我一举而名实附也，而又有禁暴止乱之名”，面子、里子均操诸我手。

司马错认为，如果按照张仪的战略攻打韩国，劫夺天子，定会落下“恶名”“不义之名”，不但“未必利”，而且“危矣”。周天子乃“天下之宗室”，与齐国、韩国关系紧密。周室在面临失去九鼎的危局下，可能会将九鼎赠送楚国；韩国在面临丧失“三川”的压力下，可能会把“三川”割让魏国，那么就会形成各国联合抗秦的态势。因此，伐韩不如伐蜀能力保万全。

张仪主张外交上对六国纵横捭阖，政治上对周室泰山压顶；司马错力主军事上先易后难、步步蚕食，经济上广地富国、取财富民。两人观点其实并无太多高下之分，只是所适用的时势各异。在当时的七国争雄战略格局中，秦国还远远未能一家独大，正如司马错所言，相对于关东六国整体实力，秦国此刻依然是“地小民贫”，国力远不如六国相加之总和，如果贸然攻打此时仍然为天下共主象征的周天子，甚至夺其九鼎、图籍，无异于将秦国置于天下共讨之的危险境地。

张仪的战略看似痛快淋漓，但当时的秦国并无执行该战略的经济、军事实力。事实证明秦国后来经过六十多年的发展，到秦昭襄王五十一年（前256）才灭亡周室，迁走九鼎。因此，秦惠文王经过深思熟虑，清醒地认识到秦国当下的国力约束，最终“从错计”，采纳司马错的务实策略，下决心“起兵伐蜀”。

得蜀望楚　可并天下

秦惠文王更元九年（前316）秋天，惠文王派司马错、张仪、都尉墨率兵从石牛道伐蜀，在葭萌关大败蜀军。蜀王逃至武阳（今四川省眉山市彭山区一带），兵败被杀。蜀国国相、太子率领残余力量“退至逢乡，死于白鹿山，开明氏遂亡”，蜀国王子泮带领部分族人逃亡至越南北部，建立安阳国，后为西汉藩属南越国所灭。安阳国王室后裔又进入柬埔寨建立扶南国，最终灭于真腊之手。

秦灭蜀之战相当顺利，当年十月就平定了蜀国全境。司马错、张仪乘胜直取巴国、苴地，“置巴、蜀及汉中郡，分其地为三十一县”。秦惠文王灭巴、蜀后，封其子通为蜀侯，任命陈庄为蜀相，张若为蜀国守，共同治理蜀地。为压制当地土著，惠文王还迁移秦国一万余户百姓到蜀国。

但在最初的三十年时间内，蜀地局势极不稳定。秦并蜀仅五年后，周赧王四年（前311），秦惠文王去世，秦武王继立，蜀相陈庄叛变，杀蜀侯通。第二年即秦武王元年（前310），武王派司马错、甘茂、张仪入蜀平乱，斩杀陈庄，通子恽被继立为蜀侯。秦昭襄王前期，蜀地形势依然错综复杂。秦昭襄王六年（前301），蜀侯恽被秦国王后陷害，昭襄王不明真相，派司马错入蜀，冤杀恽及其臣僚二十七人。昭襄王虽立恽子绾为蜀侯，但又在十六年后因疑其谋反，“复诛之”。但也有学者认为，秦国灭蜀后，为怀柔蜀人，故仍立古蜀国王室为蜀王，蜀侯通、恽、绾并非秦国宗室，而是蜀王子孙。

蜀地屡屡与秦国产生摩擦，表面上是人事原因，实质上却反映出秦国在蜀地实行的分封制已经不能适应治理需求。为理顺蜀地体制，秦昭襄王诛杀蜀侯绾后，在蜀地改分封制为郡县制，废蜀国为蜀郡，任命在历次斗争考验中表现出坚定立场的张若为蜀郡守，蜀地局势最终稳定下来。“蜀既属秦，秦以益强，富厚，轻诸侯”，吞并蜀地，是秦国历史上第一次大规模的领土扩展，为后来统一中国奠定了基础。

秦国强化对巴蜀地区的控制后，面临的首要问题，就是通过治水进一步提升成都平原的通航和灌溉能力，以便运输兵员、军粮。当年古蜀国开明王朝治水的主要用力处是“决玉垒山”、凿宝瓶口，但囿于当时的技术条件和经济实力，玉垒山决而未通，宝瓶口凿而未开，仅仅是进行过开凿尝试，留下了开凿痕迹。开明帝的主要贡献是在岷江右岸凿通连接长江、沱江的水道，在岷江特大洪水暴发时，可以分流部分洪水，减轻成都平原的灾害，即《水经注》所言：“江水又东别为沱，开明之所凿也。”但由于开明帝所凿取水口设计不够科学，年长日久造成淤塞，不能有效发挥防洪作用，更无通航灌溉之利。

根据学者推测，在开明王朝后期，就已经有了顺应岷江出山口山河形势，将岷江水从宝瓶口引入左岔分水口以根治水患的构想。只是因开明王朝晚期政治腐化，国力不振，还未将这一构想落地为现实便被秦国灭亡。在岷江出山口兴建大型水利工程的重任，只能历史性地落到以张若及其继任者李冰为代表的秦国蜀地郡守们肩上。

从秦惠文王更元九年（前316）开始，张若在蜀地任职四十余年。他设立锦官主管丝织业，设立市官、长丞主管煮盐冶铁，推动成都手工业发展。张若大规模扩建成都城，使其达到“周回十二里，高七丈”的规模，街道闾里、市场列肆“与咸阳同制”。筑城取土留下的土坑则蓄水成湖，形成城北万岁池、龙坝池，城东千秋池，城西柳池，城西北天井池等人工湖，“津流径通，冬夏不竭”。在成都外围，张若又兴建“周回七里，高六丈”的郫城，“周回六里，高五丈”的临邛城，形成拉动蜀地经济发展的原始城市群。

在提升经济实力的同时，张若十分重视加强军事训练，在城墙设立类似于角楼的“观楼”，便于侦察敌情，并开展射击训练。随着张若系列整军备战行动的展开，地处长江上游、兵精粮足的秦国巴蜀之地，逐渐对长江中下游的楚国形成居高临下的战略优势。

秦惠文王更元十四年（前311），张仪出使楚国，破坏六国合纵，曾恐吓楚怀王“秦西有巴蜀，大船积粟，起于汶山，浮江已下”，一艘战船至少可以乘坐五十名精兵，装载三月军粮。巴蜀距离楚国虽有三千余里的距离，但顺流而下，“不费牛马之力”，一日之内便可行军三百余里，不到十日便可到达扞关（今重庆市奉节县或湖北省长阳县境内）。扞关告急，则楚国西部边境城池自顾不暇，只能婴城固守，坐视黔中（今湖南省怀化市一带）、巫郡（今重庆市巫山县一带）被秦国夺取。

张仪的恐吓并非虚张声势，而是形容了秦国对楚国现实的军事威胁。秦昭襄王二十七年（前280），制定“得蜀则得楚，楚亡则天下并”战略的司马错，率军从陇西出发，在巴蜀补充十万兵马和一万艘大船、六百万斛粮米后，以蜀郡为基地大举进攻楚国，占领黔中郡，逼迫楚国割让汉水以北及上庸（今湖北省竹山县一带）。

秦昭襄王三十年（前277），张若为配合秦国名将白起从北部对楚国的攻势，再次从蜀地向楚国进攻，牵制住楚军西部军团，使楚国首尾不能相顾，秦国相机夺取了巫郡等地。但第二年，楚国集结东部兵团十余万兵力大举反攻，收复被秦国占据的西部十五座城池，秦、楚在西南的攻防形成拉锯战态势。

秦楚战争陷入僵局，“得蜀则得楚”战略受挫，一方面是由于楚国实力犹存，不容小觑；另一方面则是航运问题，秦国在蜀地的征调物质、训练士兵都是在成都进行，但成都距离岷江水运码头有百余里，不方便大规模运输粮草，无法对远征楚国的军队进行持续补给。且此时距开明治水已经有将近四百年，当年蜀地所建水利工程年久失修，灌溉乏力，成都平原粮食生产能力的提升受到限制，后勤基地作用不能得到充分发挥。两项因素叠加，使得兴建新的大型水利工程成为蜀地的当务之急。

李冰筑堰　老秦东向

秦昭襄王三十年（前277）秦楚大战后，张若调任黔中郡，当年附议司马错伐蜀的田真黄推荐李冰接任蜀郡郡守。有学者根据1999年在山西省运城市解州镇郊斜村发现的李冰家谱、家庙等文献、遗迹初步推测，李冰极有可能祖籍山西，他“能知天文地理”，又“识齐水脉”，熟悉水利，是承担蜀地治水重任的不二人选。但李冰任职初期并没有立即将治水提上日程，原因有二，一是蜀郡还处于对抗楚国的紧张备战环境中，形势不允许；二是蜀郡长期供应前线军需，经济失血严重，无力开展大型水利建设。

直到秦昭襄王三十四年（前273），楚国春申君黄歇向秦国发出求和信号，警告秦国若与楚国长期鹬蚌相争，必将两败俱伤，方便他国渔翁得利。昭襄王鉴于一时无法攻灭楚国，遂“约亲于楚”，秦、楚关系进入三十余年的和平共处时期，巴蜀前线局势得到缓和。李冰随后在蜀地进行了十余年的休养生息治理，恢复经济，积攒了治水所必需的人力物力。大致在秦昭襄王五十一年，李冰开始主持修建都江堰。

都江堰的兴建和发展，离不开岷江水源。岷江是长江在四川省境内的主要支流，东源发源于弓杠岭，西源发源于郎架岭，东西两源在元坝乡虹桥关汇合，在宜宾市汇入长江，全长七百十一千米，都江堰以上的河段为上游。四川盆地四周高山环绕，中间平原低洼，而岷江上游地势陡峻，从万山丛中急速飞驰的岷江水冲到一马平川的成都平原，水流突然减速，泥沙大量沉积，日积月累淤塞河道，影响航运，雨季来临时，水量暴涨，泛滥成灾；而雨量不足时，又形成旱灾。因此，李冰修建都江堰，需要解决航运、防洪、灌溉等多重难题。

李冰与其子（一说为其助手）二郎首先到湔氐县（即都江堰市）岷江出山口实地考察地形，见“两山对如阙，因号天彭阙”，心中豁然开朗，“仿佛若见神”，遂选择此处作为施工作堰的地址。李冰的选址非常巧妙，使渠首工程处于整个成都平原排灌系统的制高点，他利用水往低处流的自然属性，克服了渠系进水难的问题，掌握了调控岷江水流方向与流量的主动权。确定工程选址后，李冰还按照当时的习俗，“从水上立祠三所，祭用三牲，珪璧沈濆”，祭祀水神，祈求上天保佑工程顺利。

都江堰从上至下，主要由百丈堤、分水鱼嘴、金刚堤、飞沙堰、宝瓶口和人字堤等部分组成，其中以分水鱼嘴、宝瓶口、飞沙堰三个工程最为关键。

分水鱼嘴修建在岷江中心的天然滩脊上，主要功能是分水分沙，因形似逆水而上的鱼嘴而得名。李冰带领百姓就地取材，利用蜀地盛产的竹子，编成直径三尺、长十丈左右的竹笼，内装鹅卵石沉入岷江江底，筑成分水鱼嘴石堰。后人称此法“击而不反”“硬而不刚”“散而不乱”，有良好的防冲固堰作用。分水鱼嘴正面迎头而上，将岷江分为东、西两支。西支为外江，是岷江正流的天然河道，起排洪作用；东支为内江，又称都江，是人工开凿的渠道，经渠首进入灌区，用以灌溉田地。在中水期和枯水期，岷江水通过分水鱼嘴四成入外江，六成流内江，进入灌区保证灌溉用水；丰水期则四成入内江，六成流外江，防止灌区受洪水危害，是为“分四六，平潦旱”。

宝瓶口为都江堰的核心，是控制内江水量的咽喉工程。李冰在岷江出山口处修渠作堰，却被斜出的玉垒山挡住水流去路，遂将玉垒山劈出一个宽约二十米、高约四十米、长约八十米的豁口。内江水经过豁口又分成许多毛细渠道，形成一个纵横交错的扇形水网。后人将水网比喻为瓶子，作为总引水口的豁口就被称为“宝瓶口”，玉垒山除宝瓶口外的剩余部分则被称为“离堆”。因开凿玉垒山工程艰巨，司马迁在《史记·河渠书》中直接将李冰修都江堰称为“凿离堆”。

飞沙堰位于分水鱼嘴与宝瓶口之间，是人工修建的溢洪道，主要起分洪和飞沙作用。当内江水量超过宝瓶口能容纳的流量上限时，多余江水就会翻过飞沙堰流入外江进行泄洪，如遇特大洪水，内江水会直冲飞沙堰让其自动溃堤，洪水由此直泄外江。洪水漫过飞沙堰时，遇弯道形成环流产生漩涡，借助离心力作用，可以将上游江水携带进内江的泥沙甚至卵石都抛过飞沙堰，排入外江，防止泥沙在宝瓶口和下游灌区淤积，是为“正面取水，侧外排沙”。

相辅相成的分水鱼嘴、宝瓶口、飞沙堰首尾相应、势若蟠龙，形成系统的灌溉工程，实现了无坝引水、自流灌溉，发挥了分流、引灌、泄洪、排沙的作用。为观测、控制内江水量，李冰在岷江主流、内江、外江各立石人一个，“水竭不至足，盛不没肩”，江水低于石人之足，会有干旱之忧；漫过石人之肩，则有洪涝之虞。据传李冰还确立了都江堰每年冬春枯水时节“岁修”时的“深淘滩，低作堰”六字诀。“深淘滩”即淘挖内、外江进水口河床的沙砾卵石时，必须挖到规定深度，保证来年河道畅通无阻；“低作堰”即修复堤堰时，堰高不得超过规定尺度，否则在洪水季节不能泄沙排洪，亦不能过低，否则无法拦水导流。

都江堰完工后，李冰在附近“溉灌三郡，开稻田”，又继续在蜀地兴建了二十余项水利工程，如“发卒凿平溷崖，通正水道”“通笮”“通文井江”“导洛通山洛水”，沿途“皆溉灌稻田，膏润稼穑”。李冰还利用蜀地丰富的井盐资源，“穿广都盐井、诸陂池”，凿井煮盐，“蜀于是盛有养生之饶焉”。英国地理学家、地缘政治学家詹姆斯·费尔格里夫曾指出：“四川地区在并入（中国）北方的帝国（即秦国）之后，其首任郡守（即李冰）之所以能流芳千古，受到后人的顶礼膜拜，而且有为纪念他而修建的极其宏伟的庙宇……是因为他兴建的伟大的水利工程，以及他的儿子和继任者出于同样的理由所享有更大的名声，这绝不会是一个纯粹的巧合。”

以都江堰为主体的蜀地各处水利设施完工后，成都平原“旱则引水浸润，雨则杜塞水门”，大量土地被改造成肥沃良田，如《河渠书》所言，“至于所过，往往引其水益，用溉田畴之渠，以万亿计，然莫足数也”。在这些水利工程的滋养下，蜀地“沃野千里，号为‘陆海’”，《华阳国志》赞道，“水旱从人，不知饥馑，时无荒年，天下谓之‘天府’也”，蜀地由此成为秦军东向、剑指六国的战略后勤基地，所产军粮源源不断地输送前线，粮食生产力持续转化为老秦战斗力。

李冰修建都江堰前后，秦国对外战略进行了重大调整。秦昭襄王在听取客卿范雎的建议后，扭转了之前宣太后与国舅魏冉主政时期的越过韩、魏远攻齐国战略，改行远交近攻之策。借助于巴蜀地区的后勤支持，秦国对近邻韩、赵、魏三国展开猛烈攻势。而地邻三晋，与韩、赵、魏唇亡齿寒的楚国，因秦国巴蜀地区顺流而下的军事威胁，一直不敢发兵支援韩、赵、魏，使得秦国能够从容分而治之，各个击破。

李冰在蜀地进行的修堰、开渠等治水活动，着眼点不仅仅是灌溉田地提高粮食生产能力，其首要目标仍然是疏通指向楚地的水运航道。《河渠书》即言，“蜀守冰凿离堆，辟沫水之害，穿二江成都之中，此渠皆可行舟，有余则用溉浸，百姓飨其利”，明确指出李冰开渠的首要目的是“行舟”，江水“有余”方作灌溉之用。李冰在都江堰周边“穿郫江、检江，别支流双过郡下，以行舟船”后，从成都可以依托水路运送军队、粮草顺江而下，“浮大船舶以东向楚”，打通了从巴蜀向楚地进军的水运通道，将“得蜀则得楚”的潜在战略威胁转化为现实战术动作，秦国由此形成了从巴蜀方向对楚国的大迂回、大包围。

历史的意外在于，秦昭襄王任用李冰修建都江堰的首要目标是满足行舟运输军队、粮草的军事需要，但都江堰在历史上大放异彩的主要原因却是其灌溉农田的经济作用。都江堰行舟通航的战略方向是剑指楚国，但秦国攻灭的第一个国家并非楚国，却是韩国。而韩国的灭亡，又和秦国另一个大型水利工程的修建有深度关联。

郑国渠开，大秦出关

李冰在蜀地修建都江堰五年后，一代雄主秦昭襄王薨逝。十年后，昭襄王曾孙嬴政接过祖父孝文王、父亲庄襄王的接力棒，继承王位。此时水工郑国从韩国来到秦国，郑国给秦国带来的不仅有水利技术，还有一个延续十年不为人知的惊天阴谋。

郑国阴谋被揭穿后，秦国朝堂掀起轩然大波，甚至引发国策争论。在争论过程中，一个来自河南的士人进入刚刚亲政的嬴政视野——正是此人后来提出的战略建议，让韩国荣幸地成为六国中秦国案板上的第一块鱼肉。

远交近攻　韩当其冲

在战国七雄所处的地理格局中，韩、赵、魏、楚四国直接与秦国交界，是秦国的主要竞争对手。秦国占领长江上游巴蜀地区并修建都江堰后，地处长江中下游的楚国在与秦国的对抗中渐落下风。韩、赵、魏三国中，尤以韩国迎面正对秦国东进中原的交通要道，是秦国蚕食的主要对象。

早在刚进入战国时期的秦惠公九年（前391），秦国就曾攻打韩国宜阳，占领六座城池。但由于韩国在韩、赵、魏三家分晋时继承了晋国不少基业，暂时还有足够的实力与秦国对抗，且当时战国七雄中最早开始变法的魏国无敌于天下，一直压制着秦国东出势头，替韩国分担了秦国的主要军事压力。因此在战国初期，尽管有秦国的直接军事威胁，韩国却不但自保无虞，还能开疆拓土，于韩哀侯二年（前

375）吞并郑国，迁都新郑（今河南省新郑市一带）。

秦国商鞅变法后，国力大增，而韩国稍后开始的申不害变法很不彻底，实力逐渐落后于其他六国。虽然韩国有“带甲数十万”，兵器制造技术先进，“天下之强弓、劲弩、利剑皆从韩出”，韩军单兵作战能力亦毫不逊色，“韩卒超足而射，百发不暇止”，弯弓射箭，百发百中，“以韩卒之勇，被坚甲，跖劲弩，带利剑”，足可“以一当百”，但韩国国土仅有九百余里，毫无战略纵深，面对日渐崛起的强秦只有被动挨打的余地，毫无招架还手之力。

秦惠文王三年（前335），秦国攻打韩国，占领宜阳。秦惠文王更元七年（前318），苏秦组织韩、赵、魏、楚、燕五国伐秦，攻打函谷关，结果被秦国打得大败而归，“五国之师皆败走”。第二年，秦国将主要进攻矛头对准韩国，在脩鱼（今河南省原阳县一带）大败韩军，斩杀八万韩军，俘虏韩国大将申差等，“诸侯振恐”。

秦昭襄王即位后，大举进攻三晋。秦昭襄王四年（前303），秦军占领魏国蒲阪（今山西省永济市一带）和晋阳、封陵（均在今山西省芮城县一带），随后调转矛头攻击韩国，夺取武遂（今山西省垣曲县东南或临汾市西南），又在两年后攻占穰城（今河南省邓州市一带）。

秦昭襄王十一年（前296），被秦国长期拘禁的楚怀王客死咸阳，引发六国舆论对秦国的批判，“诸侯由是不直秦”。韩国借助秦国处于不利地位的舆论环境，联合齐、魏、赵、宋等国共同伐秦，秦国被迫归还韩国武遂、魏国封陵等地。

但好景不长，仅仅两年后，秦昭襄王十三年（前294），秦国再次进攻韩国，拿下武始（今河北省武安市南部一带）、新城。韩国联合魏国以魏将公孙喜为元帅，率二十四万韩魏联军进据伊阙（今河南省洛阳市龙门一带），迎击秦军。第二年，秦国名将白起在伊阙大破韩魏联军，“斩首二十四万级，虏公孙喜，拔五城”，韩国元气大伤。秦昭襄王十六年，秦国又攻打韩国，占领宛城（今河南省南阳市一带）。一年后，魏国割让河东四百里地，韩国献上武遂二百里地，双双向秦国求和。

秦昭襄王二十一年（前286），秦军与韩军在夏山一带会战，大败韩军。秦昭襄王三十二年，秦国进攻魏国，韩国不自量力派军援魏，结果被秦军“斩首四万”。不料两年后魏国联合赵国攻打韩国华阳（今河南省新郑市北郭店镇一带），韩国向秦国求援，在秦军的帮助下才得以解围。此战后，韩、魏两国“服于秦”。而秦国因内政外交的失误，仅仅在外交上把韩、魏收服，却没有乘胜在军事上将其消灭。

秦昭襄王从十八岁即位，一直到六十耳顺之年，国政一直操纵在母亲宣太后和舅舅魏冉手中。魏冉先后五次出任秦国丞相，在相位时间长达二十五年之久，是秦国历史上任职时间最长的丞相。魏冉当政时期，虽然取得对三晋战争的重大胜利，但其一贯主张越过韩、魏远攻当时七雄中实力仅次于秦国的齐国。尤其是魏冉在昭襄王二十三年（前284）被封于陶（今山东省菏泽市定陶区一带）后，更是置三晋于不顾，积极舍近求远向齐国进攻，力图扩大封邑，慷秦国国力之慨，成捞取个人实力之私。而昭襄王囿于魏冉对其的影响，一时也没有将攻灭韩、魏提上日程。昭襄王与魏冉君相甥舅在是否消灭韩、魏上并无太大分歧，只是昭襄王意在攻楚，魏冉志在攻齐。在韩、魏外交“服于秦”的态势下，昭襄王下令白起“与韩、魏伐楚”。

三国联军还未出动，楚国春申君黄歇刺探到此消息，“畏秦乘胜一举而灭楚”，遂向昭襄王递交国书，剖白心迹：“楚国，援也；邻国（即韩、魏），敌也。”警告昭襄王“韩、魏卑辞除患而实欲欺大国也”，秦国于韩、魏无厚恩却有重怨，“韩、魏父子兄弟接踵而死于秦者将十世矣”，所以“韩、魏之不亡，秦社稷之忧也”。黄歇劝昭襄王，正确的战略应该是联楚灭韩、魏，“秦、楚合而为一以临韩，韩必敛手”。昭襄王被黄歇的分析打动，遂解散秦、韩、魏联军，转而“约亲于楚”，与楚国联姻结盟。

昭襄王虽然停止对楚国的进攻，但因此时处于魏冉第五次拜相期间，秦军的兵锋仍然是继续指向齐国而非韩、魏。昭襄王三十七年（前270），魏冉派军攻打齐国，夺取刚寿（今山东省东平县一带），继续扩大陶地封邑。不久，因为范雎的到来，秦国错误的军事战略才被扭转。

范雎本是魏人，因受政治迫害几乎丧命，遂变更姓名跟随秦国访魏使节王稽西行入秦，并由王稽引荐给昭襄王。为避开宣太后、魏冉耳目，昭襄王在偏殿接见范雎，君臣二人深入探讨了秦国对外战略得失。

范雎直指魏冉越过韩、魏主攻齐国的做法是错误的，“王不如远交而近攻，得寸则王之寸也，得尺亦王之尺也”，正确的对外战略应该是“远交近攻”，暂且与远离秦国的齐国等国建立和平外交关系，把进攻重点放在紧邻秦国的韩、魏身上，拿下一尺是一尺，打下一寸是一寸，这样不会为他人作嫁衣裳。韩、魏是“中国之处而天下之枢也”，处于中原之腹，实属兵家必争之地。秦国若想东向争雄，“必亲中国以为天下枢，以威楚、赵”，必须把进攻矛头直指韩、魏，对楚国、赵国形成威慑，如此一来，赵、楚就会归附秦国，一旦楚、赵皆附，齐国必定来归，齐附，“则韩、魏因可虏也”，连锁反应之下，韩、魏就会成为囊中之物。

昭襄王听后大喜，遂拜范雎为客卿，让其参与军政国务。秦昭襄王四十一年（前266），昭襄王将魏冉罢相，改任范雎为相，禁止宣太后过问国务，彻底掌握秦国实权，大力推行远交近攻之策，重点蚕食韩国。

昭襄王、范雎本欲通过对韩国进行武力威胁，逼其就范，于是作出发兵进攻荥阳、太行，欲将韩国“断而为三”的态势，但韩国经受住了恐吓没有屈服。昭襄王大怒，连年向韩国发动大规模的军事进攻。秦昭襄王四十二年（前265），秦军攻取韩国少曲（今河南省孟州市一带）、高平（今河南省济源市一带）。第二年，白起“伐韩，拔九城，斩首五万”。越一年，白起率兵占领韩国太行山以南地区。秦昭襄王四十五年，秦国夺取韩国野王（今河南省沁阳市一带），切断韩国首都新郑与北方重地上党（今山西省长治市上党区一带）的联系。韩国上党郡守冯亭将城池献给赵国，赵国替韩国火中取栗，引发秦、赵长平大战。

战后，秦国继续进攻韩国。秦昭襄王五十一年（前256），秦军攻占韩国阳城、负黍（均在今河南省登封市一带），“斩首四万”。两年后，韩王入朝求和。秦昭襄王五十六年，昭襄王薨逝，韩王“衰绖入吊祠”，身穿重孝到祭庙哀悼。

韩王此举已属恭顺至极，但仍无法阻挡秦军兵锋。昭襄王之子孝文王即位三天就去世，孝文王之子庄襄王即位当年（前249），就派大将蒙骜伐韩，占领成皋（今虎牢关一带）、荥阳（今河南省荥阳市一带），设置三川郡，实现了秦惠文王更元九年（前316）张仪力主伐韩时的设想。韩国国势危如累卵，朝不保夕。

凿渠疲秦　万世之功

据学者统计，韩国从公元前403年立国，到前249年，受到秦国较大的进攻多达十九次。从前265年开始，秦国更是几乎每年都从韩国手中夺取土地。吃饭、睡觉、打韩国，成为秦国军民日常生活的保留节目。

前247年，庄襄王薨逝，其子嬴政即位。面对秦国咄咄逼人的灭国压力，韩桓惠王君臣“欲疲秦人，使无东伐”，为转移秦国东侵的注意力，策划出一个自认绝妙的战略欺骗计划，即“水工郑国为间于秦，凿泾水自仲山为渠，并北山，东注洛”，派遣名为郑国的水利工程师到秦国，游说秦君臣，建议秦国在渭水支流泾水和北洛水之间开凿水渠，灌溉关中平原农田。

自商鞅变法以来，兴修水利一直是秦国耕战政策的重要内容，之前就有在巴蜀地区修建都江堰便利灌溉、通航的成功经验。关中平原亦迫切需要借助大型水利工程提升粮食生产力。

关中平原又称泾渭平原，主要由泾水、渭水冲积而成，西起宝鸡，东到潼关，北抵北山，南界秦岭，面积有三万四千平方千米左右。关中平原土质肥沃疏松，便于耕种，但年降水量只有六百毫米左右，且雨量时空分布很不均匀，雨季集中在6—9月，春季降雨量极少，在地理上也呈现南多北少、西多东少的特点，远远不能满足农作物的需水量。同时，由于气候干燥，蒸发量大，加上地势低于四周高原山脉，关中平原尤其是东部泾水、渭水下游地区，地下水埋藏较浅，大量可溶性盐分就借助土壤的毛细作用上升到地表，造成土地的盐碱化，需要用大量水分进行淋洗，或用含有细颗粒泥沙的水流进行浇灌，才能得到改良。

因此，水利问题成为提高关中平原粮食生产能力的关键制约因素，而引渭水、泾水、洛水进行人工灌溉是破除这一制约因素的主要解决方案。此时秦国国君虽然是十三岁的嬴政，但执掌大权的是丞相吕不韦。吕不韦和群臣经过商议，接受了郑国开挖水渠的建议，集中关中地区的人力物力开展水利建设。

韩国企图用引导秦国兴建大型水利工程的办法，让其劳民伤财以致精疲力竭，自动放弃灭韩计划。平心而论，韩国此计看似精妙，实则愚拙。若要“疲秦”，只需派建筑大师诱使秦国君臣大建亭台楼阁、离宫别苑，大行奢靡之风、享乐主义，让其消磨志气、腐化堕落即可，而韩国却派工程师出技术帮助秦国兴修水利，对其统治重心关中地区进行全方位、整体性的升级改造，无异于亲手帮助秦国战车提升动能，让其更强有力地碾压自己。

更关键的是，经过自秦孝公到庄襄王六代秦王一张蓝图干到底的持续努力，秦国国力早已树大根深，根本不可能被几项超大工程拖垮。韩国兵不血刃退却秦国虎狼之师的理想很丰满，但被动挨打的现实却很骨感。就在秦国开工修渠的第三年，即秦王政三年（前244），秦国大将蒙骜伐韩，又夺取韩国十二座城池。惊得目瞪口呆的韩国君臣近乎绝望，人为刀俎，我为鱼肉，只能坐以待毙。

郑国虽然是带着特殊使命来到秦国，但在修渠时却毫无保留地贡献了自己的水利智慧。根据当代学者推测，郑国开渠引泾水东注洛水，干渠东西全长三百余里。无论是干渠测量施工，还是渠系的布置运用，或是灌水的组织管理，都体现出极高的科学性。

干渠渠线布置在关中平原二级阶梯的最高线上，位于干渠南部的整个灌区都在其控制之下，保证了支渠以及其他下级渠道的自然引水，从而获得了尽可能大的灌溉面积。干渠渠线的选择合理地利用了当地地形条件，根据水利学者的调查结果推算，当年干渠平均坡降约为0.064%，显示了较高的测量和施工技术水平。这一坡降使得水流“以高向下”，流速加快，有利于输水送沙，避免河道淤积，还便于自流引水灌溉。

水渠东流需横穿清水、漆水、沮水等天然河流，郑国采用了类似今天拦河滚水坝的“横绝”工程技术，即用堆石囷的方式加高加厚南边渠堤，形成一定坡度，天然河流自然从北边流入渠中，或改变流向，或变成渠道，构成天然河流与人工水渠相互交错的网络状灌溉模式，既可最充分地汇集泾水、洛水之间的所有水源，又能最大限度地扩大灌溉面积。

郑国所开水渠不仅是灌溉工程，还具有淤灌压碱的功用，即史籍所载“用注填阏之水，溉泽卤之地”。渠水中含有大量泥沙，用以灌溉可降低耕土层中的盐碱含量，显著改良盐碱化土壤，从而提高粮食产量。这种方法至今仍然是改良盐碱化土壤的有效措施。

郑国开渠工程浩大，用时十年尚未完工。十年时间，足以使秦国发现事情真相。大致在嬴政铲除嫪毐、吕不韦势力的公元前237年前后，秦国排查出郑国的间谍身份，这才知道郑国挖渠的目的是为了损耗秦国国力，减轻韩国压力。得知真相的嬴政君臣要把郑国杀掉，郑国分辩道，我刚开始是作为韩国间谍来到秦国，“然渠成亦秦之利也，臣为韩延数岁之命，而为秦建万世之功”，开挖这条水渠确实可以给韩国延长几年气数，但对秦国国运却是利在千秋。嬴政听后，深感有理，遂让郑国继续修渠。

水渠修成后，灌溉关中平原四万余顷（约合今天一百十五万亩）土地，每亩粮食产量达一钟（约合两百三十二斤）之多——在当时的农业生产技术条件下，这是一个相当大的数字。在郑国所开水渠的滋润下，“关中为沃野，无凶年”，关中平原成为秦国继成都平原之后的又一个重要粮食生产基地。“南有泾、渭之沃，擅巴、汉之饶”的秦国，借助于成都平原和关中平原的双轮驱动效应，从西南方向和西北方向形成对六国的双向战略包围，“秦以富强，卒并诸侯”。

谏止逐客　百川归海

嬴政虽然在郑国问题上将计就计，让韩国偷鸡不成蚀把米，但也对从六国来秦国寻求发展的士人产生了怀疑。在处置嫪毐变乱、吕不韦“谋反”事件的过程中，嬴政发现他们手下任用了一大批六国士人，加之秦国自孝公、商鞅变法以来，在人才任用上一直是重外轻内，重用外来人才，对本国尤其是宗室人员弃之不用，防止他们威胁王权。秦国宗室大臣对此早就愤愤不平，遂抓住机会向刚亲政、还未形成清晰治国思路的嬴政进谗言：“诸侯人来仕者，皆为其主游间耳。”即六国士人为保护本国不受攻击，都会大肆离间秦国君臣感情，因“请一切逐之”。

秦王政十年（前237），嬴政下“逐客令”，清查国内六国士人，全部驱逐出境。此时的嬴政还不清楚，六国士人表面上好像确实是在离间秦国君臣，比如范雎劝昭襄王处置宣太后、魏冉等，但实质上却增强了秦国王权，更帮秦国改革、处理内政外交，填补了自有人才的不足。

来自楚国上蔡（今河南省上蔡县一带）的李斯，亦在被驱逐之列。李斯当初仅是县里小吏，见厕所中的老鼠吃点秽物都担惊受怕，粮仓里的老鼠吃谷物却大摇大摆、见人不避，遂立志要做“仓中鼠”不当“厕中鼠”，投奔到荀子门下学习“帝王之术”。学成后，来到秦国在吕不韦门下当舍人，又经由吕不韦推荐到嬴政身边工作，先后任长史和客卿。因为逐客令，李斯被迫出走，就是在此途中给嬴政上了一道流传千古的《谏逐客书》。

李斯引用了秦穆公用戎人由余、虞人百里奚、宋人蹇叔和晋人丕豹、公孙支称霸西戎，秦孝公用卫人商鞅变法图强，惠文王用魏人张仪破六国合纵，昭襄王用魏人范雎远交近攻的例子，说明秦国事业发展建立在外来人才贡献的基础上，“由此观之，客何负于秦哉”，六国士人从来没有辜负过秦国，反倒是秦国如今“不问可否，不论曲直，非秦者去，为客者逐”，对六国士人不问青红皂白一律驱逐出境的做法，明显是过河拆桥。李斯用“太（泰）山不让土壤，故能成其大；河海不择细流，故能就其深；王者不却众庶，故能明其德”的道理告诉嬴政，只有海纳百川，择天下英才而用之，才能使秦国自穆公、孝公以来实现崛起的伟大事业兴旺发达地延续下去，从胜利走向新的胜利。而秦国“弃黔首以资敌国，却宾客以业诸侯”，等于把人才推到对手怀抱，这就好比“藉寇兵而赍盗粮”，把军队借给寇匪，把粮食送给强盗。

嬴政看到李斯的奏疏后幡然悔悟，赶忙将其召回，官复原职。更重要的是，嬴政及时进行政策调整，废除“逐客令”，避免了更大损失的发生。在重新起用李斯的同时，嬴政还任用来自魏国的尉缭谋划军事，用顿弱、姚贾参与外交。他们皆非秦国人，却为秦国出力，为嬴政统一六国作出了重要贡献。

令人感慨的是，嬴政逐客之令在很大程度上是因郑国的间谍身份暴露而起，而秦国在改弦更张后，不但让郑国继续实施修渠大业，更以郑国的名字命名新修水渠为“郑国渠”。由此可见，秦人对经济的看重，对水利的注重，对实用技术的重视，远远超越了政治上的偏见。秦文化中的科学精神、开放意识和宽阔胸襟，跃然于郑国渠的修建和命名过程中。

郑国渠修建期间，秦国确实没有吞并韩国，延缓了韩国的灭亡。郑国渠完工后，关中平原经济潜力得到深度挖掘，秦国国力更加强盛，进一步增强了对六国尤其是韩国的战略优势。因此，郑国渠修成之日，便是韩国大限来临之时。

在嬴政的最初战略中，意欲先扫清此时六国中的最强劲敌赵国，先后两次派兵大举攻赵，但一胜一败。事实证明灭赵存在困难，在李斯“请先取韩以恐他国”的建议下，嬴政遂把矛头转向软柿子韩国。

秦王政十四年（前233），秦军进攻韩国，韩王“纳地效玺，请为藩臣”，献上国玺，自降国格请求称臣。两年后，秦国将战争目标锁定为灭韩，再次大兵压韩境。韩国为延续一线生机，再次剜肉医疮，献上南阳全境。嬴政于九月“发卒受地于韩”，但接手南阳后，并没有心慈手软给韩国留下喘息机会，而是继续进攻。

秦王政十七年（前230），嬴政命令大将内史腾灭韩，俘虏韩王安，将占领的韩地设置为颍川郡。至此，韩国彻底灭亡。随后，秦国用十年时间，逐一攻灭赵、魏、楚、燕、齐，横扫六合。前221年，一统天下的秦国最终改版为秦朝，嬴政升级为秦始皇。

灭亡六国后，始皇的宏图并没有驻足于两周旧疆，秦军的步伐亦不曾止步于六国故壤，而是向更北的北方和更南的南方继续前进。在北方，秦始皇修一道万里长城，稳定了华夏农耕文明与草原游牧民族的边界；而在南方，则凿一条灵渠运河继续探索未知边疆，播撒人文之光。

灵渠凿通，四海归一

秦始皇在六世秦王奠定的基业之上，借助都江堰、郑国渠提供的动力支持“数年之中，卒兼天下”后，并没有刀枪入库，马放南山，而是进一步巩固国防，开疆拓土。大秦铁骑所到之处，西南诸夷束手，北方匈奴远遁，但平定南方百越的进展却相当迟缓。面对艰难的战事，秦始皇再次祭出“治水开渠”的统一利器。

南下百越 三年无功

秦始皇二十六年（前221），秦军攻灭六国中最后一国齐国，“初并天下”。根据学者推测，此时秦朝的南方边界在蜀郡、巴郡、黔中郡、长沙郡、九江郡、会稽郡一线，大约西起今天四川省成都市和重庆市，经贵州省思南县、黎平县，湖南省靖州县、郴州市，江西省南昌市，安徽省宁国市，东到浙江省绍兴市。

在这条南部边界线更南的地方，居住着部落众多的越人，统称为“百越”。其中於（于）越以绍兴市为中心散布在浙江境内，曾在春秋时期建立越国，称霸于长江中下游。周赧王九年（前306），越国被楚国消灭，一部分於越人向南迁徙到福建、台湾岛、海南岛甚至越南境内，与当地越人混居。东越亦称瓯越，大致以温州为中心居住在浙江省南部的瓯江流域。闽越势力范围在以福州市为中心的福建省，南越居于岭南的广东地区，西越居住在广西地区，雒越则分布在今天越南中北部一带。

百越虽与中原地区有着不同的文化特征，如断发文身、铸铜为鼓等，但早就与中原有密切联系。远在三皇五帝时期，百越就臣服于中原部落联盟。岭南各族曾向商王进贡珠玑、玳瑁、象牙等地方特产。周朝建立后，越裳国“献白雉”，雒越人“贡大竹”，广西南部的苍梧部落亦献翡翠。诸如此类，史不绝书。中原文化亦在百越地区广为传播，广西平乐县、兴安县、恭城县都出土有商周时期的中原青铜器，反映出中原与百越的交往源远流长。

秦始皇二十五年（前222），秦军灭楚后，兵锋继续南指，“因南征百越之君”，开启了统一百越的历史进程。因当时中原战事尚未终结，秦军只是向百越进行了试探性攻击。秦朝建立两年后，秦始皇二十八年冬天，大将屠睢等人率集结在南部边境的五十万大军，分东、西两路，大举向百越地区进攻。

秦军进攻的首要目标是闽越，由东路军分成两队主攻。一队进军余干（今江西省余干县、平乐县一带），此处北通鄱江，南连龙窟河，是闽越由东北出入江淮的交通要道；另一队集结南野（今江西省赣州市南康区西南一带），此地据赣江上游，是闽越出入南岭口必经之路。在两路秦军的猛烈夹击下，闽越很快被占领，成为秦朝的闽中郡。不久，东越也被并入秦朝版图。

西路军分成四队向岭南地区的南越进攻。一队取道江西省南昌市，经大庾岭进入广东北部；一队沿湖南省长沙市，经骑田岭抵达南越中心番禺（今广东省广州市一带）；一队从萌渚岭进入广西贺州八步区；一队经越城岭进入广西桂林市。秦军取道湟溪，突入南越西北部，随后顺北江而下，很快攻克番禺。东路军攻占闽越后，取道揭阳岭前来与西路军会合。两路秦军对南越南部地区和西越、雒越形成包围态势。

随着战线向南方纵深地区的推进，战事越来越激烈，秦军进展不利。越人刚开始毫无准备，一触即溃，但惊魂稍定稳住阵脚后，便充分发挥跋山涉水的特长，利用岭南山高谷深、苔滑水多的地势，顽强反击秦军。而岭南地区丘陵遍布，河道纵横，地形复杂，习惯纵马驰骋的秦军难以适应此地作战环境，且军粮运输极不方便，给养供应困难重重。在越人的反击下，大将屠睢被杀，秦军“伏尸流血数（十）万”，进退维谷，以致“三年不解甲弛弩”，无法取得军事突破。后勤补给、交通运输成为制约秦军南进、限制秦朝南拓的主要因素。

五岭逶迤　遇水修渠

秦朝进攻百越的战事陷于胶着，与当年横扫六合的势如破竹形成鲜明对比，主要原因在于相对一马平川的中原大地，崎岖难行的五岭山脉极大阻滞了秦军行进和后勤补给。

五岭是南方最大的横向构造山脉，地处广东、广西、湖南、江西、福建五省交界处，自西而东由越城岭、萌渚岭、都庞岭、骑田岭、大庾岭五座山脉组成。其中越城岭和萌渚岭是由湖南进入广西的要道，都庞岭和骑田岭是由湖南入广东的要路，大庾岭是由江西入广东的要冲。在秦朝的工程技术条件下，若想从陆路打通五岭大山，几无可能，只有从水路寻找出路。

五岭又称“南岭”，是与“北岭”秦岭相对而言。秦岭作为北岭，分界黄河、长江两大水系；五岭作为南岭，分界长江、珠江两大水系。中原地区经过春秋战国数百年的水利建设，早已通过邗沟连接长江、淮河，利用荷水、鸿沟打通淮河、黄河。若在五岭某处开凿运河，沟通长江、珠江水系，便可将都江堰、郑国渠灌溉的成都平原、关中平原所产军粮，通过黄河、长江水系运送到珠江流域的秦军前线。

此时秦军已经沿湘江逆流而上进入广西北部的兴安县，占据位于湖南与广西交界的湘桂走廊。这一走廊夹在越城岭与海洋山中间，是从中原进军岭南的咽喉要道之一。长江水系的湘江源头和珠江水系的漓江源头，均在湘桂走廊上的兴安县境内。为破解交通难题，打通后勤补给线，秦始皇“使监禄凿渠运粮”，派秦将史禄在湘江与漓江之间凿渠开河，以“通粮道”。

湘江从兴安县东南部白石乡海洋山脉的近峰岭发源后，沿着向北倾斜的地势往东北流入洞庭湖；漓江从兴安县西北华江乡越城岭最高峰猫儿山发源后，沿着向南倾斜的地势南流，在西南方向经桂林、梧州注入西江。湘江北去，漓江南流，两江源头一南一北，相隔约四万米。虽然源头距离较远，但漓江的支流灵河却与湘江较近。

灵河的源头之一始安水，发源于兴安县北面富贵岭与点灯山之间的山谷中，最近处距湘江上游海洋河只有一千七百米。只是始安水与海洋河在此处的落差高达六米，且地形复杂，在当时的工程技术水平下，无法通过拦河筑坝让海洋河在一千七百米的距离内就抬高六米水位流入始安水。史禄遂沿海洋河继续逆行上溯两千三百米，在始安水与海洋河水位相近的地方开凿水渠，引湘江水进入漓江，是为灵渠。

灵渠渠如其名，设计精巧，布局科学，主要由大小天平坝、铧嘴、南北渠道、陡门、泄水天平等部分组成。大小天平坝是建在海洋河上的拦河大坝，高三米七，成“人”字形布局，以增加抗压力。斜向南渠一侧的为小天平，长一百二十七米；斜向北渠一侧的为大天平，长三百四十四米，两者夹角一百零八度。

灵渠运河的主体部分是人工利用天然地形开凿的渠道，分为南、北两渠。南渠是引湘江进入漓江的渠道，从小天平尾部的南陡起，一直向西南到灵河口与大榕江汇合，进入漓江，长约三万米。北渠从大天平尾部北陡起，向北迂回曲折绵延成“S”形，以避免因水位落差太大导致水流湍急影响航行安全，最终弯曲约四千米后汇入湘江故道。

铧嘴是建在天平坝顶端向江中延伸的一道石堤，因“前锐后钝”形似犁铧之嘴，故称铧嘴。铧嘴正对河中心，可以分开上游来水。海洋河水流到铧嘴时，形成“三七分流”，即三分河水沿小天平流入南渠，七分河水沿大天平流入北渠。天平坝与铧嘴一起发挥着平衡灵渠水位的作用，枯水期来临时，天平坝能把海洋河水全部拦入南渠、北渠，确保灵渠水位达到航运深度；汛期来临时，洪水能越过天平坝顶流入湘江故道，防止出现漫延冲决之祸。

陡门是建在南、北二渠上的通航设施，类似于现在的船闸，用以提升或降低运河水位，方便船只通航。泄水天平是建在南北渠道上的溢洪堰，具有排泄洪水、保持水位、确保渠道安全的作用，故称“泄水天平”。

连接湘漓　平定岭南

秦始皇三十三年（前214），灵渠凿通，秦军后勤补给线路得到疏通。秦军从成都平原和关中平原出发的运输船只，可以通过渭水、汉水和长江进入洞庭湖，随后溯湘江而上，经灵渠到达漓江。船只通过漓江进入珠江后，向东南可至番禺；向西经珠江上游的左右江和红水河，可达云南、贵州；向东经珠江支流东江可至福建。

灵渠由此通过沟通湘江、漓江，将长江水系与珠江水系连接，一渠开而南部中国水系全盘皆活，秦军进军岭南的“中梗阻”问题得到解决。更重要的是，灵渠将中国的内河航运系统延伸到南海，通过南海进入东南亚和印度，最终发展成海上丝绸之路。

从灵渠开来的不仅有秦军粮船，还有水师战船。灵渠通航后，秦始皇派大将任嚣、赵陀带领水师“楼船之士南攻百越”，又“发诸尝逋亡人、赘婿、贾人为兵，略取南越陆梁地”，征发无业游民、商人等底层百姓为兵，充实南征军团。随着源源不断的兵源、军粮供应到前线，秦军终于在秦始皇三十三年（前214）将包括西越、雒越在内的百越之地全部占领。

战后，秦朝在岭南地区设置南海郡（今广东境内，郡府在广州市番禺区）、桂林郡（今广西境内，郡府在桂平市西南）、象郡（包括今广西南部、广东西南部、越南中北部的广大地区），实行和中原地区一样的郡县制，夯实基层治理基础，确保岭南处于中央政府的直接控制之下。与此同时，秦始皇征发五十万罪犯到岭南屯垦戍边，与越人杂居，共同开发岭南，逐步改变当地的民族成分，推动民族融合。

在进军岭南的过程中，秦军大规模修建城池，筑造关隘。如在广西兴安县大、小融江之间建秦城，在城北三十里设严关，在大庾岭上修号称“岭南第一关”的梅关，在广东英德设横浦关，在广东阳山县修阳山关，在阳山县茂溪口建湟溪关等。其中横浦关、阳山关、湟溪关因均在连江上，地势险要，统称为“三关”。

经由灵渠水路统一百越后，秦始皇又继续打通从中原到岭南的陆上交通，即“筑南越地”。秦朝在岭南所修道路称为“新道”，以区别于北方的“驰道”。根据历史地理学家考证，秦朝所修新道主要有四条：一条从湖南郴州进入广东连州，一条从江西南部穿大庾岭进入广东南雄，一条从湖南永州进入广西贺州，一条从历史上隶属湖南的全州（今广西全州县一带）进入桂林。

这些城池关隘和新道，利用岭南河道纵横的地形，将水道与陆路相连，使被大山分割的岭南各地在交通上初步成为一体。新道与以咸阳为中心的驰道相连，打通了南岭山脉的阻隔，确保了首都咸阳与南部边疆的联系畅通无阻，极大方便了中原与岭南的物资流通、人员往来、文化交流。军队调动也由此更加快捷，秦朝有效加强了对岭南的控制。

就在平定岭南的同一年，秦朝对北方草原匈奴的战争亦取得决定性胜利。蒙恬“斥逐匈奴，收河南地为四十四县”，收复河套以南地区，设置四十四个县进行治理。为巩固北部边防，秦始皇令蒙恬“筑长城，因地形，用制险塞”。西起临洮（今甘肃省岷县一带），东至辽东（今辽宁省辽阳市一带），“延袤万余里”的万里长城也就在这一年开始修建。

第二年，秦始皇三十四年（前213），秦朝“谪治狱吏不直及覆狱故失者，筑长城及处南越地”，把徇私枉法的司法官员全部充军到边疆，或北上修筑长城，或南下五岭戍边。这些向南北边境移民的举动，宣告了开疆拓土军事行动的胜利和统一大业的最终完成。

通过开凿灵渠，华夏民族在南方的疆域基本奠定；借助修建长城，中原王朝的北部国防线得到巩固。经过秦军将士南征北战、东讨西伐的浴血奋战，秦朝国土在东、西、南、北各个方向大大拓展，最终“东至海暨朝鲜，西至临洮、羌中，南至北向户，北据河为塞，并阴山至辽东”，即东至大海，西到甘肃西部，北至鄂尔多斯草原，南达今天越南中部。依赖都江堰、郑国渠、灵渠三大水利工程提供的经济支持和地理沟通，我国统一多民族国家的基本规模初步形成。

从筑堰都江启动战车，到郑国开渠横扫六合，再到凿通灵渠四海归一，水利工程对国家统一的推动、促进作用，在秦国改版为秦朝的历史进程中尽显峥嵘。秦朝在科技层面对水利技术运用日渐精熟的同时，却在政治思想层面对水德的理解发生重大偏差，最终造成治国路线的极度扭曲，以致不但未能实现始皇帝“二世、三世至于万世，传之无穷”的野望，反而传至二世便戛然而止。

水德：秦亡汉兴的历史密码

秦人对水利技术的重视，对水利建设的热衷，来源于都江堰、郑国渠、灵渠助力其吞并六国、一统四海的生动实践。而秦朝对“水德”的崇拜，并将其上升为制定治国方针的理论依据，则与战国时期思想界的“五德终始说”密切相关。

五德终始　大秦属水

“五德终始说”起源于五行思想。早在西周时期的《尚书·洪范》中，古人就把宇宙间各种事物归纳为金、木、水、火、土五种物质形态：“五行：一曰水，二曰火，三曰木，四曰金，五曰土。”五行各有特性，“水曰润下，火曰炎上，木曰曲直，金曰从革，土爰稼穑”，与五味一一对应，“润下作咸，炎上作苦，曲直作酸，从革作辛，稼穑作甘”，自然界万物变化都可以归结为五行的互相转化。

到了战国时代，五行相生相克、无限循环的说法，被附会到政治思想中，金、木、水、火、土五行转化为“五德”，成“五德终始说”，尤以齐国威王、宣王之际的邹衍为集大成者。邹衍宣称，“五德转移，治各有宜，而符应若兹”，“五德”支配政治历史的变化，每种“德”都代表特定的政治模式，每一个王朝都由特定的“德”支配，君主应根据所属“德”的属性制定政治制度，设计政治模式。“五德从所不胜，虞土，夏木，殷金，周火”，五德代兴决定王朝更替，虞舜“以土德王”，夏禹“以木德王”，商汤“以金德王”，周文王“以火德王”，由此推算，代周而兴者将“以水德王”。

秦始皇统一天下后，齐地士人将邹衍的“五德终始说”奏报给朝廷。始皇欲采用其说，但又无法自圆其说。因为按照“五德终始说”，王朝更替之时，一德已衰，一德方兴，在天意的支配下，自然界必定出现相应征兆，如黄帝“得土德，黄龙地螾见”；夏朝“得木德，青龙止于郊，草木畅茂”；商朝“得金德，银自山溢”；周朝“得火德，有赤乌之符”。秦始皇要论证“今秦变周，水德之时”，必须有自然天意作为论据支撑。群臣翻遍史籍加上大开脑洞，终于回忆起（或想象出）当年“秦文公出猎，获黑（古人认为水色为黑）龙”，此乃“水德之瑞”。秦始皇遂认定“周得火德，秦代周德，从所不胜，为水德”，并将黄河之名改为“德水”，希望国运如黄河一样川流不息。

依据阴阳五行说，水为阴，方位在北，时节为冬季，色彩为黑色，数字为六，音律为羽。秦始皇既自命大秦属水，遂以“水德”为理念，在继承夏、商、西周尤其是东周春秋战国以来政治制度发展的基础上，对国家制度进行了开创性的设计。“改年始、朝贺皆自十月朔”，以冬季首月即十月初一为新年之始，盛大朝会、新年庆典均在此日；“衣服旄旌节旗皆尚黑”，服饰、旗帜均用黑色，以黑色作为秦朝的象征；“数以六为纪”，日常生活中的基本度量衡数字单位，均改用水德对应的数字六，“符、法冠皆六寸，而舆六尺，六尺为步，乘六马”；音乐则以大吕为上。

秦始皇对“五德终始说”的吸收改造，形成了中国古代历史前中期各个王朝阐释其政权合法性的基本理论框架。但他对“水德”的歪曲利用，却也给秦朝国运埋下了祸根。

戾深刻削　毋仁寡恩

秦始皇在以“水德”为理念进行制度创新的同时，却“以为水德之始，刚毅戾深，事皆决于法，刻削毋仁恩和义，然后合五德之数”，曲解水德创设了一套严苛的治理体系。

秦始皇的这一理论并非空穴来风，在阴阳五行学说中，确有“水主阴，阴主刑杀”的论调，西汉董仲舒对此解释道，“水用事，则闭门闾，大搜索，断刑罚，执当罪”。《洪范五行传》有春“助天生”、夏“助天养”、秋“助天收”、冬“助天诛”的理论，代表冬季的水德自然要求“助天诛”。水尚刑的特点与秦国厉行严刑峻法的治国传统相一致，秦始皇“于是急法，久者不赦”，用人“专任狱吏”，动辄“乐以刑杀为威”。

在中国历代王朝中，唯有秦朝以法律条文严酷繁多为特色。在秦朝的严刑苛法中，仅死刑就有弃市、腰斩、戮、枭首、剖腹、烹、绞、车裂等十余种，这些刑法从名字上就让人不寒而栗。秦法苛刻，百姓五人共同盗窃一钱，不但要斩掉左脚脚趾，还要在脸上刺字充作修城奴隶；偷盗桑叶价值不足一钱者，“罚徭役三月”。百姓身处如此严密的法网之中，以至摇手触禁，动辄陷刑。史籍中诸如“赭衣塞路，囹圄成市”“刑者相伴于道，而死人日成积于市”等记载不绝于书，甚至“劓鼻盈蔂，断足盈车”，百姓被削去的鼻子装满藤筐，被砍断的双脚满载车中。秦朝地方官吏上行下效，嗜血成性，“杀人之父，孤人之子，断人之足，黥人之首甚众”。

秦始皇曲解水德的“急法刻削”，尤其体现在“坑儒”事件中。秦始皇三十五年（前212），因卢生、侯生等部分方士欺君罔上、妖言惑众，恶意攻击秦朝政治，秦始皇出重拳予以打击。这本无可厚非，但在惩治方士的过程中，却把很多儒生都牵连进来，打击面一再扩大，“诸生传相告引，乃自除犯禁者四百六十余人”，前后有四百六十多人被屈打成招，而这其中有很多人只是对时政有所批评，并非想要推翻秦朝。

公子扶苏劝父皇，“诸生皆诵法孔子，今上皆重法绳之”，儒生学的都是孔子齐家治国之道，父皇您以法律的名义对他们施以重刑，“臣恐天下不安”！但秦始皇对形势判断出现严重失误，根本不听扶苏的劝谏，把儒生全部坑杀在咸阳，认为要“使天下知之，以惩后”，并将受牵连的人流放边疆。

“坑儒”事件发生后，天下英才对秦朝失去信心，不再把秦朝当成唯一的政治信仰。后来陈胜、吴广在大泽乡起义，孔子八世孙孔鲋毅然投奔到陈胜帐下，参加反秦事业，全然没有“秀才造反，三年不成”的迟疑徘徊，最后在与秦将章邯的战斗中舍生取义。

被曲解的不止“水德”，还有“五德终始说”。秦始皇用“五德终始说”论证秦朝取代周朝的合理性，但“五德终始说”中五德相克相代、循环往复的观念，显然与秦始皇“后世以计数，二世、三世至于万世，传之无穷”的野望背道而驰。因此，秦始皇剔除了“五德终始说”中的历史循环思想，只承认秦朝“水德”取代周朝“火德”，根本不提如果秦朝失德，一定会被“水德”之后的“土德”取代。到了晚年，秦始皇又寻仙求药，祈求长生，甚至连二世、三世都不想交接传递，只愿一人独享天下万万年。

载舟覆舟　所宜深慎

先秦时期固然有“水主阴，阴主刑杀”的观点，但更多的是对水养育生命的肯定，对水滋润万物的颂扬。老子《道德经》即言，“水善利万物而不争，处众人之所恶，故几于道”，认为“天下莫柔弱于水，而攻坚强者莫之能胜也，以其无以易之也”，为君者若能借鉴水以柔克刚的品性，实行无为而治，必将无所不胜。孔子对水的认识更加全面，赋予水更多品德。《荀子》记载了一则故事：

> 孔子观于东流之水。子贡问于孔子曰：“君子之所以见大水必观焉者，是何？”孔子曰：“夫水遍与诸生而无为也，似德。其流也埤下，裾拘必循其理，似义，其洸洸乎不淈尽，似道。若有决行之，其应佚若声响，其赴百仞之谷不惧，似勇。主量必平，似法。盈不求概，似正。淖约微达，似察。以出以入以就鲜絜，似善化。其万折也必东，似志。是故见大水必观焉。

可见孔子认为水品高德厚，义薄云天，无穷无尽，临事果决，公平无私，讲究分寸，明察秋毫，立身正直，志向坚定。而孟子亦认为“人性之善也，犹水之就下也；人无有不善，水无有不下”，人的善良本性如同水向下流一样自然而然，无须多言。在孔孟之道的理论系统中，君子安身立命、君主治国平天下的所有道德原则，都孕育在水的各种品德之中。

可见，在先秦思想界关于水的整体观念中，既有养育生命、滋润万物的正面，亦有阴森寒冷、冲击破坏的负面，而前者显然是主流。但秦始皇对“水德”的理解利用，却突出了阴冷破坏的负面支流，完全否定了水德要求君主善养百姓、与民休息的正面主流。

在这一片面思想的指导下，秦朝的统治策略没能及时向“水润”“水柔”的方向转化，而是用处理区域诸侯国事务的制度体系治理大一统的天下，用战争状态下高度紧绷的治理机制处理和平时期的经济文化建设。秦用大浪淘沙、势不可当的姿态兼并六国，却没有用“上善若水”的理念怀柔六国旧人；用“大水漫灌”的行政措施强制性地在六国推行秦国制度，却没有用“精准滴灌”的理念，在尊重六国风俗人情、历史习惯的基础上，糅合六国对国家治理和制度设计的探索，以静水流深、水滴石穿的韧性做长线治理规划；以惊涛拍岸的铁腕“焚书坑儒”，却无视“水能载舟，亦能覆舟”的民本思想，忘却“水无为而无不为，无形而无不行，处无为之事，行不言之教”的“水德”初心，以致二世而亡。

秦始皇时期，并非没有对“水主阴，阴主刑杀”理念的反对声音。在秦攻灭六国前夕，秦始皇仲父、丞相吕不韦组织学者对春秋战国百家争鸣的各派学说进行了系统整合，编就《吕氏春秋》，意图为即将到来的大一统国家提供综合性的治国思想参考。吕不韦虽将“五德终始说”纳入《吕氏春秋》中，但在对“水德”的理解上，却更多地突出了“水德”养育万物、谦和不争的特性，淡化了其阴暗冷酷、严刑峻法的一面。

据《吕氏春秋》，天子在“水德”所属的冬季第一个月即十月“立冬之日”，要“赏死事，恤孤寡”，抚恤百姓；“命水虞渔师收水泉池泽之赋，毋或敢侵削众庶兆民”，要求林、泽、渔业等经济部门在向百姓收取赋税时，不得过度盘剥百姓，损伤天子圣明，如有人胆敢肆意妄为，“行罪无赦”。在仲冬之月十一月，君主依照“日短至，阴阳争，诸生荡”的天时，应“斋戒，处必弇，身欲宁，去声色，禁嗜欲，安形性，事欲静，以待阴阳之所定”，节欲养性，勿扰百姓，“土事无作，无发盖藏，无起大众”；还“可以罢官之无事者，去器之无用者”，裁减冗官冗员，减轻百姓负担，“此所以助天地之闭藏也”。在季冬之月十二月，“命司农计耦耕事，修耒耜，具田器”，君主要与民休息，给予百姓充分的生产自主权，让其能够从容修养身体，整理农具，准备来年春耕大忙。

吕不韦在《吕氏春秋》中要求君主根据“水德”所属冬季万物闭藏的天时，节制个人欲望，减少征收百姓徭役赋税，注重休养生息，依照水滋润万物的德性，注重道德修养，广施恩惠于百姓。而秦始皇在清洗吕不韦势力后，不但将其学说弃之如敝屣，更是走了一条背道而驰的治国路线。

秦朝统一后，为彰显大一统王朝的宏大气象，秦始皇在渭水南岸大兴土木，兴建新城，修建祖先宗庙和章台宫、上林苑、信宫、阿房宫等皇家宫苑。秦始皇每灭一国，还模仿其宫殿样式在咸阳重建，以致“南临渭，自雍门以东至泾、渭，殿屋、复道、周阁相属”，沿着渭水，从雍门（今陕西省西安市高陵区一带）向东延伸，直到泾水和渭水汇流处，到处都是亭台楼阁、离宫别苑，六国美女、宝物充实其中。壮丽奢靡的宫室背后，早已种下滥用民力、横征暴敛导致二世而亡的祸根。

秦朝对百姓征发的徭役、征收的赋税之繁重，无以复加，可谓“丁男被甲，丁女转输，苦不聊生，自经于道树，死者相望”。根据历史学家葛剑雄的推算，秦始皇时期征发的劳动力一度占到全国总人口的50%，四海“人与之为怨，家与之为仇”。连简单再生产都无法维持的百姓，只有“斩木为兵，揭竿为旗，天下云集响应”，稍后“山东豪俊遂并起而亡秦族矣”。

“百姓如渭水，朝廷如舟船”这个道理，秦始皇显然还没明白，渭水能倾囊助他一统天下，亦能冷眼观他灰飞烟灭。根据考古学者推测，随着渭水河床不断北移，秦咸阳城最终淹没于河道之中。但水能覆舟，更能载舟，渭水的胸怀始终是博大的，它接纳的不止有从东海之滨西迁的秦人，还有来自淮河流域泗水水系的刘邦。

正因秦始皇对“水德”的扭曲，刘邦建立汉朝后顺势否定了秦朝的“水德”属性，“自以为获水德之瑞”，宣布大汉才真正应“水德”之运。汉初君臣恢复先秦思想界，尤其是儒、道两家对“水德”的认识，重新强调“水德”顺应自然、浸润万物、无声无息的属性和对君主的道德制约，“因民之疾秦法，顺流与之更始”，效仿水的顺从之性，顺应民心民意，实行无为而治，与民休养生息，医治战争创伤，很快呈现“文景之治”，奠定两汉四百年太平之局。直到汉武帝时期，为在内政外交上推行积极有为、奋力进取的国策，才改弦更张，将大汉属性由“水德”改为“土德”。

秦汉历史正、反两方面的经验教训表明，全面理解“水德”，正确发挥其养育万物品性，对百姓轻徭薄赋的王朝，才能乘风破浪，国运长久；而片面认识“水德”，一味执行其严刑峻法要求，对百姓横征暴敛的政权，则必然翻船倾覆，朝不保夕。载舟覆舟，所宜深慎。

秦朝没能真正理解水德思想、正确运用水德智慧导致二世而亡，但其通过水利建设配合军事战略，借助都江堰、郑国渠、灵渠三大水利工程推动统一大业的务实做法，却给历史带来深刻启迪。秦朝重视水利的治国理念，亦为历代王朝继承，都江堰、郑国渠、灵渠不断得到维护、修缮、拓建，造福千秋后世。包括成都平原、关中平原、珠江流域在内的华夏大地上也继续兴修新的水利设施，泽被黎民苍生。

从秦汉开始，兴修水利、灌溉良田成为古代中国富国强兵的必由之路，开凿运河、交通四方被历朝历代视为维护统一的不二法门。尽管有个别朝代，如秦朝歪曲“水德”，重典治国，但中华文明整体上却崇尚上善若水、海纳百川，故能历五千年旧邦而其命维新，历尽劫波却始终百折不挠，最终源远流长，生生不息。

西汉盛世的水运基因

和崛起于渭水的秦人祖先却来源于东方一样，兴盛于渭水的大汉，国都最初却是洛水之北的洛阳，而非渭水之南的长安。刘邦迁都长安，渭水泛波起大风，西汉两百余年基业由此奠定。

迁都长安　源远流长

汉高帝五年（前202）二月初三，刘邦经过四年的艰难困苦，最终玉汝于成，赢得楚汉战争最后胜利，在今天山东境内的汜水北岸登基称帝，暂定都洛阳。

刘邦刚建国时之所以选择在洛阳而非咸阳建都，可能有这么几个原因。首先，是洛阳相对于咸阳，更靠近刘邦及其丰沛集团的老家泗水流域，故文臣武将大都支持建都洛阳。其次，是洛阳地处中原，交通便利，城池繁华，经济等各方面条件比经过秦末战乱焚毁的咸阳要好得多。最后，就是要反秦之道而行之，以继承周朝正统自居，这就自然不能选择秦都咸阳，而要立国于平王东迁以后的东周都城洛阳。

不久，齐国人娄敬要到甘肃陇西一带服兵役，路过洛阳，在同乡虞将军的引荐下觐见刘邦。进宫后，娄敬直接问刘邦："陛下都洛阳，岂欲与周室比隆哉？"陛下您之所以定都洛阳，是不是想像周朝一样绵延八百年？刘邦回道："然。"

娄敬认为，"陛下取天下与周异"，汉朝夺取天下，与西周建国之道，有很大不同，不能盲目相比。周朝是在充分巩固关中根据地，并以渭水平原为依托战胜商朝后，才在成王继位、周公辅政的和平盛世于洛阳营建新都。在成王时的天下格局中，洛阳处于天下之中的位置，“诸侯四方纳贡职，道里均矣”，四方诸侯前来朝觐进贡，所经路途大体一致，故洛阳才能与镐京形成两京并立之势。现在战乱刚刚平定，天下满目疮痍，远远不是成王太平之世，稍不留神便会再次动荡，必须选择进可攻、退可守的战略要地作为立国之本。秦国故土关中地区“被山带河，四塞以为固”，左有秦岭高山作为屏障，右有黄河、渭水以为依靠，防御要塞遍布四方。秦国经营多年，土地肥沃，可谓膏腴之地，人口密集，一旦天下有变，立马可以征集到百万大军，即使丢失东方六国故地，只要占据秦地，仍可卷土重来。“夫与人斗，不搤其亢，拊其背，未能全其胜也；今陛下入关而都，案秦之故地，此亦搤天下之亢而拊其背也”，稳定天下好比跟人决斗，如果不能扼住对方喉咙或是从其后背攻击，断不会全胜，而定都关中，就好比对天下形成锁喉之势，控制了各地的后背。

刘邦将娄敬的意见下发给群臣讨论，群臣“皆山东人”，老家都在崤山和函谷关以东，自然不愿西行，纷纷言道，“周王数百年，秦二世即亡”，东周在洛阳延续数百年，秦朝在咸阳两代就灭亡，洛阳的风水比咸阳好太多。而且洛阳“东有成皋，西有崤渑，背河，向伊、洛，其固亦足恃也”，东面有虎牢关，西有崤山、渑池，背靠黄河，面向伊水、洛水，亦是铜墙铁壁。

群臣意见似乎也有道理，刘邦一时无法决断，就再问张良。张良支持娄敬的意见，认为洛阳“虽有此固，其中小不过数百里，田地薄，四面受敌，此非用武之国也”，不如关中“左崤、函，右陇、蜀，沃野千里；南有巴、蜀之饶，北有胡苑之利”。关中东有崤山、函谷关；西有陇、蜀大山雄关，一夫当关万夫莫开；南可汲取巴蜀财富；北可在上郡等地养马练兵，“阻三面而守，独以一面东制诸侯”，西、南、北三个方向都不会受到攻击，可以专心向东钳制天下。“诸侯安定，河、渭漕挽天下”，天下太平，可以利用黄河、渭水转运物产供给京师；“诸侯有变，顺流而下，足以委输”，四方扰攘，军队可带粮草顺流而下前去平叛。这才是真正的“金城千里，天府之国”。

张良和娄敬都敏锐地注意到了一个危险局面，这就是刘邦当时迫于形势分封的韩信、英布等七个异姓诸侯王，已经南北连成一体，对建都洛阳的新生汉室政权形成了包围之势。一旦天下有变，异姓诸侯王可直取帝都，后果不堪设想。张良和娄敬极力主张迁都关中的着眼点，均在于其山河之固退可以守、上游之势进可以攻的坚固形势，以及沃野千里的经济优势，凭此足以对付关中诸侯潜在的军事、政治威胁。且关中地处西北，靠近边塞，更可调动全国资源对抗已经崛起、为患日久的匈奴。

在娄敬的建议和张良的劝说下，刘邦“即日车驾西”，三个月后就将首都迁往关中长安。为表彰娄敬建策之功，刘邦任命其为禁卫官郎中，封“奉春君”，还赐姓刘。渭水在助力强秦横扫六合后，又开始滋养西汉盛世繁华。

渭桥定策　致治太平

秦咸阳城横跨渭水南北，项羽焚毁渭水以北部分，刘邦遂在渭水南岸旧址重建长安城。刘邦之后，汉惠帝早逝无亲子，吕后当国，几危汉社。吕后去世后，周勃、陈平等元老断然发动政变，诛杀诸吕，经过商议，决定立刘邦在世诸子中最为年长的第四子代王刘恒为帝，遂派出使节，到代国首府晋阳（今山西省太原市一带）迎接。

刘恒当时年仅二十三岁，对长安的情况一无所知，一时不知所措，后在警备部队将领中尉宋昌的建议下，才决定动身前往长安。走到高陵（今陕西省西安市高陵区一带）后，刘恒驻足不前，派宋昌到渭水桥畔察看虚实。

秦汉时期，渭水上有三座大桥：中渭桥、东渭桥、西渭桥。中渭桥最早修建，是秦昭王所修，用于沟通渭水北岸咸阳宫和南岸兴乐宫之间的桥梁，因位于长安城北大门横门外，又称“横桥”，到汉代改称“渭桥”，有考古学者认为该桥可能位于今天西安市未央区相家巷附近。东渭桥是刘恒之子汉景帝所修，有考古学者认为西安市未央区王家堡古桥即是此桥。西渭桥是刘恒之孙汉武帝所建，因在长安城西门便门外，又称“便桥”或“西便桥”，有考古学者认为咸阳市钓台镇马家寨古桥即是此桥。据此推测，刘恒当时派宋昌所去之桥应是中渭桥。

宋昌走到渭桥，宰相陈平等高级官员都在此等候。宋昌回报一切无异，刘恒这才继续前进到达渭桥。群臣拜谒，太尉周勃请刘恒私下说话。宋昌直接替刘恒给堵了回去：“所言公，公言之；所言私，王者无私。”太尉若说公事，当着众人的面公开说即可；若说私事，则天子以天下为公，没有私事。

刘恒进入未央宫后即位登基，是为文帝，他推行与民休息的政策，宽减刑罚。汉文帝三年（前177），渭水亲历了一次文帝与张释之在司法问题上的讨论。

一天，文帝车驾从中渭桥而过，有人忽然从桥下跑出，致使文帝坐车上的御马受到惊吓，幸好文帝无碍。文帝下令左右将那人抓住，交给负责司法工作的廷尉张释之处置。张释之依律断为，“此人犯跸，当罚金”，处以罚款若干即可。文帝觉得处罚太轻，张释之劝文帝：“法者，天下公共也。今法如是；更重之，是法不信于民也。”

法是天下人共遵之法，法外重刑只能让天下人不再相信法律、信任朝廷。文帝醒悟后，称赞张释之乃守法良臣。

此后，文帝在张释之等大臣的辅佐下，继续宽和为政，坚守休养生息的基本国策，开创了中国历史上的著名治世“文景之治”，为汉武帝的积极进取、大有所为，尤其是征伐匈奴奠定了重要经济财力基础。

匈奴来朝　声威远播

汉武帝即位后，改变了文帝和景帝时期的黄老“无为”方针，加强皇权，提振朝廷权威，对匈奴展开进攻态势。元光六年（前129），汉军开始试探性地反击匈奴。大军未动，粮草先行，为供应前线军需，需从函谷关以东地区调集粮食转运到攻击匈奴的前沿基地关中。主管农林工作的大司农郑当时建言“穿渭为渠，下至河，漕关东粟径易”，在渭水与黄河之间开凿运河，在关中引渭水东流，过秦岭北麓，在华阴流入黄河。武帝批准了郑当时的计划，组织数万人开挖水渠，“三岁而通”。这条水渠全长三百余里，不仅方便从关东沿水路运输粮秣，还能引水灌溉沿岸万顷田地，“人以为便”。

随后，卫青、霍去病等将军开始对匈奴发起猛烈进攻，经过三次大规模的主动出击，取得了对匈奴战争的决定性胜利，拓展了汉民族的生存空间。但连年战争带来的巨大损耗，使得国库几乎被掏空，粮草费用更是不可计数。为恢复并发展粮食生产，元鼎六年（前111），左内史倪宽主持修建六辅渠，弥补已经使用一百三十多年的郑国渠灌溉效能之不足。太始二年（前95），大臣白公“奏穿渠引泾水”，水渠“首起谷口，尾入栎阳，注渭中，袤二百里，溉田四千五百余顷”，从谷口（今陕西省礼泉县东北谷口城附近）开凿，引导泾水在栎阳境内注入渭水，南北长两百里，灌溉四千五百余顷土地。因此渠是白公主持开凿，故名“白渠”。凿通后，“民得其饶”，缓解了对匈奴开战以来的民生压力。

因遭汉朝重击，匈奴分裂为南、北两部分，南匈奴与汉朝和好。汉宣帝甘露三年（前51）正月，南匈奴呼韩邪单于赴长安觐见宣帝，汉朝在渭水两岸举行盛大的欢迎仪式。宣帝车驾从甘泉宫（位于陕西省咸阳市淳化县）出发，“诸蛮夷君长、王、侯数万，咸迎于渭桥”，匈奴君臣、四方少数民族首领和汉朝官民、百姓数万人都在中渭桥迎接。宣帝走上中渭桥，“咸称万岁”，渭水欢腾，众人欢呼。欢迎仪式结束后，呼韩邪单于经由中渭桥进入长安朝见宣帝。

在这之前，“自乌孙以西至安息诸国近匈奴者，皆畏匈奴而轻汉”，从西域到伊朗，凡是和匈奴有来往的国家都畏惧匈奴却轻视汉朝。呼韩邪单于“朝汉后，咸尊汉矣”，西方国家纷纷以汉朝为尊，西汉盛世至此达到顶峰。

天下大势，分久必合，合久必分，西、东两汉四百年后，长江边的一场水战，又直接导致了魏、蜀、吴三分大汉天下局面的出现。

第三章
魏晋南北朝：水战引发南北分裂

中国的地理形势西高东低，大河天然向东流，黄河、淮河、长江三大水域横亘东西，其限隔南北的地理位置，导致围绕这些水域发生的战争成为加剧分裂的重要因素，以致形成从三国魏晋到南北朝三百六十多年的大分裂、大动乱。

三国时期，赤壁之战疑云密布，却奠定三分天下格局；诸葛亮在渭水边的北伐中原正大光明，却最终壮志难酬，大星斗落于五丈原。东晋与十六国对峙时期，偏安江南的东晋皇权衰落，内部门阀士族争斗不已，以致上演一出“不敢越雷池一步”的闹剧，却在北方前秦挥师南下的巨大军事压力下短暂团结，以少胜多，赢得淝水之战的胜利。南北朝对立期间，南齐举全国之力修建了当时世界上最大的堤坝——浮山堰，却没想到将自己从头浇到脚。

赤壁之战的四个真相

因为《三国演义》，赤壁之战声名鹊起，成为中国历史上最经典的水域战争之一。也因为《三国演义》，赤壁之战被强行插入了太多虚假剧情，比如“借东风”“草船借箭”“火烧赤壁”等，以致真相反倒成了这场战争中的稀缺资源。曹操吹嘘的八十万水军到底有多少水分，曹、孙、刘在赤壁究竟打了多大规模的仗，黄盖火烧连船的具体位置在哪里，东南风是不是决定因素，等等，这些都成为小说笔墨障幕下的谜团。

曹操真实兵力

赤壁之战历来被认为是以少胜多、以弱胜强的经典教材，曹操兵力多于刘备的败兵残将和孙权的江东子弟，这是确定无疑的。只是，双方的实力对比，真有那么悬殊吗？

大战之前，曹操曾给孙权写了一封颇有气势的恐吓信：“近者奉辞伐罪，旌麾南指，刘琮束手。今治水军八十万众，方与将军会猎于吴。”曹操这封信可谓意气风发，对江东志在必得，从当时的战略形势和力量对比看，他也有这个底气。

汉献帝建安五年（200）十月，曹操在官渡以少胜多，击败最大的敌人袁绍。建安十二年八九月间，曹操出奇兵北征乌桓，彻底解决北方游牧民族和袁氏残余势力问题，基本上统一北方。建安十三年六月，曹操自任丞相，正式拥有了“挟天子以令诸侯”的政治合法性。

当上丞相仅仅一个月，曹操挥师南下，几乎兵不血刃拿下荆州。

曹操一看形势大好，立马提前启动统一程序，要借攻灭袁氏、降服乌桓、收服荆州之余威，继续追击刘备，进而鲸吞孙权，完成四海一统。

曹操的梦想很丰满，当时的现实似乎也不骨感，麾下众多的将士足以支撑起丞相的宏图远略，于是就有了前面提及的那封著名的短短三十来字的宣战书、恐吓信。信中曹操说手下有八十万大军，一人伸出一个拳头就能把江东砸得稀巴烂。对于这个数目，曹操自己是不信的，只是虚张声势，让孙权相信而已。

但曹操没想到的是，八十万的数目，不但自己不信，孙权那边也有人不信，更没被吓破胆，反而擦亮眼睛认真计算了一下，这就是苏轼在《念奴娇·赤壁怀古》一词中盛赞为“雄姿英发、羽扇纶巾”的周瑜。

周瑜认为，“诸人徒见操书言水步八十万而各恐慑，不复料其虚实，便开此议，甚无谓也”。曹操从中原带过来的嫡系兵马顶多十五六万，且是疲惫之师，剩下的就是收编的七八万荆州兵团，人心未附。这样算下来顶多二十四万。

周瑜认为曹操帐下只有二十来万人，很多人都认为周瑜的这个估算比较可信。但如果查阅相关史料，则可以发现，周瑜的估算似乎仍嫌过高。

曹操是在公元189年年底，以讨伐董卓为名，在陈留“散家财，合义兵”，当时不过五千兵马。第二年就创业失败，被董卓大将徐荣打得落花流水，兵力所剩无几，本钱几乎赔光。后来好不容易跑到扬州招了四千人，没想到中途哗变，“兵谋叛，夜烧太祖（操）帐”，没有叛变的只剩五百人。后来又招兵千人，才凑了一千五百人。此后曹操手上一直只有步兵、骑兵千来号人，力量不值一提。

汉献帝初平三年（192）是曹操势力大发展的一年。这年十二月，曹操在济北大破青州黄巾军，“得戎卒三十余万”，将其中精锐整编为“青州兵”。由此，很多人都误认为曹操兵力一下子扩充至三十万人。但三十万的数字很难经得起推敲，因为就在前一年，青州黄巾军曾和公孙瓒大战一场，被人家先是“斩首三万级”，接着“复大破，死者数万”，又被俘虏“七万余人”。大战之后，青州黄巾军顶多剩下十来万人，哪能被曹操捉去三十万人？

要知道，后来建安五年（200）的官渡之战，袁绍倾巢出动，带了十万兵马去砍曹操，光明正大地以多打少。曹操如果真有三十万精锐，袁绍断不敢如此嚣张。事实上，当时官渡前线的曹军“兵不满万，伤者十二三”。因此，曹操俘虏的青州黄巾军，绝对不可能是三十万人，最多只能是十来万名残兵败将，曹操顶多从中挑选万把人编为青州兵。直到官渡之战，曹操全军总数应该不到两万人。

到建安十年（205），曹操彻底攻灭袁尚残余势力，平定冀州，又获“冀州兵”，总数在万人左右。加上前后收编的十余万名黑山农民军，还有臧霸、李典、吕虔等地方势力兵员，全军当在十五万人左右。

三国时代，中原地区战乱频繁，生灵涂炭，经济残破，尤其缺粮食。尽管曹操有较大规模的屯田，但提供的军粮毕竟有限，缺衣少粮的中原地区显然无法供养几十万人的超大规模军队。当年雄踞河北、号称“地广兵强”的袁绍，手下也不过十万军马。赤壁之战前，曹操实力虽然超过袁绍，但兵力不会达到袁绍数倍，顶多持平或略多一些。

就是这十五万人马，曹操也不可能全带到赤壁前线，还得留下五六万看家护院，尤其是镇住西凉的马超、韩遂，所以当时曹操身边的嫡系部队应在十万人左右。

至于周瑜估算的荆州降卒七八万，也稍嫌过高。江东“地方数千里，兵精足用”，也不过十万军队，水军仅有三万人。荆州虽然富甲天下，但远比江东地狭势弱，怎么可能有七八万水军？就算有七八万人，刘表的两个儿子刘琦、刘琮内讧的时候，刘琦曾带走两万水军到江夏，荆州投降曹操的水军有五万人就不错了。

所以，赤壁之战前，曹操从北方带来的嫡系部队和荆州投降的旁系水军，总数应该在十五万人左右，比周瑜估算的二十四万人少出近十万人。

孙、刘联军方面，孙权有五万人，刘备加刘琦有三万人，共八万人左右。双方兵力对比不到一比二，因此孙、刘两家才有胆量在赤壁硬碰硬地和曹操干一仗。而到了赤壁战场上，孙、刘与曹操的兵力对比瞬间从一比二逆转为十比一！

三方赤壁遭遇

赤壁之战以“赤壁”为名，易让人误以为此战是在赤壁一次性解决的。其实不然，在赤壁发生的只有一场小规模的前哨战、遭遇战。

曹操赶走刘备、收降刘琮，抢了荆州地盘，尤其是占领荆州钱粮军械储备基地江陵后，队伍势力壮大。刘备加紧向南逃窜，甚至要投奔苍梧吴巨。孙权阵营面对巨大压力，人心惶惶，内部战、和不定。

此时，曹操有两策可供选择。

一是不要在江陵停下来，挟战胜之威继续追击刘备，赶在刘备、孙权荡起友谊的小船之前，以迅雷不及掩耳之势先剁掉刘备，然后收拾兵马攻击孙权，各个击破。

二是接受谋士贾诩的建议，“乘旧楚之饶，以飨吏士，抚安百姓，使安土乐业”，巩固荆州根据地，安抚百姓，收揽人心，与江东展开和平竞争。如此“可不劳众而江东稽服矣”，过不了几年，江东就会和平回归，天下就能和平统一。

这两条对策，无论曹操采取哪条，都不会有后来的惨败。可惜的是，曹操的决策既非前者，又非后者，而是在江陵停留了一段既不长也不短的时间，让刘备、孙权抓紧时间联合起来。

在曹操的压力之下，孙权已经派鲁肃去找刘备商量两家合作抗曹事宜。而刘备，更是早就在三顾茅庐之时，就接受了诸葛亮“东连孙权”的战略建议。何况人家孙权主动贴上来，刘备自然要以热脸相迎。双方遂一拍即合，决定与曹操死磕。

曹操不是没有看到孙刘必然联合的趋势，但他一直没有对这个趋势重视起来，没有再使出惯用的离间计去分裂孙刘联盟。相反，曹操认为，孙权小儿肯定会被自己的一封恐吓信吓破胆，不但会俯首听命，而且会乖乖献上盟友刘备的人头。在这样的战略误断下，曹操在江陵待了几日后，决定撇下前进缓慢的水陆大军，亲率帐下五千精锐轻骑自江陵顺流东下去追刘备。

这一追就追到长江边上，曹操没有等到孙权送来的刘备人头，反倒听说孙刘已经结盟，暗叫大事不好。他决定不等后面的大部队，立即乘船过江，趁孙刘还只是政治上联合，军事上还未合兵一处，先解决掉刘备，遂带着五千骑兵坐轻舟渡江到达江南。

而此时，周瑜率三万水军溯江而上，在樊口与刘备会合，合兵约有四五万人，继续逆水进军。孙刘联军进至赤壁，没想到迎头撞上了曹操渡江而来的五千轻骑，一场遭遇战就此在赤壁打响。战斗经过很简单，“初一交战，操军不利”，面对四五万士气高昂的孙刘联军，曹操的五千疲惫之师哪是对手，很快就败下阵来。加上军中“已有疾疫”，且骑兵无法进行水战，曹操只能率军“引次江北”，退过长江，退到赤壁对岸的乌林，等待与后续到来的水陆主力部队会合，陈兵江北，稳扎稳打，从长计议。

赤壁遭遇战虽是孙刘和曹操双方都没做好准备的一场小规模战斗，意义却不可低估。此战是曹军南征以来的第一次挫败，虽是仅仅折损五千人的小败，士气却大受打击。孙刘联军以将近十比一的兵力对比完胜曹军，小胜奏凯，打破了曹军不可战胜的神话，士气得到极大鼓舞。

黄盖火烧乌林

赤壁战斗只是孙刘联军和曹军的一场遭遇战，这一点被很多小说家，甚至史家忽略，很多人都认为火烧连船之战也是在赤壁打的，将赤壁遭遇战与火攻战混为一谈。

其实，曹操在江南兵败后，便逃离了江南赤壁战场，退到江北乌林安营扎寨。乌林在赤壁西南的长江北岸，与赤壁隔江相对。就此时的战略态势而言，曹操利在以多打少，老成持重，最好持久对耗；而孙刘两家，是以少对多，宜于速战速决，不宜拖延，只能智取，不可力敌。

曹操做出的也是从长计议的选择。后方水陆大军陆续抵达后，曹操下令沿岸驻扎，水陆互为犄角之势。可以看出，曹操是想暂时休整一下，熬过这个冬天，等到冬去春来，再过江去攻击孙刘。

时值寒冬，北风那个吹，吹得没怎么坐过船的曹军将士在颠簸的战船上苦胆都能吐出来，别说打仗了，连兵器都拿不住。曹操很自然地下令将士用连环铁链将战船锁在一起，以缓解战船颠簸、士兵晕船之苦。

战船连锁，虽然解决了兵士不习水战的问题，但也让孙刘找到可乘之机。江东老将黄盖看到曹丞相把战船拴在一起，遂向周瑜建议放火烧船，出奇制胜。这就有了黄盖诈降，变身为东南风风口上的一条火龙，火烧曹营之举。

此战，黄盖从长江南岸的赤壁出发，火烧北岸乌林曹军营寨。如果是火烧赤壁，那岂不是烧了屯兵江南的周郎，放走了结寨江北的阿瞒？因此，“火烧赤壁”的说法是对历史的误解，正确的提法应该是“火烧乌林”。

东风并非关键

周瑜、黄盖能够火攻成功，历代都认为得到天助，是东南风的功劳，君不闻杜牧那句“东风不与周郎便，铜雀春深锁二乔”。那东南风是怎么来的，肯定不是诸葛亮借来的，如果孔明真有扭转乾坤之力、鬼神莫测之术，那后来也不会壮志未酬，大星斗罗五丈原！

江南隆冬季节固然是多刮北风，但按照气象规律，几日严寒天气过后，一般气温会略有上升，风向亦会变为东风、南风。来自北方的曹操人生地不熟，对天气不熟悉，周瑜对此却是胸有成竹，故才能批准黄盖的火攻建议。

那是不是如果当天不是“东南风急”，这仗就没法打了，火烧乌林就无法上演了呢？把取胜的希望寄托在变幻无常的天气上，应该不是周瑜的用兵之道。黄盖在提出火攻建议时，只是说曹操“方连船舰，首尾相接，可烧而走也”，根本没有提及必须借助东南风的问题。事实上，周瑜、黄盖在定下火攻之计时，就已经发明出“黑科技”，不管风往哪吹，火船一定会冲向曹营。

这个“黑科技”就是风帆。曾任孙吴丹阳太守的万震在其《南州异物志》一书中，曾记载江东有一种多桅多帆的战船“随舟大小或作四帆……四帆不正前向，皆使邪移，相聚以取风吹，风后者激而相射，亦并得风力，若急则随宜增减之”。这种战船的风帆是用一种名为“卢头木”的植物制作的硬帆，厚而硬，可以依据风力调整帆的总面积，根据风向调整角度，还能够利用侧向风力。不管东南西北风，都可以为我所用，助力战船前进，甚至可以逆风前行，开顶风船。

既然装备了这种多桅多帆战船，周瑜、黄盖在作战计划中就没有考虑风向问题，只是碰巧这天恰好是东南风。估计周瑜、黄盖一看东南风起，确认这是天要亡曹的节奏，天予不取，必受其咎，遂临机决断顺天而行，就在这一天破曹。

所以，火烧乌林，东南风实际上没有起到决定性的作用。凭借手中的多桅多帆战船，周瑜、黄盖只要准备妥当，随时都能向曹营发起火攻。

从曹操兵力几多，到究竟是火烧赤壁还是火烧乌林，再到东南风是否是火攻的决定因素，可以发现，赤壁之战这出大戏，被掩盖了太多真相。看透这些真相，真正的历史才能被发掘出来。

天下大势既是合久必分，亦是分久必合。分裂是暂时的，统一是必然的，为统一而展开的努力是历史进步的重要动力。长江见证了奠定三国鼎立局面基础的赤壁之战，而渭水在见证西汉一统盛世之后，亦将见证蜀相诸葛亮兴复汉室、再造一统的热望，以及北伐中原、壮志难酬的悲凉。

渭水秋风五丈原的壮志难酬

诸葛亮用兵以火攻见长，但其一生功业却与大江大河相伴始终。他出生、成长于长江最大支流汉水之滨，受刘备三顾之请，出山助其三分天下。为不负刘备托孤之重，诸葛亮以兴复汉室为己任，多次北伐中原，最终出师未捷身先死，在黄河最大支流渭水岸边大星斗落五丈原，长使英雄泪满襟。

街亭失利

蜀汉建兴六年（228）正月，诸葛亮经过数年精心准备，第一次挥军北上，攻伐曹魏。此次北伐，诸葛亮采取两路出击的策略，东路由老将赵云与邓芝率军，为“疑兵”，扬言要出斜谷进攻郿县，牵制曹军主力；西路则由诸葛亮亲率十万大军出祁山，意图先夺取陇右，随后相机进取关中。

开战初期，蜀军进展颇为顺利，一举夺取天水、南安、安定三郡，收降曹魏少壮名将姜维，猛攻甘肃重镇上邽、陇西两郡。曹魏上下大为震惊，魏明帝曹睿急忙赶赴长安坐镇，派张郃率军五万抵御蜀军。诸葛亮遂令参军马谡率王平诸将渡过渭水，抢先控制街亭，意图将西援魏军阻挡在街亭以东，使之无法救援上邽、陇西等地。

街亭阻击战是诸葛亮第一次北伐的胜负关键所系，当时蜀汉宿将赵云、魏延、吴懿都在军中，“论者皆言以为宜令为先锋，而（诸葛）亮违众拔（马）谡，统大众在前，与魏将张郃战于街亭”。诸葛亮不听众将意见，违众意提拔马谡，有着人事方面的深刻原因。

当时诸葛亮已经四十八岁，亟须培养事业接班人。政务方面有蒋琬可以担当，但在军事上一直没有找到合适人选。更准确地说，蜀汉并非没有可以继承诸葛亮军务的将才，只是在诸葛亮所属的荆楚集团小圈子内部找不到特别优秀的将领。[1]这与刘备生前的布局也有关系，刘备在世时非常重视对军队的控制，早年任用的多为关羽、张飞等涿郡集团将领和魏延等外附集团将领，后又将军权交给李严、吴懿等东州集团将领。刘备对已经掌控政务的荆楚集团涉足军事很是警惕，极力防范政务与军务同时落入荆楚集团之手。在刘备的压制下，荆楚集团几乎没有培养出特别出色的将才，诸葛亮要挑选军事上的接班人，只能将目光投向军事能力相对优秀、“好论军计”、在南征孟获期间献上攻心之计的马谡。

历史学家黄朴民曾指出：“为了巩固荆襄势力的圈子，诸葛亮加快了起用马谡的步伐。诸葛亮知道，要进一步简拔重用马谡，光凭马谡充任副手（参谋长）这样的资历是不够的。马谡必须有充任主官、独当一面，并在战场上立有赫赫军功的经历与成就，这样才可以堵塞天下悠悠之口，为马谡日后担当其事业接班人创造必要条件。这样的圈子意识，使得诸葛亮在任用马谡问题上犯下致命错误，这就是在第一次北伐中原时，他弃魏延、赵云等能征惯战的宿将不用，而任用马谡充任前敌主帅（的原因）。”也有其他学者认为“诸葛亮之‘违众拔谡’，是带有重用年轻干部，培养自己在军事方面接班人的意图的”。

---

1. 史学界一般认为蜀汉政权由涿郡集团（以关羽、张飞等为代表）、荆楚集团（以诸葛亮等为代表）、原属刘璋后归附刘备的东州集团（以法正、李严等为代表）、外附集团（以赵云、马超、魏延等为代表）、益州集团（以谯周等为代表）五个部分组成。

历史学界对“街亭”具体位置争论颇多，但大多认为是在今天甘肃省天水市秦安县陇城镇东北六十里街泉亭一带。从关中进入陇右的主要通道是渭水及其支流泾水等河流的河谷低地。渭水方向山势险峻，不宜通行，只有泾水方向较为平坦，便于大军移动。街亭正是扼守由泾水谷地进入陇右的要道，可惜马谡麻痹轻敌，“违亮节度”，擅自修改诸葛亮事前制定的作战方案，又拒绝王平的正确意见，机械地驱兵上山占领制高点，结果被张郃切断水源粮道，大败于街亭。

街亭的失守，对诸葛亮的打击是战略性的。按照战前方案，只要马谡坚守街亭，堵住魏军西援通路，蜀军便有足够的时间攻下上邽、陇西，完成对陇右广大地区的占领，控制从陇右沿泾水、渭水进入关中的通道，形成顺流东下之势。随后解决街亭城下的魏军，彻底打通出入关陇的交通线。如此，便可以陇右、汉中为基地形成钳形攻势，从容分兵进击关中，甚至一举拿下长安。只可惜马谡守街亭三五天便失守，诸葛亮为免腹背受敌，只能在挥泪斩马谡后退回汉中，以致留下千古遗憾。

街亭之败，并非马谡一人之过，诸葛亮亦负有相当责任。王夫之在《读通鉴论》中对此感叹，“诚哉知人之难也”。针对诸葛亮错用马谡又将其斩杀，东晋史学家习凿齿批评道：“（诸葛亮）为天下宰匠，欲大收物之力，而不量才节任，随器付业；知之大过，则违明主之诫，裁之失中，即杀有益之人，难乎其可与言智者也。”清代史学家王鸣盛对马谡之死也有很深刻的评价，他指出，“亮之误非误于诛谡，误于用谡不得其当耳”，马谡的长处在运筹决策，是军事参谋角色，诸葛亮让其担任先锋上阵杀敌，相当于是任用萧何为大将，而让韩信负责后勤转运，“此则亮之误也”。毛泽东亦指出，“亮初战，宜亲届街亭”，应到街亭靠前指挥。战后，诸葛亮吸取教训，每次北伐都坚持在前线亲自指挥，故毛泽东又言，“后战亮必在军中”。

再出祁山

建兴六年（228）十一月，即首次北伐半年多后，诸葛亮得知魏军大举伐吴，关中空虚，再次率数万军队伐魏，杀出大散关，包围渭水重镇陈仓（今陕西省宝鸡市东部一带）。陈仓为兵家必争之地，地势险要，易守难攻，正如诸葛亮所言“陈仓西北是街亭，必得此城方可进兵”。诸葛亮劝降曹魏守将郝昭不能，只得被迫攻城，顿兵于坚城之下。为便于转运粮草，诸葛亮还沿着渭水小支流绥阳溪，开凿了一条自斜谷到陈仓的绥阳谷道。可惜蜀军猛攻陈仓二十余日也无法拿下，曹魏援军即将赶到，诸葛亮被迫退军。

建兴七年（229），诸葛亮第三次北伐，不再强求远攻，只近攻扩边，拿下武都（今甘肃省成县一带）、阴平（今甘肃省文县一带），收揽当地氐族、羌族等少数民族人心，使两地成为蜀汉的稳定疆土。

建兴九年（231），诸葛亮再次出兵祁山，发动第四次北伐，占领陇西。为解决粮草运输困难，诸葛亮不仅制作木牛流马转运军需，还用计收割曹魏上邽小麦。但司马懿也由此看出诸葛亮粮草不济，急于求战，遂凭险据守，拒不出战。又因李严假传圣旨，诸葛亮只得遵旨撤退，但在退军过程中伏杀张郃，大挫魏军锐气，出了当年街亭惨败的一口恶气。

诸葛亮四次北伐，大多因粮草转运艰难而失败，遂暂不出师，而是集中精力“休士劝农”“教兵讲武”，招募百姓到气候湿润、河流众多、水源丰富的汉中垦荒种田，积蓄军粮。为提高粮食产量，诸葛亮还整修“山河堰”，扩大灌溉面积。汉中今日的良田美池，与诸葛亮当年兴修水利、屯田垦荒不无关系。

建兴十一年（233），诸葛亮在斜谷口修建粮仓，疏通栈道，用木牛流马将粮食源源不断运到斜谷粮仓，为再次北伐囤积大量粮草。

大星斗落

经过三年多的积聚军资，建兴十二年（234）二月，诸葛亮率十万大军出兵褒斜道，以魏延为先锋，开始了第五次也是最后一次北伐。出兵前，诸葛亮还约东吴孙权共同伐魏，以成掎角之势。

负责曹魏关陇地区防务的司马懿闻知诸葛亮出兵，先期率十八万军队到渭水之北（今陕西省岐山县蔡家坡一带）。他留部分军队驻守渭北，亲率主力渡过渭水，背水为垒。四月，蜀军突出斜谷北口，兵抵渭水南岸，诸葛亮终于来到让后世无数英雄扼腕痛惜的五丈原。

五丈原位于岐山县落星村南，是一块长仅六里、宽仅二里的狭小平原，因南端东西只有五丈多宽，故名“五丈原”。虽地形狭窄，但五丈原地势险要，西南依秦岭棋盘山，连接斜谷北口，北据渭水，背靠武功水北段即石头河。诸葛亮驻军于此，可保证斜谷粮道畅通，如果出师不利亦可安全撤回。且五丈原东、西、北三面山势陡峭，魏军难以仰攻，蜀军却可俯冲而下，有利于扎稳阵脚。

诸葛亮驻军五丈原，意在先渡过渭水夺取五丈原北边二十余里的北原，占领雍县，切断曹魏陇右军队救援关中的通道，然后袭击司马懿侧翼，沿秦岭南麓进取关中。这一计划相当高明，如能实现，足以破局。可惜北原高达六百米，且地势高陡，加上渭水阻拦，蜀军跨渭水登北原计划失利。诸葛亮遂撤军回渭南，试图从渭水南岸秦岭北麓东进，但因魏军在武功水东十余里的马冢山一带顽强阻击，蜀军又是无功而返。

诸葛亮北攻、东进均无法奏效，向西又有坚城陈仓阻挡，只能被迫在五丈原周围不足二十里、根本没有用兵回旋余地的渭水南岸寻求机会与魏军决战。可惜司马懿老谋深算，看破诸葛亮窘境，闭门不战，企图拖垮蜀军。诸葛亮遂做长期打算，在驻地分兵屯田，垦荒种地，以为长久之计。

诸葛亮连年北伐，鞍马劳顿，风餐露宿，又事必躬亲，流汗终日，以致过分劳累，身体素质急剧下降，加上欲进不能、欲战不得、欲罢不忍，“己志不伸”，心情焦虑，终于忧劳成疾。七月，孙权大军被魏明帝亲征击败，全线退兵，蜀汉失去东吴掎角之援，陷入单方作战的不利境地。五丈原又进入雨季，渭水、武功水大涨，蜀军行动困难。

八月下旬，诸葛亮病情加重，卧床不起，交代身后军国大事后怅然长逝，终年五十三岁，大星斗落于五丈原北伐大营。诸葛亮“进欲龙骧虎视，苞括四海；退欲跨陵边疆，震荡宇内”的抱负归于难伸，“兴复汉室，还于旧都”的壮志最终难酬，“鞠躬尽瘁，死而后已”的忠魂却万古千秋长存于五丈原。东逝渭水淘尽英雄，三国人物渐次谢幕，是非成败转头成空，青山依旧夕阳正红。

诸葛亮出师未捷身先死，不仅是蜀汉的失败，更是这一时期华夏文明步入低谷期的前奏。经历三国时期和西晋的短暂统一后，渭水之西和黄河以北的匈奴、鲜卑、羯、狄、羌等游牧民族取道渭水与黄河河谷通道，集体南下进入中原。西晋屡屡应对失策，以致造成汉人最终失守黄河流域，无奈衣冠南渡，退守江淮建立东晋，凭借长江天险保存华夏文明火种于江南。

东晋数次北伐，试图收复中原，但每次都是半途而废，无果而终，其根源正是内部的分裂和门阀士族之间的互相牵制。对东晋君臣而言，患在内而不在外，首要任务不是北伐而是确保包括皇室在内的任何家族不能一家独大。正是在各家门阀的彼此牵制之下，东晋内部纷争不断，“不敢越雷池一步”的成语典故，就在这一政治背景下产生。

“不敢越雷池一步”的是非成败

日常生活中很多耳熟能详的成语，我们对其当下含义很清楚，却对其来历、本义不甚明了，成了“最熟悉的陌生词”。比如“不敢越雷池一步”这个成语。“不敢越雷池一步”，又名“不得越雷池一步”“不越雷池一步”，意思是做人做事不要超出一定的范围、界限。

如果上天再给“不敢越雷池一步”的当事人，即东晋庾亮与温峤一个机会的话，他们会迅速、果断地越过雷池。没能跨越雷池这个范围和界限，是他们永远的痛。

庾亮削藩

晋朝司马家族一统三国没几年，就因内部争权夺利爆发“八王之乱”。八个王爷打得你死我活，中原大地满目疮痍。北方匈奴、鲜卑、羯、狄、羌等游牧民族趁机南下，将晋朝赶到江南偏安，是为东晋，史称“衣冠南渡”。

由于实力不济，东晋皇帝较为弱势，始终没能拥有乾纲独断的无上权威，皇权经常被权臣分一杯羹。先是“王与马共天下”，东晋开创者司马睿登上皇位的时候，直接拉着丞相王导要“同坐”。接着王导的堂兄王敦要量量皇帝御座的宽窄大小，发动变乱打进皇宫，直接逼死了司马睿。

东晋主弱臣强，各大家族共同拥护司马家当皇帝坐断江东，与北方少数民族抗衡，同时也维护着各自的特殊利益。司马氏对此虽愤愤不平，却也无可奈何。辅政的王导很清楚这种政治现实，采取了“务存大纲，不拘细目”的治国方针，为政行事，宽大和顺，尽量不去触碰各大家族的利益，努力维持江东政权的既有政治格局。

到了东晋成帝咸和二年（327）下半年，在朝廷以国舅身份辅政的中书令庾亮，一改以往王导和稀泥的政治模式，严厉任法，意图重塑中央权威，引起朝中那些整天不求有功、但求无过的官员的集体反感。

为杀鸡儆猴，庾亮就拿宗室重臣开刀，将两个司马王爷一贬一杀，王府僚属树倒猢狲散，逃到苏峻那里。

苏峻是南下渡江的流民统帅，当年在平定王敦之乱中立有大功，被封为邵陵公，官拜历阳（今安徽省和县一带）内史，“锐卒万人，器械甚精，朝廷以江外寄之”，主持长江以北军政大局，防御北方少数民族骑兵南下。

庾亮让苏峻交人，苏峻却死活不交。加上苏峻长期“颇怀骄溢，有轻朝廷之志”，庾亮由此认定苏峻脑后有反骨，铁定要反，遂决定削藩，要将苏峻调回朝廷，明升暗降，夺其兵权。

当时朝廷重臣王导、卞壶都反对庾亮这一决策，认为苏峻势大，最好安抚，一旦逼得急了，后果很严重。庾亮就是不听，反而在朝会上公开宣扬苏峻“狼子野心，终必为乱”，与其等着他将来羽翼丰满主动造反为祸甚大，还不如趁现在羽翼未丰将他逼反，这样祸害还小些。庾亮横下一条心要将苏峻这个脓包捅破，“举朝以为不可，亮皆不听”。

苏峻这边，虽然经常对朝廷耍横发牢骚，“稍不如意，辄肆忿言”，但造反这种事代价很大，收益未知，不被逼到墙角，谁也不想造反。苏峻反复考虑后，就想着和庾亮服个软，争取维持现状，派人向庾亮递话，“讨贼外任，远近惟命，至于内辅，实非所堪”，表示愿意听从庾亮号令防守边疆，但拒绝入朝。

苏峻服软，被庾亮当作软弱可欺，直接一纸诏书要调苏峻到朝廷任主管农林事务的大司农。苏峻回道，我一不会种田二不会栽树，您就高抬贵手，“乞补青州界一荒郡，以展鹰犬之用”，在山东前线给我找个远郊州郡，让我能杀敌报国，发挥余热。庾亮执意不许，苏峻无奈，“严装将赴召”，收拾行李准备进京，但“犹豫未决”，毕竟这一去就生死不由己了。

这当口，苏峻的军师任让说话了：“将军求处荒郡而不见许，事势如此，恐无生路，不如勒兵自守。”将军您委曲求全到这种地步，他庾亮都不松口，您到了京城还有活路吗？一语点醒梦中人，苏峻一拍大腿，得，既然你庾亮说我要反，那我苏某人就不枉担这个虚名，干脆反了吧。

苏峻变乱

听闻苏峻叛乱，庾亮好友、驻军武昌的江州刺史温峤立即吹响集结号，打算率军东下保卫建康（今江苏省南京市一带）。当初庾亮要征召苏峻回朝时，“峤亦累书止亮”，温峤曾多次私信劝阻，要庾亮谨慎行事。虽说庾亮没听，但温峤还是要尽臣子之道，全朋友之情，发兵勤王，支持庾亮。

尽管是主弱臣强，可东晋朝廷毕竟是神州正朔，在江南还是有一定威望的。建康附近的三吴地区，即吴郡（今江苏省苏州市一带）、吴兴郡（今浙江省湖州市一带）、会稽郡（今浙江省绍兴市一带），也积极响应，准备带兵救驾。

三十八岁的庾亮还没到不惑之年，脑袋有些发蒙，写信给温峤，“吾忧西陲，过于历阳”。历阳，说的是苏峻；西陲，指的是陶侃，就是陶渊明的太爷爷。陶侃这时是荆州方面军统帅，“都督荆、湘、雍、梁四州军事、征西大将军、荆州刺史、领护南蛮校尉”，位高权重，兵精粮足，且据建康上游，如果与苏峻联手，顺流而下，那庾亮只能步屈原后尘，投江喂鱼。

在执政者眼里，谋反是不需要证据的，在他们看来只要有谋反的能力，就一定会有谋反的心思。而且陶侃和庾亮有过很深的私人恩怨，彼此痛恨至极。因此，对庾亮而言，陶侃比苏峻更可怕，他严令温峤，“足下无过雷池一步”，你给我把陶侃看住了，千万不要越过雷池一步。

雷池在今天安徽省望江县雷池乡，望江县城东南约十千米处，紧靠长江北岸。雷池由雷水汇集而成，雷水从湖北黄梅县境内发源，向东经安徽宿松县，流至望江县，积而成池，故称“雷池”。此地居九江到南京的长江水道要冲，扼守黄梅、宿松、太湖咽喉，自古为兵家必争之地。

守住了雷池，确实盯紧了陶侃。可陶侃虽然痛恨庾亮，但对朝廷还是忠心耿耿的，丝毫没有谋反的心思，顶多想坐山观虎斗，等苏峻、庾亮两败俱伤后出来收拾残局。

这边庾亮拒绝了盟友的支援，那边苏峻却找到了绝佳拍档——祖约。祖约是祖逖的亲弟弟。没错，就那个“闻鸡起舞”“中流击楫”，对晋朝忠心耿耿，以收复中原为己任的祖逖。祖逖不会想到，自己的一世英名竟会被亲弟弟给败坏殆尽。

祖逖出师未捷身先死后，朝廷让祖约接管祖逖的部队。但祖约因为没有当上辅政大臣，开牙建府的报告又一直得不到朝廷批准，逐渐与朝廷离心离德。恰巧这时苏峻起兵造反，约祖约同去。祖约思来想去，决定反了，派侄儿祖涣领兵与苏峻会合。

苏峻、祖约联军高举替天行道、诛杀奸臣庾亮的“清君侧”大旗，向京师建康杀奔而来，史称“苏峻祖约之乱”。

就这样，唯一能在苏峻马前走上几个回合的温峤军团，被庾亮严令不得越雷池一步。庾亮指挥的京师建康警备军团，哪是苏峻虎狼之师的对手，没几下就被打得作鸟兽散，仓皇逃离建康，去投奔温峤。

丢盔卸甲的庾亮没有办法，当初不让温峤过雷池勤王救驾，现而今只能亲自越雷池去投奔温峤。此时温峤军团已经从武昌东下，“军于寻阳”，到了寻阳（今江西省九江市一带）后，就驻足不前，扼守雷池咽喉，严格执行庾亮“无过雷池一步”的命令。

逃奔到九江后，庾亮、温峤哥俩分析形势，认为这一堆烂摊子两人谁也没有能力收拾，此时唯有请陶侃出山，或许还能有一线转机。

陶侃虽然因为当初没有位列辅政大臣名单，恨庾亮恨得牙根痒痒，“犹以不豫顾命为恨”。但值此国难当头，顾不得那么多私人恩怨，加上爱子陶瞻在建康保卫战中被苏峻叛军残杀于云龙门，就在庾亮、温峤的三劝两劝之下，当了勤王军盟主。

陶侃平叛

咸和三年（328）五月，陶侃率军抵达九江，与庾亮、温峤合兵，“同趣建康，戎卒四万，旌旗七百余里，钲鼓之声，震于远近”，集齐四万兵马准备收复建康。

苏峻、祖约叛军长期在江北与北方游牧民族骑兵连战，战斗力极强。尽管陶侃、庾亮、温峤联合，却也一时无法拿下建康，还差点因为粮草问题闹散伙。苏峻抓住机会打了个防守反击，猛攻勤王军的重要据点大业大营（今江苏省句容市北部一带）。陶侃、温峤、庾亮决定围魏救赵，发挥水军优势直接进攻苏峻的必救之地石头城（今江苏省南京市西北一带），以解大业之围。

九月二十五日，战斗打响。陶侃率水军舰船走水路，温峤、庾亮带一万步兵从石头城东北的白石垒陆路进攻。苏峻领八千精锐迎战，令儿子苏硕、部将匡孝带先头部队硬碰硬地将勤王军打得丢盔卸甲，狼狈撤退。

苏峻眼见胜利在望，就到后方慰劳将士，一起喝酒吃肉以激励士气，不一会儿就喝到半醉状态。

要害就在这个半醉，如果醉倒不省人事就不会有任何军事行动；如果不醉，头脑清醒的苏峻也不会做出错误决策。

可苏峻偏偏是半醉。看着节节败退的勤王军，苏峻脑袋被酒精刺激得兴奋至极，大喝一声“孝能破贼，我更不如邪”，匡孝都能把这帮乌合之众打个落花流水，我苏峻就不能吗？看我把他们杀个干干净净。说罢，苏峻又干一碗酒，将酒碗摔在地上，气势如虹，丢下大军，只带着几个亲兵翻身上马，去追勤王军。

本来已经败退的勤王军一看，苏峻身边兵微将寡，立马组织反击，将苏峻杀个落花流水。苏峻回逃时坐骑突然被绊倒，因此摔下马背。勤王军瞅准机会，长矛齐发，正中苏峻。众人蜂拥而上，将苏峻大卸八块剁成肉泥，随即“焚其骨”，焚烧骨骼，挫骨扬灰。

转眼间，一个大活人统帅就变成一抔白灰，勤王军“三军皆称万岁”。苏峻余众心惊胆寒，大败而归，勤王军趁势收复建康。

苏峻带兵攻进建康时，祖约正带着本部主力驻守历阳。听闻苏峻兵败被杀，祖约于第二年即咸和四年（329）正月，带着宗族和亲信百余人去投降东晋的死敌、后赵皇帝石勒。

当初哥哥祖逖带领宗族亲信一路向北，是北伐中原；今天弟弟祖约带领宗族亲信一路向北，是投降胡虏。

叛逃后赵，给祖约带来的不是卖国求荣的荣华富贵，而是几乎满门的灭顶之灾。祖约到后赵后，有人建议石勒，现在北方初定，“当显明逆顺”，不应再招降纳叛，应该发扬爱国的正气，打击叛国的邪气，祖约不能再留了。石勒遂将祖约一家老小百余人全部杀死，把其妻妾女儿分给部下为奴。

幸好当年受过祖逖厚恩，此刻官拜后赵左卫将军的王安，将祖逖年仅十来岁的小儿子祖道重暗自救下，这才为祖家留存一丝血脉。祖道重先是出家为僧躲避灾祸，后赵灭亡后“复归江南”，回到东晋。

在东晋的这场内乱中，庾亮、温峤与苏峻、祖约两方，都有人面临着要不要越过“雷池”的问题。

庾亮的“雷池”是地理上的。庾亮严令温峤“无过雷池一步”，确实看住了陶侃，却也让自己落了个孤立无援的境地，最终还是靠陶侃出山才把乱局收拾利索。这个“雷池”必须越过。

祖约的“雷池”是政治上的。朝廷政治斗争是内部矛盾，失败只能认栽，宁可留在东晋把牢底坐穿或引颈就戮，也不能往敌国后赵逃去。一旦叛逃，就是敌我矛盾，性质就变了。这是历朝历代政治斗争的底线“雷池”，一步也不能跨越。

而正是靠着与北方游牧民族政权同仇敌忾的“雷池”底线，东晋后来才在与前秦的斗争中赢得淝水之战的胜利。

淝水之战，不止以少胜多

淝水，又名肥水，源出安徽肥西县和寿县之间的鸡鸣山将军岭。淝水向北流二十里后，分为两支，其一为东南支，经巢湖注入长江，为南淝水；另一为西北支，绵延二百里，出寿县而流入淮河，为东淝水。安徽省会合肥，即是因东淝水与南淝水交汇于此城而得名。

距今一千六百多年前，在淝水之畔，确切地说是在东淝水岸边，一场大战正在进行。“投鞭断流”“草木皆兵”“风声鹤唳”等著名成语，正因此战而横空出世。

前秦苻坚一意孤行

当时的中国，处于东晋十六国分裂对峙时期。以江淮为界，南边是东晋，北边是十六国之一的前秦。

东晋孝武帝太元七年，前秦宣昭帝建元十八年，公元382年冬十月，前秦宣昭帝苻坚在太极殿召开御前会议，回顾了三十年来的创业生涯，“自吾承业，垂三十载，四方略定”，统一大业在北方已经开出胜利之花，但这仅仅是万里长征走出了第一步。那第二步将迈向何方呢？苻坚手指东南，“唯东南一隅，未沾王化”，江淮以南的东晋人民还生活在水深火热之中，等待我们去解救。“今略计吾士卒，可得九十七万，吾欲自将以讨之”，朕决心率领百万大军下江南，扫清寰宇，一统神州，在有生之年解决东晋问题，彻底完成统一大业。

自从盘古开天辟地，三皇五帝到东晋十六国，胡运从不过百年，胡骑从不过江南，还从来没有一个北方游牧民族皇帝能够跨过长江、踏平江南、统一中国，苻坚要做史上第一个吃螃蟹的人。

皇帝的宏图远略一提出，立马有人温柔地拍上一记。秘书监朱肜道：陛下“恭行天罚，必有征无战”，此战必旗开得胜，江南君臣必望风而降。等到一统江南，陛下登上泰山封禅，向皇天后土庄严宣告天下一统、四海归一，“此千载之一时也”，不亦乐乎！朱肜一番马屁拍得苻坚心花怒放：爱卿果然能深刻理解朕的意图，“是吾志也”！

但前秦朝臣中还是有敢说真话的直臣。尚书左仆射权翼上言反对：东晋虽然日渐没落，但底子还在，还没烂到轻轻一推就倒的地步，况且谢安、桓冲等文臣武将遍布朝堂，上下一心，君臣和睦，不好打，最好过几年看看再说。

太子左卫率石越进言：今年天象不吉，流年不利，福星在江南，贸然进犯，会遭报应；且长江天险无法飞跃，还是从长计议。苻坚反驳：当初武王伐纣，算的也是凶卦，同样灭掉商朝；吴王夫差、东吴孙皓都有江湖之险，不也照样灭亡！“以吾之众，投鞭于江，足断其流”，看我大军一人一支马鞭，就能把长江截断。

石越很是坚持：商纣、夫差、孙皓，那都是无道昏君，被灭顺理成章，可江南司马曜还没那么昏聩，这仗不好打！石越这话一说，苻坚无言以对。群臣无法讨论出统一意见，苻坚一怒之下宣布散会，要乾纲独断！

会后，苻坚的亲弟弟阳平公苻融，亲儿子太子苻宏、皇子苻诜，亲信和尚道安都是苦劝不止，连宠妃张夫人也吹枕边风劝苻坚不要轻易动兵。

苻坚舌战群雄，死活不听。当然他也还是喜欢听一些人说话的，这就是投降过来的前燕皇族慕容垂和羌族首领姚苌。此二人竭力鼓捣苻坚大干快上，以便浑水摸鱼、趁乱复国。

尤其是慕容垂，很会做皇帝的思想工作："陛下断自圣心足矣！"劝苻坚要听从内心的意见，走自己的路，让东晋皇帝司马曜无路可走。苻坚"大悦"，表示"与吾共定天下者，独卿而已"，当今天下只有你最懂我，当即赏赐五百匹绸缎以示鼓励。

就这样，苻坚通过先广泛听取不同意见，但只采纳支持意见，然后乾纲独断的方式，做出了征讨东晋的伟大决策。

结局，在决策的那一刻，就已经注定。

东晋君臣众志成城

在做出大举进攻东晋的决策之前，苻坚已经进行了一些必要的战略部署，几年前就派长子苻丕拿下长江重镇襄阳，俘虏东晋守将朱序，并用主管财政工作的度支尚书职务将其收编。接着苻坚大军压向淮河流域的彭城（今江苏省徐州市和淮阴市、盱眙县一带），在东、西两线都给东晋造成很大的压力。

建元十九年（383）七月，苻坚"下诏大举入寇"，主力部队全部进入战时状态，紧急征调民兵预备役部队，"民每十丁遣一兵；其良家子年二十已下，有材勇者，皆拜羽林郎"，全国每十个成年男子中抽调一人当兵，其中勇猛有力的年龄二十岁以下"良家子"，即家世清白、拥有一定资产、从事正当职业的男子，全部赐予初级军官军衔"羽林郎"。

在苻坚看来，诏书发布之日，就是胜利在望之时。在诏书中，他甚至给东晋君臣提前安排好了在前秦朝廷里的职务，任命东晋皇帝司马曜为尚书左仆射，谢安为吏部尚书，桓冲为侍中，并为君臣三人在长安城提前建好府邸。

八月初二，苻坚亲率步兵六十万、骑兵二十七万从长安出发，前后绵延千余里，旌旗招展。

由于军队太多，各军没能步调一致地抵达集结地。九月，苻坚进抵河南项城时，从甘肃武威征调的西北军才走到咸阳，从四川出发的川军才刚刚坐上船顺流而下，从华北调拨的北方军才抵达彭城，数路军队东西相距万里。苻坚的弟弟苻融率领前锋部队三十万人，先行抵达颍口（今安徽省颍上县东南一带）前线。

外患从来都是内部团结的最好黏合剂。在前秦巨大的军事压力下，东晋面临着开国以来最严重的生死存亡危机。掌握朝廷内外实权，平时大搞窝里斗的谢家、桓家携起手来，开始第一次桓谢合作，勠力同心，共奖王室。

东晋孝武帝司马曜任命谢安负责军政全权，谢石为征虏将军、征讨大都督，谢玄为前锋都督，率领八万北府军赴前线与前秦死战，要将前秦的铁骑顶在淮河一线，万万不能让其打过长江，誓死保住衣冠南渡后汉文化的最后火种。

驻守荆州的桓冲，带领十万荆州军，横亘在长江中游，阻止前秦巴蜀水师东下，迫使苻坚放弃效仿西晋灭吴，从长江中游突破的计划，在战略上给予淝水前线的北府军极大支持。

十月，前秦先行出击，苻融率军进攻寿县。寿县素有“中原屏障，江南咽喉”之称，为前秦所必攻，东晋所必救之地。东晋龙骧将军胡彬率五千水师紧急驰援。十月初八，还没等胡彬赶到，寿县就落入苻融之手。胡彬遂退到硖石（今安徽省凤台县、寿县之间）布防，相机而动。

拿下寿县的苻融军团，士气正旺，接着去围攻布防硖石的胡彬，这又引来东晋征讨大都督谢石、前锋都督谢玄带剩余的七万五千北府军前来救援。

东晋援军是到了，但是畏惧前秦兵锋，一时顿军不前。

谢石、谢玄按兵不动，被包了饺子的胡彬沉不住气了，派出密使报告二谢，“今贼盛，粮尽，恐不复见大军”，前秦士气正旺，末将死活突不出去，眼看粮食又要吃完，恐怕此生再难相见。

不幸的是，胡彬的这封信，还没送到上峰二谢手里，就被苻融截获。

幸运的是，因为这封信，苻融提出了一个重要建议；因为苻融的这个建议，苻坚做出了一个重要决定；而因为苻坚的决定，东晋捕捉到了一个重要战机。

淝水河畔南北对决

截获胡彬求救密信的苻融，打开一看，大喜过望，认定这是一举歼灭东晋主力的绝好时机，不能轻易放过。

苻融马上派出八百里快马向苻坚报信：“贼少易擒，但恐逃去，宜速赴之。”东晋军队人少兵弱，赶快来打，来晚就跑掉了。

收到信的苻坚，立马“留大军于项城，引轻骑八千，兼道就融于寿阳”，将几十万行动缓慢的大部队扔在项城，只带领八千轻骑兵，星夜兼程赶奔寿县与苻融会合，准备指挥前秦前锋三十万部队以多打少，与区区七万五千兵马的东晋主力决战。

苻坚喜欢攻心为上，劝降为上，要先派人去谢石、谢玄那里游说一番，最好直接劝降。苻坚想来想去，决定派出前面提到的在襄阳被前秦俘虏、又被委任为度支尚书的原东晋将领朱序去现身说法劝降。

苻坚让朱序给谢石、谢玄传的口信只有八个字，“强弱异势，不如速降”！朱序确实没有辜负苻坚的信任，完完整整地向谢石、谢玄传达了这八个字。只不过传达完苻坚的指示后，朱序又补充了一段话："若秦百万之众尽至，诚难与为敌。今乘诸军未集，宜速击之；若败其前锋，则彼已夺气，可遂破也。"趁前秦百万大军还没完全集结，先打两个胜仗挫挫他前锋锐气。

听完朱序的一番分析，本来被苻坚进抵前线的消息吓得"甚惧"的谢石、谢玄叔侄，一时斗志昂扬。

十一月，谢玄派北府军名将刘牢之率精锐五千人，在洛涧（今安徽省淮南市东淮河支流洛河），以一敌十，大败前秦五万劲敌，"秦步骑崩溃，争赴淮水，士卒死者万五千人……尽收其器械军实"，赶鸭子似的将前秦步军、骑兵赶到淮河里，歼灭一万五千人，缴获大批军需物资。

谢石、谢玄叔侄乘洛涧大捷之余威，率诸军水陆并进，与寿县的前秦先锋大军隔东淝水对峙。

收到洛涧大败消息的苻坚、苻融登上寿阳城楼，眺望东晋军队大营，看到北府军军容严整，"望见八公山上草木，皆以为晋兵"，把八公山上的树林灌木，都当成了东晋军队。打遍北方无敌手的苻坚，这时才"怃然始有惧色"，感觉有点害怕，对苻融说："此亦劲敌，何谓弱也?"

此时，前秦尽管在洛涧之战中折了一万五千人，但在淝水前线仍有二十七八万前锋部队，而东晋北府兵仅有八万人。在寿县这一个点上，北府军的直接参战兵力只有八千人，前秦至少有十万步骑。从力量对比上看，对前秦而言，这仍然是一边倒地以多打少，最好的策略就是守住淝水河防，阻止北府军过河，耗也把这八万人耗死。

前秦利在长期对峙，东晋利在速战速决。但关键时刻，苻坚又做出了一个错误决定。

东晋谢玄派人向苻融传话："君悬军深入，而置陈逼水，此乃持久之计，非欲速战者也。若移陈小却，使晋兵得渡，以决胜负，不亦善乎？”要求前秦军队从淝水后退，让东晋军队渡过淝水登陆后，两军正面决战。

前秦众将都反对让东晋军队过河，要求耗死对手。只有苻坚准备半渡而击：“使之半渡，我以铁骑蹙而杀之，蔑不胜矣。”认为等东晋军过一半的时候，就可以进行一边倒的杀戮。

苻坚不知道，撤退，尤其是想全军而退，要比全军冲杀更难。想冲，把军队放出去就行；要撤，要有组织地后退，必须做好大量的准备工作，必须要有得力的干将压住阵脚，否则，有意的小步后退，将变成失控的土崩瓦解。

果不其然，前秦军刚刚开始后撤，便“不可复止”，一退而不可收拾。危急之刻，在后军的朱序又趁乱大呼“秦兵败矣”！这边朱序在呼叫，那边东晋军来到，“谢玄、谢琰、桓伊等引兵渡水击之”，谢玄等人率军渡过淝水，展开攻势，追歼前秦军。

苻融还是有担当的，一看要兵败如山倒，不是赶紧夺路而逃，而是挺枪跃马，“驰骑略陈，欲以帅退者”，赶到阵前要压住阵脚。可惜天不遂人愿，苻融座下的那匹马竟然无故倒地。东晋兵杀将而来，将摔在地上的苻融砍成肉泥。

前秦军一看主帅被杀，更加乱作一团，小撤退演变成雪崩式的大溃退。谢玄率东晋军一鼓作气，从寿县一直追击到青冈（今安徽省凤台县西北一带）。

败逃的前秦军“闻风声鹤唳，皆以为晋兵且至，昼夜不敢息，草行露宿，重以饥冻，死者什七八”，一路向西北昼夜狂奔，战死加非战斗减员，伤亡有二十多万人。

是非成败偶然必然

淝水之战，前秦以多打少，一败涂地；东晋以少攻多，大获全胜。但前秦的失败具有很大的必然性，东晋的胜利却有相当的偶然性。这个判断看似矛盾，却正是历史的真实所在。

从历史规律看，北方一旦完成局部统一，便被逼上了“打过长江去，一统全中国”的梁山。前秦苻坚不顾群臣反对，必欲南征，势所必然。

但前秦的局部统一，是建立在一盘散沙基础上的，其治下各民族并没有深度黏合在一起，被灭国的鲜卑、羌族跃跃欲试，随时准备复国。而苻坚对这些民族的上层分裂分子一直使用怀柔手段，幻想招抚其心，而不是坚决打击、恩威并用。

在没有建立起牢固统治的情况下，淝水之战前夕，苻坚还将本族氐族基本力量分散到全国各地定居，意图控制军事重镇。平心而论，这是一盘大棋，后来清朝之所以能统治中国二百六十余年，和驻防八旗制度有很大关系，苻坚的分散氐族战略，就是前秦版的驻防八旗。但这盘大棋下得太早，氐族居外，鲜卑居内，一旦风吹草动，顿时祸起肘腋，当时就有氐族童谣云：“远徙种人留鲜卑，一旦缓急当语谁。”淝水铩羽后，鲜卑、羌族等族揭竿而起，前秦由于本族氐族力量分散，根本组织不起有战斗力的平叛军团，立马土崩瓦解，再也无法复兴。

内部不稳、根本不牢，在这种战略态势下，苻坚即使能在淝水击败东晋北府军，顺利渡淮过江，也必然会因后方力量真空而为人所趁，势必放弃江南回援北方。况且还有桓冲的十万荆州军在长江中游虎视眈眈，随时准备往苻坚的后腰插上一刀。

而东晋这边，能打赢淝水之战，则有很大的侥幸成分。

战前，东晋君臣慌作一团，总揽军政的谢安表面处变不惊，实则不知计从何出。谢玄两次向谢安请示方略部署，谢安都一言不发，只能用游山玩水、下棋问道的表面若定来安定人心。

大敌当前，谢家与桓家虽然众志成城，达成一致，但暗地里还是戒心仍存，尤其是谢安。桓冲担心京城建康防备薄弱，要派三千荆州兵入援建康，谢安“固却之”。桓冲无奈，只能发出“谢安石有庙堂之量，不闲将略。今大敌垂至，方游谈不暇，遣诸不经事少年拒之，众又寡弱，天下事已可知，吾其左衽矣”的一声长叹。

老于军旅的桓冲都认为极有可能战败的淝水之战，被“游谈不暇”的谢安和“不经事”的谢石、谢玄打胜，关键在胡彬那封求救密信被苻融获取。而苻坚头脑发热要速战速决，再加上朱序临阵反水倒戈一击，这几个核心要素缺少一个，东晋的八万北府军都不是前秦三十万前锋部队的对手，何况在不远的项城还有前秦六十多万后续部队。

正因如此，得知前线胜利的消息后，表面若无其事继续下棋的谢安，内心兴奋得“过户限，不觉屐齿之折”，木屐上的木齿被门槛碰断都没感觉到。

尽管淝水之战前秦败得窝囊，东晋胜得侥幸。但胜败已分，此战还是深刻改变了南北对峙的形势，北方崛起的态势暂时被遏制住，前秦短暂统一北方的局面被彻底打破。

苻坚被流箭射中，单人匹马逃回淮北，收拾残军返回长安。百万大军，只剩慕容垂的三万鲜卑兵马建制完整，不久慕容垂便脱离前秦，自主创业，复兴燕国，建立后燕。另一个当初撺掇苻坚开战的姚苌，连“秦”的国号都抢了去，建立后秦与前秦死磕，苻坚最后正死在其手上。

北方再度陷入分裂大乱，东晋乘胜北伐，收复淮河流域，将国防线向北推进到黄河以南，克复四川和汉中，全据长江天险，解除了北方政权从长江上游顺流而下的威胁。

更为重要的是，晋室南迁后的汉文化核心部分得到保存。后来的杨隋李唐虽然是从西北关陇起家，但在建国立业后，其治理体系中的大部分政治体制和经济制度，尤其是礼乐文化，直接从南朝宋、齐、梁、陈保存的汉文化传统中继承而来。

南朝文化虽胜于北方，但过于重文轻武，北方却是尚武风气颇浓，百姓几乎人人习战。随着时间的推移，在承东晋十六国对峙而来的南北朝并立格局中，南朝武力江河日下。无法抗衡北魏武力的南梁，竟然幻想使用“水淹七军”的大杀器。

南北拉锯中的超级水库浮山堰

冷兵器时代，最无情的大规模杀伤性武器有两种：水与火。

火攻最经典的案例，无疑当属赤壁之战，周瑜一把大火烧得曹操大军灰飞烟灭，数百艘战船片板不存。至于水攻，成功经验不多，失败教训不少，近有抗日战争时期的花园口决堤，远有想淹敌军、反倒灌了自己的浮山堰。

浮山堰是淮河上的一个巨型水坝，修建于公元6世纪初期。此时的中国，正处于南北朝分裂时期。以长江、淮河为界，南边是南梁，北边是北魏。

浮山堰正是南梁为了达到水淹北魏寿阳城（今安徽省寿县一带）的战术目标，而在淮河上修建的巨型水利工程，其位置大致在今天安徽五河县、明光市与江苏泗洪县三县（市）交界处的淮河浮山峡内。

浮山峡是淮河三峡（安徽凤台峡山口、安徽怀远荆山峡、安徽明光浮山峡）的第三个峡口。淮河流经此地，切割郯庐断裂带（从山东郯城到安徽庐江的一条地震断裂带）陡然上升，形成一个宽约两千米的缺口，是控制淮河中游水系的龙头锁钥。

南梁武帝天监十三年（514），南梁开国之君萧衍手指浮山峡，制定出一个横断淮河、水淹北魏、收复寿阳的战略计划。

打不过心有不甘

为什么要收复寿阳？

南北对峙，守江必守淮，过江必过淮。南朝要守住长江天险，必须严防淮河前线；北朝要饮马长江，也要先打下淮河。淮河流域可谓南北必争之地，而寿阳恰是淮河中游的军事重镇。

寿阳本为南朝所有，是南朝威胁黄河流域、北伐中原的前沿基地。但萧衍的命不好，还没等他建立南梁，前面的南齐就把寿阳给丢了。

南齐东昏侯萧宝卷永元二年（500）二月，时任徐州刺史的南齐名将裴叔业因萧宝卷大肆诛杀大臣而惊恐不已，遂投奔北魏，献出寿阳城。

萧宝卷再昏聩，也知道寿阳对南朝的意义。裴叔业刚刚举寿阳投奔北魏，萧宝卷就派出平西将军崔慧景率水军攻击。谁料崔慧景刚走到广陵（今江苏省扬州市一带）就举兵造反，掉头攻打建康，南齐大乱。北魏乘机将势力又向南扩展到合肥、巢湖一带，彻底在淮河流域站稳脚跟。

“寿阳形胜……乃建邺之肩髀”，寿阳若为北魏所有，便犹如一把尖刀直指南朝心脏帝都建康。北魏不但可以据此经略淮河，而且可以随时挥军南下，饮马长江。萧衍从南齐手中受禅接过帝位后，就力图收复夺取寿阳以改善恶劣的国防形势。

为什么要水淹寿阳？答案只有三个字：打不过！

南北朝时期，南方宋、齐、梁、陈四朝，刘宋处于南朝实力的上升期，虽然军力不如北方，但还能硬碰硬地把北方游牧民族铁骑打回去，偶尔能扛起北伐大旗，把战线向北推进一些，收复部分失地。但从南齐后期开始，南方几乎是被北方压着打，几乎无还手之力，成为名副其实的“战五渣”。幸赖长江天险，加上北魏经常被更北边的柔然部落侵犯牵制，南朝才能屡屡转危为安、延续国脉。

南梁更是“渣”得厉害。天监三年（504）二月初，南梁大将姜庆真趁驻守寿阳的北魏任城王元澄率军在外，城内防务空虚，“袭寿阳，据外郭”。虽然攻占了寿阳外城，但剧情很快上演惊天大逆转，七尺男儿姜庆真竟被城内的一个老太太，任城王元澄七八十岁的老母亲孟太妃带着残兵败将打得抱头鼠窜，仓皇而逃。南梁军队战斗力可见一斑。

天监五年（506），南梁派出文武双全的名将韦睿收复寿阳之南的重镇合肥，又在寿阳北面的硖石和东边的钟离与北魏多次激战，但始终没能收复寿阳。

没办法，打不过，又于心不甘，南梁只有祈求上天，借助自然之力，人为制造大洪水，企图水淹寿阳。

拍脑袋仓促上马

天监十三年（514）十月，从北魏归顺南梁的降将王足，给梁武帝萧衍唱了一首儿歌：“荆山为上格，浮山为下格，潼沱为激沟，并灌巨野泽。”

这是淮河流域的孩子们传唱的童谣，中间蕴含着一个宏大的水利工程构想：在荆山或者浮山将淮河截断，修筑堤堰，蓄积淮河水，抬高水位，以潼河和沱河为引水河道，回水两百千米，倒灌地势低洼的寿阳城，淹没两岸平原，甚至可以向北淹到山东巨野县，使北魏在淮河流域无法立足。王足据此向梁武帝萧衍献出筑堤淮河、倒灌寿阳的水攻之策。

在王足献计之前，南梁曾经利用淮河水发动水攻并取得过一些胜利。天监六年（507）三月，淮河水暴涨六七尺，南梁军队借水势向北魏发动进攻，在钟离（今安徽省凤阳县一带）大败魏军，“收其资粮、器械山积，牛马驴骡不可胜计”。天监十二年五月，“寿阳久雨，大水入城，庐舍皆没……城不没者二板”，水位线直逼城墙高度。守城大臣裴绚为躲避水灾，“帅城南民数千家泛舟南走”，归顺南梁。

一次借水大胜魏军，一次因水不战而胜，让萧衍相信天命在己，遂对王足的水攻计策怦然心动。

但水攻要有个前提，就是居高临下，从上游灌下游。比如楚汉相争韩信水攻龙且，三国之时关羽水淹七军，都是据高屋建瓴之势，从高灌下。而梁国的地盘都在淮河下游，北魏寿阳在淮河中游，要想从下游灌中游，必须拦河筑坝，抬高下游水位。

为确保工程万无一失，萧衍派出水利专家陈承伯和材官将军祖暅去实地察看地形，论证可行性。

祖暅就是将圆周率精确计算到小数点后七位即3.1415926到3.1415927之间的祖冲之的儿子，比意大利数学家卡瓦列里早一千多年就求得了球体积公式，勘测地势根本不在话下，很快就写出了工程可行性报告，提交给朝廷。

萧衍一看报告就想撕得粉碎。因为报告上赫然写着“淮内沙土漂不坚实，功不可就”，淮河含沙量太大，水势无常，飘忽不定，而且河床不够坚实，承受不了大型水利工程的压力，建议将该工程下马。萧衍“弗听”。

伤民力耗费巨大

要想在下游筑坝拦断淮河，倒灌寿阳，有两个地方可供选择，一是荆山峡，二是浮山峡，即王足给萧衍所唱童谣中的“荆山”“浮山”。荆山峡为首选，距离寿阳不远，因此“荆山为上格”。

刚开始南梁也是在荆山峡大兴土木，“高祖遣太子右卫率康绚督众军作荆山堰”。但荆山离寿阳太近了，处于梁魏交兵的前沿阵地。康绚刚把荆山堰搞出模样，就引得北魏军队来攻，“魏遣将李昙定大众逼荆山，扬声欲决堰”。康绚不是魏军对手，没怎么打就被迫退军。

既然荆山搞不成，只有换地在浮山接着干。萧衍命令康绚“发徐、扬民率二十户取五丁以筑之”，从徐州和扬州抓壮丁，每二十户人家中，征召五名青壮丁当劳力。这还不够，又调动军队参与施工，“役人及战士合二十万”，总共投入二十万人去淮河修堰。工程南岸起自浮山，北岸抵达巉石山，“依岸筑土，合脊于中流”，两岸同时施工，分别填土，在淮河中流封填龙口。

到第二年，即天监十四年（515）夏四月，经过半年连续施工，浮山堰筑成。萧衍很是高兴，但高兴得有点太早了，“浮山堰成而复溃”，刚刚合龙，堰就被冲垮。

萧衍不信专家信鬼神，不去问问专家祖暅到底是怎么回事，究竟是工程质量问题还是地质地形问题，反倒去听巫师的鬼话，“或言蛟龙能乘风破堰”，认为是深水中能呼风唤雨的蛟龙作怪，将堤坝毁坏。

巫师说蛟龙“其性恶铁”，这蛟龙虽能呼风唤雨，但天生畏惧铁器。萧衍马上下令将帝都建康东、西城郊冶铁厂的几千万斤铁器全部运过来，投入淮河河底，但仍不能将大坝合龙。又让军士“伐树为井干，填以巨石，加土其上”，砍伐树木在河中先做“井”字形木笼，然后用巨石填充其间，再在上面加沙袋将缝隙夯实。由于消耗巨大，“缘淮百里内木石无巨细皆尽”，淮河两岸百里内的树木和石料都被搜罗一空。百姓和军士更惨，“负檐者肩上皆穿”，运石料、扛木材，肩膀都被磨破了。

更惨绝人寰的还在后面，“夏日疾疫，死者相枕，蝇虫昼夜声合”，夏天瘟疫流行，病死的百姓、军士尸横遍野，苍蝇、臭虫盘旋其上，日夜不停。冬天正好赶上百年不遇的寒冬，“寒甚，淮、泗尽冻”，淮河、泗水全部上冻结冰。十四万到十六万名劳工被冻死！

终于，战胜暑热瘟疫，击败寒冬酷冷，到天监十五年（516）夏四月，浮山堰大功告成，其“长九里，下广一百四十丈，上广四十五丈，高二十丈”。

根据现代水利专家依此史料的计算，浮山堰长达四千五百米，底部宽约三百三十六米，顶部宽约一百零八米，高约四十八米，总蓄水量超过一百亿立方米。大堤上“树以杞柳，军垒列居其上”，种上杨柳确保堤防稳固，驻屯军营防止敌人破坏。这不但是我国，也是当时世界上最大的堤坝。据学者研究，“国外迟至12世纪才修筑高30米以上的土坝，比浮山堰要晚600多年”。

看着手指一点，就将纸上蓝图变成人间现实的浮山堰，萧衍不由得为改天换地的帝王力量慨叹。殊不知，有一股更大的力量将在几个月后爆发，这股力量将反噬南梁，扫荡一切。

水倒灌十万人哭

从在浮山挖下第一锹土开始，浮山堰就一直面临两个威胁：外部的北魏进攻、内部的工程安全。

北魏寿阳虽处在淮河中游，且距下游的浮山有两百千米之远，但地势较低，与浮山的高度相差七米左右。浮山堰四十八米高的堤坝封顶后，一百亿立方米淮河水不仅可以倒灌寿阳，还可以淹没北魏淮河沿岸的大片领土。这么大一盆水顶在头上，北魏君臣根本睡不着觉。

因此，早在天监十五年（516）初，浮山堰还在加紧施工之际，北魏就已经着手派兵攻打堤坝。双方互有胜负，南梁浮山堰护堤统帅康绚击败北魏攻堰部队，魏军转道进攻硖石（今安徽省凤台县西南一带），破城后水陆并进，意欲夹击浮山堰。关键时刻，北魏将帅李平、崔亮不和，互相争权，谁也不服谁，不能统一指挥，“魏师遂还”。

比北魏进攻威胁更大的是工程安全问题。一百亿立方米的积水蓄积在河床不稳的堤坝之上，压力可想而知。浮山堰刚竣工，就有懂水利之人告诫康绚，“四渎，天所以节宣其气，不可久塞”，四大河流（即长江、黄河、淮河、济水）不能长时间堵塞，必须考虑泄洪问题。“若凿湫东注，则游波宽缓，堰得不坏”，最好挖条泄洪通道，减缓积水对大坝的压力。

康绚随即在淮南梁国一侧开凿溢洪道，引积水东流。但仅在南边开还不够，北边也必须有。可北边是魏军，如何施工？康绚对魏军展开忽悠攻势，“纵反间于魏曰：‘梁人所惧开湫’，不畏野战”，我大梁不怕和魏军硬碰硬打野战，就怕魏军凿开水道把浮山堰的水放出去。

北魏守军头脑比较简单，立马“凿山深五丈，开湫北注”，在北边打山洞，开凿溢洪道，引水北流。一南一北两条溢洪道同时排水，浮山堰大坝压力减小，暂时稳固无虞。水库中的水位也没有降低太多，积水开始倒灌寿阳。

逆流而上的淮河水，向寿阳奔去，“水之所及，夹淮方数百里”，北魏守军在寿阳城郊的八公山东南处修筑魏昌城，准备一旦洪水大规模倒灌，紧急上山避难。寿阳城墙被泡在水里，逐渐崩坏，百姓纷纷攀山登岗，“散就冈陇”，躲避水势。淮河“其水清澈，俯视庐舍冢墓，了然在下”，寿阳城被淹没的房屋、坟墓，静静地卧在水底，清晰可见。

但浮山堰水攻寿阳的作用仅仅到此而已，接下来就是害人害己了。到了夏季汛期，上游来水凶猛，南、北两个溢洪道的排水能力根本无法应对上游巨大的来水量。屋漏偏逢连夜雨，浮山堰护堤统帅康绚又被小人中伤，调还建康。

浮山堰地处南梁徐州境内，徐州刺史张豹子认为自己应该是工程总指挥的不二人选，谁料梁武帝萧衍竟然派康绚来当总指挥。张豹子脸上挂不住，“甚惭”。没想到过几天萧衍又指令其要听康绚全权指挥，恼羞成怒的张豹子“遂谮绚与魏交通”，诬告康绚是潜伏在浮山堰上的北魏间谍。

萧衍虽然不太相信康绚会里通北魏，但疑心病比较重，“犹以事毕征绚还”，就以浮山堰工程完工为名，调康绚回帝都建康。张豹子如愿以偿当上浮山堰工程总指挥、护堤统帅。

康绚回京后，张豹子竟然“不复修淮堰”，不再对浮山堰进行修护保养。浮山堰犹如一颗不定时炸弹，随时可能爆炸。

天监十五年（516）九月十三，淮河水暴涨。浮山堰由土石筑成，一旦水过坝顶，便是灭顶之灾。在一波又一波的洪水冲击下，浮山堰“堰坏”，彻底崩塌，“其声如雷，闻三百里”，巨大的声响如雷霆震怒，三百里外都能听得真真切切。“缘淮城戍村落十余万口皆漂入海”，洪水冲毁今天安徽省五河、泗县、凤阳、蚌埠、灵璧、固镇、凤台等县（市）约七千平方千米范围内的城镇村落，十余万人被洪水吞噬，漂流入海。南梁想用来倒灌北魏寿阳的浮山堰，就这样反淹了自己，一盆百亿立方米的水打翻在头上，淮南地区千里泽国，十万冤魂葬身鱼腹。

恶果不仅于此。两淮地区本是北方南渡汉人流民的聚集地，是南朝最重要的兵源地，良将劲卒大多出于此。经浮山堰人祸，淮南一蹶不振，再也提供不了能够保卫朝廷的军事力量。虽然不久北魏发生内乱，一分为二裂为东、西两魏，两方忙于内斗，南梁外部压力减轻。但没有了强有力军队的加持，南梁内政逐渐不稳，后来侯景之乱中萧衍被饿死台城。甚至南朝从以北方南渡士族、流民为主体的宋、齐、梁三朝政权，转变为以江南本土豪族势力为主体的陈朝政权，都与浮山堰事件不无关系。毕竟失去以南渡流民为主体的军事力量支持，南渡士族根本无法坐稳江山，只能让位给掌握江南本土军队的南方豪族。

浮山堰崩塌，梁武帝萧衍捶胸顿足。与之形成鲜明对比的是，北魏君臣欣喜若狂。当时北魏已经紧急调拨给征南大将军任城王元澄十万大军，准备再次攻打浮山堰。上次率军摸过浮山堰虚实的尚书右仆射李平建议无须出兵，“不假兵力，其堰自坏”，不需要动刀动枪，浮山堰一定会自爆。等到浮山堰崩坏的消息传到北魏首都洛阳，执掌北魏实权的胡太后立马重重赏赐预言家李平。十万大军收兵回营，北魏省了好大一笔军费。

浮山堰之战后，南北方继续在淮河流域附近进行军事争夺，军事韬略奇谋迭出，在淮河流域尽显峥嵘。双方各有胜负，形成各守疆界的长期拉锯局势，致使统一大业长期未能走到瓜熟蒂落、水到渠成的历史关口。

相对于北方在民族大融合中皇权的增强，南方皇权长期积弱不振，中央与地方、地方各股势力之间长期内耗。终于，在长期的拉锯战争中，历史在北方找到了运动出口。如田余庆所言，“从宏观来看东晋南朝和十六国北朝全部历史运动的总体，其主流毕竟在北而不在南”。

留守北方黄河流域的汉人忍辱负重，积蓄力量，如陈寅恪所言，“取塞外野蛮精悍之血，注入中原文化颓废之躯，旧染既除，新机重启，扩大恢张”，经过南北朝数百年民族大融合，终于等到天下有变，兴复中原，一统南北。

浮山堰自毁七十三年后，一场从北向南跨越长江的水战终结了两百七十三年的大分裂局面，华夏民族依托盛世隋唐再造新的辉煌！

第四章
隋唐：水运重构南北一体

经历东晋十六国、魏晋南北朝两百七十三年的大分裂后，历史终于在北朝找到出口。以汉人为皇帝的隋朝取代以鲜卑人为皇帝的北周后，南北对立的民族矛盾不复存在。隋朝以一场酣畅淋漓的渡江作战，统一江南，重建一统。为消除黄河、淮河、长江横亘东西导致的南北对立这一地理情形，隋朝开通纵贯南北的大运河，重构南北一体。

大运河的开凿顺应了沟通南北的历史潮流，但包括大运河在内的几项特大工程同时上马，超出了当时民众的承受能力，以致隋朝二世而亡。唐朝初期面临北方突厥的巨大威胁，甚至在京师门口的渭水与其签订城下之盟，但贞观之治恰也是由此奇耻大辱催生。唐朝解决西北突厥问题后，将目光投向东方，通过白江口海战重建以其为主导的东亚国际秩序。玄宗与姚崇在渭水边的君臣论治，为开（元）天（宝）盛世进行了顶层设计，长安的广运潭盛会展示了大唐巅峰时期的无限风采。安史之乱后，刘晏对唐代漕运制度进行了深度改革，重新沟通南北经济，为大唐实现中兴奠定了财政基础。

终结近三百年分裂的跨江大作战

隋文帝开皇九年，南陈后主祯明三年，公元589年正月初一，南陈后主陈叔宝正在首都建康（今江苏省南京市一带）皇宫举行新年朝会，接受群臣的朝贺，忽然间“大雾四塞”。江南隆冬时节起大雾本是寻常事，但今天的雾有些异样，闻起来有股“辛酸”味道，让人直打瞌睡。陈叔宝深吸一口，立马“昏睡”，左右忙将他扶入内殿休息，一直到下午才慢慢清醒。

新年就昏睡大半天的陈叔宝还不知道，在他合上眼的时候，隋朝大将吴州战区（总部设在广陵，即今江苏省扬州市一带）总管贺若弼已经率军从广陵横渡长江。当夜，庐州战区（总部设在今安徽省合肥市一带）总管韩擒虎率五百特种精锐在夜色的掩护下，从江北横江（今安徽省和县长江渡口）南渡，在江南采石矶（今安徽省当涂县长江渡口）登陆。

紧接着，百万雄师过大江，天翻地覆慨而慷。从公元316年西晋灭亡开始，已经分裂两百七十三年的中国，正式拉开了统一大业的序幕。而再造一统的战略谋划，早在数年前就已经开始。

恢复中原　分裂突厥

北方游牧民族南下后，中原陆沉，衣冠南渡，中国历史进入东晋十六国和南北朝并立时期。江南虽号称神州正朔之所在，但最先举起民族复兴大旗，身体力行并最终恢复中原、再造一统的，却是留守北方的汉人。而其中的先知先觉者，正是渭水流域汉人群体即后世历史学家笔下的关陇集团。又是在渭水，华夏文明这艘航船划开新的航道，开启新的盛世。

“关陇集团”概念最早由陈寅恪在其《唐代政治史述论稿》中提出，这一集团是汉人和胡族（主要是鲜卑族）的混血，成员大多起家于渭水上游甘肃陇山，即六盘山南段和渭水中下游陕西关中地区，故称“关陇集团”。公元316年西晋灭亡后，经过一百多年的民族融合，鲜卑族逐渐崛起，建立北魏并统一北方，汉族高门与鲜卑贵族开始合作并相互通婚。北魏末期，关陇集团逐渐形成并崭露头角。北魏后来分裂成东、西两魏，关陇贵族在关中长安建立的西魏发展成北周，并攻灭取代东魏的北齐，进而统一北方。

经过多年韬光养晦，北周末帝静帝时期，以皇太后杨丽华之父杨坚为首的关陇集团汉族高门逐步掌控朝廷大权，顺理成章地开启改朝换代的历史进程。公元581年二月十四，杨坚接受北周静帝禅让，建立隋朝，在长安城东南，即渭水与樊川之间的龙首原另建新都，仍称“长安”，渭水之滨的旧都改称“长安故城”。西晋灭亡两百六十五年后，历史的车轮终于穿过漫长幽暗的隧道，华夏文明终于在渭水流域拨云见日，重现光芒。

隋朝开国之初，隋文帝杨坚就“有并吞江南之志”，把统一问题提上议事日程。文帝向宰相高颎征求统军将帅人选，高颎推荐贺若弼、韩擒虎二将。三月初八，隋朝建立仅一个月，文帝就任命贺若弼为吴州总管，韩擒虎为庐州总管，让他们“潜为经略”，暗中准备平陈事宜。

没想到，双方早动手的，竟然是南陈。开皇元年（581）九月二十四，陈宣帝陈顼想趁着隋周易代，北方政局不稳，浑水摸鱼，派大将周罗睺攻占隋朝故墅（今江苏省南京市六合区一带），萧摩诃进军江北。两天后，文帝派长孙览、元景山、高颎分路出兵，攻击犯边的陈军。两个月后，文帝又派使臣出使南陈，进行外交攻势，做出善意的姿态。

第二年，即开皇二年（582）正月初十，陈宣帝去世，太子陈叔宝即位，是为后主。在此前后，元景山在湖北前线取得重大突破，重创南陈水师，摆出了顺流而下、直抵建康的架势。正月二十四，南陈派使臣求和，愿意归还刚到手的故墅之地。

由于当时隋朝还面临着北方突厥的巨大国防压力，加上国家庶事草创，内部还未完全整合，贸然过江，难免重蹈当年前秦苻坚覆辙。高颎就建议文帝借坡下驴，以“礼不伐丧”，即不能借对方国丧之时进行军事行动的名义撤军。二月十五，文帝下诏各路军队班师。六月十二，又专门派使臣到南陈哀悼宣帝之逝。

此后，双方罢兵修好，每年都派使节互访，来往不断，和平相处，一片升平景象。每有南陈将领和官员来降，文帝都表示以隋陈友好关系大局为重，拒不接纳；派使者出使时，也都再三交代使者“当识朕意，勿以言辞相折”，在外交场合保持低姿态，不要逞一时口舌之快，坏了朕的大事。南陈边境军队不守和约，越境进犯时，文帝严令隋军只能保境拒敌，不得主动出击浪战。隋朝抓获南陈间谍，“皆给衣马礼遣之”，都及时放回，还要送上一大笔路费。

文帝的这些动作，意在麻痹南陈，甚至在给南陈的国书中，都异常谦虚低调地自称“杨坚”而非“隋帝”，信末还写上“顿首叩头”。新上台的陈叔宝乳臭未干，果然中计，在回书中竟然极其自大傲慢地写道：“想彼统内如宜，此宇宙清泰。”教育文帝一定要兢兢业业，治理好国家，不要辜负他的期望。文帝“不悦”，把南陈国书“以示朝臣”，群情激愤，纷纷表示要替文帝、为大隋出这口恶气。在表面上的和平空气中，隋朝暗地里的战略谋划和军事斗争准备工作一刻也没停息。

南下平陈，首先要解除北方草原的后顾之忧。西汉宣帝时南匈奴呼韩邪单于归附大汉、于渭桥之上朝拜长安的历史镜头，是萦绕在隋文帝脑海中不能忘却的历史荣光。开皇三年（583）四月，文帝下诏与突厥进行战略决战。在开战动员诏书中，文帝特别提及当年呼韩邪单于的“渭桥之拜”。

隋朝出动八路大军分头北伐，先大败突厥沙钵略可汗于白道（今内蒙古呼和浩特西北一带），再败突厥阿波可汗于凉州（今甘肃省武威市一带），取得了对突厥战争的决定性胜利。随后，文帝对突厥行分化瓦解之术，促使其分裂为以沙钵略为首的东突厥和以阿波为首的西突厥。

为应付对突厥战争的巨大消耗，开皇三年（583），文帝在今天陕西省华阴市渭水汇入黄河的河口处修建广通仓（即永丰仓）等仓储设施，作为各地运输粮米的屯聚中心，保障京师长安和关中前线所需的粮草。

当时渭水含沙量较高，河床不稳，“水力大小无常，流浅沙深，即成阂阻”，运输船只航行时十分危险。开皇四年（584）六月，文帝决定改良渭水运输系统，派大臣宇文恺“帅水工凿渠”，开凿一条从渭水引水到潼关的三百里运河，以供运粮船只通行，这就是广通渠。完工后，水势平稳，船运畅通，诗云“目极云霄思浩然，风帆一片水连天”。各地民生军需物资都通过广通渠源源不断地运到长安，“转运通利，关内赖之”，文帝由此在关中打造了一个对突厥作战的长期经济支持体系。

靠着以经济实力为后盾的军事力量碾压，隋朝在与突厥的斗争中长期占据上风。

开皇四年（584）十月，东突厥沙钵略可汗主动求和，“自今子子孙孙，乃至万世，亲好不绝。上天为证，终不违负”，文帝表示“今日视沙钵略与儿子不异”，会把沙钵略当成儿子一样看待。第二年即开皇五年八月，沙钵略正式向隋朝称臣为藩，表示“天无二日，土无二王，大隋皇帝真皇帝也……今感慕淳风，归心有道，屈膝稽颡，永为藩附”，隋朝北部国防线上的威胁初步消除。

与此同时，文帝强力推进了政治、经济、军事上的一系列改革，政权得到巩固，国力进一步增强。文帝还极力扶持被南陈取而代之的南梁宗室后裔在湖北建立的小朝廷西梁（都城在江陵，即今湖北省荆州市一带），为儿子晋王扬广娶西梁明帝萧岿女儿为王妃，与西梁结成儿女亲家，并撤销江陵战区。这既是对西梁释放虚假和平善意，也是在表面上尊重西梁政治军事主权，支持其与南陈争夺江南正统地位，使之成为牵制南陈的重要战略棋子。

就当时战略形势而言，隋朝全盘继承了北周的领土遗产，拿下了四川盆地和长江以北的所有地区，从侧翼对南陈形成了战略包围。南陈的国防线已经从淮河一线收缩到长江南岸。自古以来，“守江必守淮”，北方一旦突破淮河防线，其兵锋必将直接饮马长江，与南方共享长江天险地利，随时可以渡江南下。

上兵伐谋　决胜千里

南下伐陈、统一江南的战略时机已经成熟，文帝“问取陈之策于高颎”。经过长期的战略思考谋划，“识鉴通远，器略优深”、素有“文武大略”的高颎向文帝献上著名的“平陈策”，重点打击南陈的经济财政实力和军事调度能力。

首先是“废其农时”，破坏南陈的农业生产秩序。高颎敏锐地注意到长江南北在农业生产上的早晚差异，“江北地寒，田收差晚，江东水田早熟”，江南温热，收获时节较早；江北寒冷，收获时节较晚，这就形成了南北农业生产的时间差，给北方提供了机会。高颎建议在江南收割农作物之时，“微征士马”，调动军队做出渡江攻击的态势，逼迫南陈“屯兵守御”，征调农民入伍加强江防守备，从而错过农忙时节，庄稼烂在地里无人收割，进而在经济上拖垮南陈，对其支撑战争的经济实力形成釜底抽薪之势。

第二是战略佯动，对陈军进行战略欺骗，削弱、瓦解其江防力量。隋军集结佯攻时，南陈不知真假，只能调兵防御，“彼既聚兵，我便解甲”，等其大军集聚，隋军就偃旗息鼓，解甲归田。“再三若此，彼以为常”，反复几次之后，“后更集兵，彼必不信”，南陈就会习以为常，对隋军调动丧失警惕。这样就诱使南陈军形成“狼来了”的战略思维，“犹豫之顷，我乃济师”，等到隋朝真的大军出动，狼真的来了，必将打得还在犹豫之中的南陈措手不及。隋军“登陆而战”，前有强敌，后有大江，再无退路，背水而战，必将“兵气益倍”，视死如归。

第三是深入敌后，打击南陈的战略资源储备。江南水乡，地下水水位较高，不能深挖地窖储存物质，只能利用当地的毛竹、茅草修建仓库。这些建筑材料都是易燃之物，可“密遣行人因风纵火”，秘密派遣间谍到江南趁风势焚烧南陈仓库。“待彼修立，复更烧之”，等到南陈重建仓库，就再去放火。“不出数年，自可财力俱尽”，如此这般，数年之后，南陈的物资储备就会被焚毁殆尽，其战争潜力将大打折扣。

文帝对高颎之计大为赞赏，遂用其策，实行之后，“陈人始困”，南陈的经济实力大幅下滑，军事调拨混乱。在具体战术方面，贺若弼先后向文帝呈上七条建议，史称“平陈七策”。

贺若弼父、祖都曾在前朝西魏、北周任大将、刺史，其父贺若敦曾对他说，“吾必欲平江南，然此心不果，汝当成吾志”。贺若弼继承了父亲的遗志，始终以统一南陈为己任。任吴州战区总管后，还曾赋诗一首给同为战略前沿重镇的寿州战区（总部设在今安徽省寿县一带）总管源雄，诗云：“交河骠骑幕，合浦伏波营。勿使麒麟上，无我二人名。”激励彼此以灭陈建功为务。

贺若弼的“平陈七策”将渡江之战定位为一次宽大正面的战略突袭，从长江上中下游数千里的战线上出其不意地突击猛攻。为此就要制造种种迹象，麻痹敌人，“七策”中的前五策都是此类，一、二策是在广陵经常换防佯动，在长江北岸经常组织演习，让陈军产生松懈思想；三策是用隋朝的劣等驽马换南陈百姓的船只，然后藏匿起来，再从南陈购买五六十艘破船泊在港口，让对岸以为隋朝无船可用；四、五策是在长江下游港湾多堆积芦苇，把船染成黄色，使其在颜色上与芦苇形成迷彩，不被南陈发现，避免暴露下游水师实力；六策最为重要，是具体进攻方案，贺若弼建议过江后先拿下建康的门户屏障京口（今江苏省镇江市一带），夺取此处南陈仓储，“因粮于敌”，削弱其战略储备；七策是在战争过程中重视收揽南陈民心，对敌实施心理战、舆论战。

高颎、贺若弼之外，其他大臣也纷纷献计献策，如时任虢州刺史崔仲方建议，利用隋占据长江上游四川等地区的有利条件，在蜀地打造强大水师进攻湖北中游，吸引南陈水师主力从下游向中游西进救援；双方在湖北决战之时，下游隋军趁机突破江防，批亢捣虚，直取建康。如果南陈水师待在下游不动，则隋上游各军便可乘风破浪顺流而下，顺势从中游撕开建康防线。文帝得奏后，随即将崔仲方调任对陈作战前线基州（今湖北省钟祥市一带）刺史。

开皇五年（585）十月初九，文帝任命重臣杨素为信州战区（总部设在今重庆市奉节县一带）总管，开始大规模建造船舰，训练水师。开皇七年四月间，隋朝疏通邗沟运河，沟通长江、淮河，加强广陵的军事后勤，提高调兵运力。

正当文帝君臣为统一大业殚精竭虑谋划决策时，西梁出现异动。明帝萧岿去世后，其子萧琮即位，小朝廷内部亲南陈的势力抬头，有大将与南陈荆州刺史陈慧纪勾勾搭搭。开皇七年（587）八月，文帝召萧琮入朝，同时重设江陵战区，不料萧琮走后，其弟萧瓛和叔父萧岩勾结陈慧纪，于九月十九带十多万百姓投奔南陈。事已至此，文帝下令废除西梁国，将其所属长江中游战略要地全部收入囊中。

南陈这边正忙着给陈慧纪、萧岩、萧瓛加官晋爵，却不知此举恰给隋朝提供了绝佳的开战借口。时任晋州（今山西省临汾市一带）刺史皇甫绩就对文帝说，伐陈必胜之由有三，一是以大吞小，二乃以有道伐无道，三就是“纳叛臣萧岩，于我有词”，本朝可理直气壮先发制人。文帝深然其言，得知南陈纳降萧岩等人时，“益忿”，当即对高颎言，“我为民父母，岂可限一衣带水不拯之乎”，要出兵解救生活在水深火热之中的江南人民，于是下令杨素“大作战船”，加快船舰建造速度。

杨素在永安（今重庆市奉节县白帝镇白帝城一带）所造“五牙”级超级大船，上有五层楼台，高一百余尺（隋唐一尺相当于现在29.5厘米左右），左右前后装置有六根用来摧毁敌船的巨型拍竿，举起来足有五十尺高，可乘坐八百战士。小点的“黄龙”级战船也可容纳一百名战士，此外还有“平乘”“舴艋”等小型战船。有大臣奏请文帝注意造船的保密工作，文帝不以为意，“吾将显行大诛，何密之有”，要大张旗鼓地整军备战，还让人把造船剩下的边角料和木屑杂物投入长江，主动让南陈发现隋朝的军事准备，“若彼惧而能改，吾复何求”，对其进行战略恫吓。

开皇七年（587）十一月间，文帝回到出生地冯翊（今陕西省大荔县一带），在儿时故居静思良久，最终和抱病随行的重臣李德林一起，下定平陈决心。稍早之前，李德林已经制定出具体的作战方案，文帝交代高颎将之转交晋王杨广。返回长安之时，文帝举起马鞭指向江南，对李德林言道：“待平陈之日，以七宝装严公，使自山以东无及公者。”待到平定江南，一统天下，一定会让你荣华富贵，天下无双。

借着优宠李德林之语，文帝正式按下了一统大业的启动键。分裂两百七十多年的中国，终于迎来重新统一的历史性关口。

势如破竹　席卷江南

长江对岸，陈叔宝正在和宠妃张丽华花天酒地，宰相江总只会吟诗作赋，朝政被奸臣施文庆、沈客卿、阳慧朗、徐析、暨慧景、孔范等人搞得乌烟瘴气，国事日下，民不聊生。杭州西北淤塞多年的临平湖“忽然自开”，民间传言“湖开则天下平”。大臣章华上书警告后主“隋军压境”，若不改弦更张，“臣见麋鹿复游于姑苏矣”，亡国迫在眉睫。陈叔宝“大怒，即日斩之”。

开皇八年（588）正月，南陈竟然对隋朝玩起阴阳两手，一边派使臣袁雅等人出访隋朝，一边派周罗睺进攻隋地峡州（今湖北省宜昌市一带）。面对明目张胆的挑衅行为，文帝先礼后兵，三月初五派使臣程尚贤出使南陈。三月初九，文帝下诏，通告天下，起兵伐陈，

“出师授律，应机诛殄；在斯一举，永清吴越”，同时向南陈递交国书宣告陈叔宝二十项大罪。随后按照贺若弼“平陈七策”的建议，将诏书誊写三十万份，交由间谍带到江南散发，对南陈官民展开舆论攻势。

此时的陈叔宝，正在策划废掉皇后沈婺华，改立张丽华为后。为给他的废后大业提供良好的外部环境，陈叔宝派许善心等人出使隋朝，幻想和平解决问题。隋朝将许善心扣住不放，并于十月二十三在淮河以南设立淮南行省，作为平陈的战略基地，任命杨广为最高长官行省尚书令。

经过七个月的全国全军总动员，十月二十八，甲子大吉，文帝下令正式开战，任命大臣杨素、秦王杨俊、晋王杨广为行军元帅，率领九十余名大将、五十一万八千名大军分别从长江上中下游发起攻势。上游、中游的主要任务是牵制南陈主力，下游为主要进攻方向，各路大军统由杨广节度，宰相高颎、王韶分任杨广元帅府长史和司马，统筹决策军中大小事务。十一月初二，文帝亲自设宴，为出征将士敬酒壮行，下诏擒获陈叔宝者封上柱国、万户公。初十，文帝在潼关阅兵，鼓舞士气。随后，隋军出师，“东接沧海，西拒巴、蜀，旌旗舟楫，横亘数千里”。

大战首先在中游打响。十二月，秦王杨俊率十万水陆大军进驻汉口，大有夺取武昌之势。镇守三峡出口的南陈周罗睺赶紧率上游诸军回防，杨素随即率水师由长江上游出三峡，在狼尾滩（今湖北省宜昌市西部一带）大败陈军，然后顺流东下，连续攻占长江中游多个城池。杨素率部抵达汉口后，与杨俊部队会师，将陈军主力全部钳制在长江中游。一张张紧急军报雪片一般向建康飞去，都被施文庆、沈客卿扣留。两人“并抑而不言”，陈叔宝毫不知情。

隋军在中游、上游接连得手，即将在下游发动猛攻。渡江之际，高颎却显得有些踌躇忐忑起来，毕竟当年的前秦、北魏都曾经打到长江边上，最终却被这天堑阻拦，铩羽而归。高颎找来在淮南行省任吏部郎中的薛道衡，问道：“今兹大举，江东必可克乎？”你看这次是否有把握拿下南陈？

薛道衡回答得很干脆：“克之！”一是南陈气数已尽，晋朝时郭璞就说过，“江东分王三百年，复与中国合”，现在差不多到年头了；二是“主上恭俭勤劳，叔宝荒淫骄侈”；三是南陈用人无方，文臣无德，武将无能；四是我以强击弱，彼无招架之力。故“席卷之势，事在不疑”。听罢薛道衡的分析，高颎豁然开朗，眉头阴云一扫而光。

与隋朝决策者的谨小慎微形成鲜明对比的是，南陈君臣盲目自信，幻想必胜。由于贺若弼等人以“平陈七策”中的疑兵之术成功误导了陈军，让其误以为隋军在下游兵力不足，不敢进攻。陈叔宝让分别坐镇浔阳（今江西省九江市一带）、京口的平南王陈嶷、永嘉王陈彦返回建康，参加即将举办的新年朝会。不但如此，还下令下游沿江各州刺史带领江防舰船，全部跟随二王回京，目的竟然是要在刚刚归降的西梁萧岩、萧瓛面前耀武扬威，警告他们要对南陈心服口服。这样，南陈在长江下游没有一艘战船，整个江防形同虚设。

南陈并非没有明眼人看出下游平静水波下暗藏的杀机，大将樊毅、萧摩诃，大臣袁宪都建议在京口、采石矶各增兵五千。施文庆却怕出兵会影响新年节日气氛，反对派兵。陈叔宝在群臣的压力下，被迫召开御前会议研究军情，但会上不但不商讨御敌之策，陈叔宝、孔范君臣反倒如活宝一般插科打诨，互相打气。

陈叔宝“从容”对大臣说：“王气在此，齐兵三来，周师再来，无不摧败，彼何为者邪？”认为本朝有天命庇佑，此次定能遇难成祥，逢凶化吉。孔范说长江天堑，隋军岂能长上翅膀飞过来，这定是边将企图邀功请赏，所以才谎报军情，如果隋军真打过来，那就等于给了臣建功沙场、官升太尉的机会。有大臣拍马屁说隋军的战马死了很多，孔范大言不惭，“此是我马，为何而死”，意即隋军若来，必大败而归，战马必定为南陈所有，奚落隋军为何不好好照顾好将来会变成南陈战利品的战马。

孔范几句话逗得陈叔宝“笑以为然”，再也不把江防放在心上，“奏伎、纵酒、赋诗不辍”，继续马照跑、舞照跳。这就给了贺若弼、韩擒虎偷渡长江的机会，而那场闻起来发酸的大雾，据一些史家研究，极有可能是隋军发动的毒气战。

开皇九年（589）大年初二，陈叔宝得知江防陷落，吓得“唯日夜泣”，政事全部交由施文庆处置。萧摩诃提出趁隋军立足未稳，后援不继，急速反击。施文庆怕诸将立功，威胁到自己的地位，对所有请战奏疏一律压制。初五，贺若弼拿下京口，严格执行军纪，对百姓秋毫无犯，将六千俘虏全数释放，让他们带着文帝平陈诏书返乡宣讲隋朝宽大政策。初六，韩擒虎攻克姑孰（今安徽省当涂县一带），南陈百姓素闻韩擒虎威名，“来谒军门者昼夜不绝”。贺、韩两路大军南北包抄建康，战事出乎意料地顺利，贺若弼在战前“平陈七策”中制定的心理战策略，发挥了重要作用。

正月十五，南陈镇东大将军任忠终于从吴兴（今浙江省湖州市一带）赶来勤王救驾，抢在隋军前面入屯建康朱雀门，勉强稳住阵脚。当时陈军在建康周围有十万人，隋军只有三万人渡江，南陈若举措得当，足可以击退贺、韩前锋部队。正月二十，陈叔宝下令萧摩诃、任忠、孔范率军出击，进攻只有八千军士的贺若弼部队。南陈以多打少，却不设统帅，众将互不服气，各军还摆出了一个南北长达二十里的一字长蛇阵，首尾不能相顾。

战斗刚打响，萧摩诃就接到家人来报，说妻子遭陈叔宝逼奸，遂无心恋战，于混战之中被生擒，陈军大败。任忠见大势已去，遂向韩擒虎投降，引导隋军从朱雀门入城。守门陈军想要抵抗，被任忠一句“老夫尚降，诸军何事”给喝退。韩擒虎率军直入皇宫，百官作鸟兽散，只有袁宪一人在殿内。陈叔宝见此，长叹一声“非唯朕无德，亦是江东衣冠道尽”，大骂群臣没有道义担当，把亡国责任全部推到百官头上。

隋军将要进殿，袁宪劝陈叔宝“正衣冠，御正殿”，堂堂正正见韩擒虎，即使亡国也要有国君的样子。陈叔宝不听劝，与张丽华、孔贵嫔一起跳入后宫深井妄图躲避，结果被抓上来，脸面全无，斯文扫地。皇后沈婺华娴静无改，太子陈深端坐不动，向隋军道声一路奔波，辛苦了！“军士咸致敬焉”，算是挽回一些南陈皇族颜面。

正月二十二，杨广、高颎进入建康，斩杀施文庆、沈客卿等奸佞，为江南百姓除无道。杨广还让陈叔宝写招降书，南陈各地军队纷纷放弃抵抗。二月初一，文帝下令撤销淮南行省，宣告平陈战役胜利结束。随后，原附属南陈的岭南地区冼夫人也集合各部族首领，归降隋朝。南陈至此正式灭亡，所属三十州、一百郡、四百县成为大一统的隋朝不可分割的组成部分。南北分裂两百七十三年的中国，终于再次完成了统一大业，重新融合为牢不可破的统一体。

改弦更张　怀柔民心

南陈之亡，首在失去民心。隋军渡江时，江南百姓多唱《桃叶辞》迎接王师，“桃叶复桃叶，渡江不用楫。但渡无所苦，我自迎接汝”。灭陈之后，面对与中原分离两百七十三年的江南，如何怀柔人心，绥抚民意，将军事优势转化为政治优势，从战场上的胜利走向治理上的成功，考验着新生隋王朝的政策把控和战后治理能力。

开皇九年（589）三月，文帝在长安接见被俘的陈叔宝。六年前即开皇三年十一月，陈叔宝听说文帝“状貌异人”，曾让使臣“画像而归”。陈叔宝见到文帝画像，“大骇”，叫道“吾不欲见此人”，让人赶紧拿走。这次他哪怕再不情不愿、害怕恐惧，也必须直面文帝的尊荣。文帝宣布赦免陈叔宝等南陈君臣，免除江南十年田租赋税，意在收揽江南人心。

四月，文帝调杨俊为扬州战区总管，让杨广复任并州战区（总部设在今山西省太原市一带）总管，不久颁布“太平诏书”，向天下宣告太平一统时代的到来。有意让官民百姓安享太平的文帝，却不曾注意到，经过数百年割裂，南北在政治、经济、军事方面已经有了深深的鸿沟，这远不是一场两个月痛快淋漓的统一战争就能消弭的。

从三国孙吴到东晋再到宋、齐、梁、陈，除了西晋平吴后的短暂三十七年，江南已经累计和北方分离三百三十余年，史称“六朝”，王安石之词“六朝旧事如流水”即指此。六朝时期，江南的社会经济文化取得了很大的发展，尤其是晋室南渡之后，江南因其文化正统地位，一直被视为神州正朔之所在，在政治、经济很多方面都要比北方强。而且经过数百年分离，南、北方的生产方式、社会习俗、制度文化都在各自发展中产生很大不同，文帝等北方君臣对此并不十分熟悉。在这种情况下出台对江南的政治改造和经济变革政策，就显得有些过快过急，忽略了江南社会百姓的可承受能力。

开皇九年（589）正月二十九，隋军拿下建康不到十天，文帝就派大臣到江南“废置州郡，巡省风俗”，推行在北方早已完成的地方行政制度改革，大量改变南方原有行政区划，废郡、并州、撤县，并新增部分州、县。同时基本上撤销了南方原有的地方行政长官，全部代之以出身北方的朝廷命官，还在南方实行北方的户籍制度，推行乡正里长制。更危险的是，文帝和大臣苏威在江南强推北方的“五教”意识形态，即“父义、母慈、兄友、弟恭、子孝”。苏威“使民无长幼悉诵之”，意图“移孝作忠”，强化忠君教育，这些政策有视南人为化外之民的嫌疑，导致“士民嗟怨”。

文帝的这一系列政策，带有很浓厚的征服色彩，企图用北方农耕社会的模式改造商品经济已经相对发达的江南社会，忽视了江南的社会特性与历史背景。历代史家大都认为，“江表自东晋已来，刑法疏缓，世族凌驾寒门；平陈之后，牧民者尽更变之”，这就给掌握江南地方实权的门阀世族利益造成了很大冲击，而普通百姓在这个过程中并没有得到什么好处，尤其是经济利益方面，反倒给他们的生活造成诸多不便，因此一时也很难适应。

到了开皇十年（590）下半年，江南社会已经民心浮动，出现不稳迹象，“复讹言隋欲徙之入关”，民间又流传隋朝要将江南百姓全部强制迁徙北方的政治谣言——这并非空穴来风，文帝平陈后就曾迁移大批江南士人到关中，下一步轮到普通民众，亦是正常逻辑。百姓“远近惊骇”，终于在这年十一月，全面爆发了一场巨大的反隋起义，“陈之故境，大抵皆反”。江南社会各阶层全部卷入进去，总共六十万户人口中有三十万户参加了起义，“大者有众数万，小者数千，共相影响”。

这些反抗行动不能视为对国家统一的抗拒，而是对隋朝高压政策的不满。起义军抓到隋朝委派的县令等地方官后，“或抽其肠，或脔其肉食之”，临了还不忘愤愤地骂上一句，“更能使侬诵‘五教’邪”，充分说明百姓对隋朝文化改造政策的不满。

面对江南的遍地起义，文帝先是派杨素带兵进行血腥镇压，又将杨广、杨俊对调。杨广是平陈统帅，在江南素有威望，又娶出身江南的西梁公主为妻，与江南大族关系深厚，还喜欢江南文化，在隋朝高官中对江南最有感情。杨广重新出任扬州总管后，开始在政策上踩刹车，从征服高压转向怀柔绥抚。

杨广对起义军招降纳叛，进行招安，尤其是充分尊重、依靠冼夫人平定岭南部族首领叛乱，允许其开府建牙，自行任命官吏，可以便宜行事。还起用江南素有名望的陆家等旧族人士，让他们出面晓谕百姓，多地都纳城迎降。这样，大致在开皇十二年（592），战事渐次平息。

经过这场变乱，文帝和杨广深刻认识到了南北社会经长期分裂后的巨大差异，逐步承认江南社会的特点特色，在维护统一的前提下，开始允许江南保持其原有的生产生活方式和社会组织形式，停止在江南实施与当地社会生产方式很不适应的均田制土地制度改革。大幅度调整用人政策，主动任用当地人为官，不再贯彻北方将人事任免权全部收归中央的原则。在政策的转变过程中，杨广的贡献颇大。

从开皇十年（590）再镇扬州，到开皇十九年离任入朝，杨广在扬州坐镇整整十年，他身体力行，从自身做起，改变以胜利者、征服者自居而鄙薄南人的政治态度，广泛起用江南人士为官，对他们以礼相待，尊崇宽容，极大地满足了其自尊心。杨广甚至“言习吴语”，学得一口流利的吴侬软语，缓和了南人对隋朝的敌对情绪，大力推行文教事业，组织江南儒士编纂《江都集礼》一百二十卷，深得江南人士赞誉。杨广还极力调和南北士人感情，在他的带动下，扬州总管府里的北方士人对六朝文化的认识也日益深入，并主动从中吸取养分。除此之外，杨广更以“护法者”自居，主动拉拢江南佛、道二教头面人物，在扬州设立慧日、法云两个佛教道场和玉清、金洞两个道教道场，大弘佛、道，利用宗教收揽江南人心。可以说，杨广已经成为当时江南文化的最大保护者和宣传者。

杨广夺嫡即位后，不但开通大运河加强南北经济联系，更把南朝优秀的政治文化因子引入隋朝，消弭南北地域在社会心理和文化风俗上的差异，使得南北文化在良好的政治氛围中自然融合，从根本上巩固了国家统一。

在隋朝统一全国的进程中，相对于渡江作战时的势如破竹、酣畅淋漓，隋朝在战前的统筹决策似乎显得过于小心谨慎，开战决心仿佛下得有些拖泥带水。战后治理更是一波三折，进行多次政策调整才成功实现政治上的统和、经济上的整合、文化上的融合、心理上的亲和，最终彻底完成大一统伟业。

这种战前的慎之又慎和战后的怀柔绥抚，正是历史刷出的最大经验值，也是我们最应该珍视的统一大略。而隋朝沟通江南、巩固统一的最重要措施，无疑是贯通南北的大运河的开凿。

隋开大运河：至今千里赖通波

晚唐时期某年的一天，诗人皮日休驻足汴河边，观两岸杨柳依依，水中碧波荡漾，遥想当年隋炀帝杨广三下江南之盛景，客死他乡之凄凉，兴亡之感油然而生，落笔写下两首《汴河怀古》。

其一为：

万艘龙舸绿丝间，载到扬州尽不还。
应是天教开汴水，一千余里地无山。

其二是：

尽道隋亡为此河，至今千里赖通波。
若无水殿龙舟事，共禹论功不较多。

这两首诗是典型的翻案诗。汴河即隋唐大运河中连接黄河与淮河的通济渠，因主干道与古汴水重合，故称汴河。诗中，皮日休一改唐人对隋炀帝开运河劳民伤财导致身死国灭的主流评价，认为大运河“至今千里赖通波”，是利在千秋之事，大唐近三百年之荣耀亦托福于大运河转运漕粮、沟通南北之利；如果没有水殿、龙舟奢靡之事，开运河的杨广足可与治水的大禹比肩功业。

那么问题来了，大运河到底是不是杨广为巡游江南而开凿，是不是“种柳开河为胜游”？杨广沿着运河“万舸东南行，锦帆下扬州”，仅仅是为了看江南花花世界吗？隋朝短命而亡的历史原因，可以归结为开凿大运河吗？

天子大业　时代呼唤

公元604年七月二十一，杨广经过一系列斗争，战胜大哥废太子杨勇、五弟汉王杨谅等对手，终于龙飞九五，继位登基，成为大隋王朝第二代皇帝，是为隋炀帝。

第二年，即公元605年正月初一，杨广大赦天下，改元“大业”，是为大业元年。大业年间创大业，千秋功过任人说。气度恢宏、志向远大的杨广，终于将绝对皇权握在手中，可以放手干一番大事业，遂召集群臣，摊开地图，在隋朝的东南划了一条长长的曲线：就是这，朕要上这个大工程。

群臣定睛一看，只见皇上划下的这条线，以东都洛阳为中心，分别向东北和东南呈扇形延展开去，一条水龙在地图上蜿蜒起伏。南起余杭（今浙江省杭州市一带），中经江都（今江苏省扬州市一带），北达涿郡（今北京市一带），自南向北沟通钱塘江、长江、淮河、黄河、海河五大水系，贯穿今天浙江、江苏、安徽、河南、山东、河北、天津、北京八省（市），全长两百万米！

这就是杨广要搞的大工程：开凿大运河，连通南北水系。

运河，即为了方便运输而人工开凿的河流，或者是疏浚原有的自然河道，使其达到大规模通航的要求。华夏先民早在东周就开始挖掘运河，以利水运。春秋时期吴王夫差修建连接长江、淮河的“中渎水”，战国时代魏惠王开凿沟通淮河、黄河的“鸿沟”，后又有汉武帝接通苏州和嘉兴的航运水道，三国曹操凿通引漳水入白沟的“利漕渠”等。

但在隋朝之前，历朝历代修运河，都是一小段一小段地修，最多连接两条河流。到了杨广这，为何非要大兴劳役、不遗余力地开凿沟通五大水系的南北大运河？

唐代有种“阴谋论”认为，睢阳（今河南省商丘市一带）有“王气”，妨碍大隋江山的长治久安。隋炀帝开凿穿睢阳境内而过的大运河，“一则路达广陵（今江苏省扬州市一带），二则凿穿王气”，可以一举两得。

其实，历史并非如此荒诞不经。南北大运河的开凿，有着深刻的政治、经济背景。

秦汉之时，中国的经济重心一直在北方黄河流域。西晋八王之乱导致北方游牧民族南下，晋室衣冠南渡，从北方滚滚而来的世家大族和流民百姓，对南方长江流域进行了大规模的深度开发。到隋唐时期，南方已经成为经济发达区域，是朝廷钱粮赋税的重要来源。在经济重心逐渐南移之后，全国政治中心却因为抵挡北方草原民族入侵等各种原因，一直没有随之南移。

把北方黄河流域和南方长江流域这两个分离近三百年的经济区域连接起来，用南方的经济支撑北方的政治，用南方的钱粮赋税支持北方的对敌斗争，是刚刚统一的隋朝面临的新的历史任务。隋朝必须把南方经济文化中心与北方政治军事中心联系起来，使南北成为统一的整体，方能重建盛世。尤其迫在眉睫的是，隋朝京师长安所在的关中地区，人多地少，粮食匮乏，以致每到青黄不接和灾荒之年经常出现大面积饥荒。如何把江南的钱粮快速高效地转运到北方，是隋朝中央朝廷必须解决的问题。

古代运输，无外乎水、陆两路。陆地运输全靠人拉马驮，运量小，耗费大，尤其是长途运输，千里迢迢运去的那点东西，还没有脚夫和马牛在路上吃喝消耗的多。水路就成为古代最便捷、最经济的运输方式。而我国地形呈西高东低之势，主要河流都是“大河向东流”，没有一条南北走向的大河，若想通过水运将南北连成一体，只有人工开凿贯通南北的大运河。

全面规划　四渠并举

杨广开运河是有顶层设计的，可谓规划先行。大运河以东都洛阳为中心，分为南、北两个系统，用六年时间分阶段开挖。南运河是洛阳东南方向的通济渠、邗沟、江南运河，北运河为永济渠。

大运河设计的总方案是以黄河为基干，向东南、东北作扇形展开，充分利用黄河南北水流的自然地形趋势，使运河顺应地势，由高向低缓缓流去，沟通五大水系之间的水陆交通。

通济渠又名“御河”，全长六百五十多千米，是连接黄河和淮河的运河，最先开凿。大业元年（605）三月二十一，杨广发布诏书，“发河南、淮北诸郡民，前后百余万，开通济渠”。同年八月十五，仅仅用了不到半年时间就全线完工通行。通济渠两岸景观如画，“河畔筑御道，树以柳”。白居易有《隋堤柳》诗云：“大业年中炀天子，种柳成行夹流水。西至黄河东至淮，绿阴一千三百里。”

邗沟是大运河的第二段，沟通长江和淮河，航程较短，仅有一百五十千米。大约与通济渠同时开凿、同时完工，“发淮南民十余万开邗沟，自山阳至扬子入江，渠广四十步”。

永济渠是大运河的第三段，也是最长的一段，呈西南—东北走向，沟通黄河、海河两大水系，主要是为征讨高句丽运兵、运粮所用，同时可以加强对东北的军事控制。大业四年（608）正月初一，杨广下诏“发河北诸郡男女百余万众，引沁水南达于河，北通涿郡”，即从今天河南武陟县西北的沁水北岸开渠入卫水，然后北上，利用原有河道接永定河到达涿郡，全长一千千米，大约用了不到一年时间就竣工。

江南运河是大运河的第四段，也是最南的一段，沟通长江与钱塘江水系。大业六年（610）冬十二月，杨广“敕穿江南河，自京口至余杭”。江南运河长四百千米，北起京口（今江苏省镇江市一带），东南经丹阳、常州、苏州、吴江、嘉兴等江南富庶之地，东绕太湖折向西南，经桐乡、杭州入于钱塘江。江南运河工程量不大，只是对六朝以来江南所修运河加以开阔、疏浚，很快就完工了。

从大业元年（605）到六年，在杨广的指挥布置下，隋朝用了短短六年时间，就开凿一条贯通南北五大水系、长达两百多万米的大运河，充分证明了隋朝国力的强盛和高效的动员能力。这么长一条运河开通后，杨广都拿来做什么了呢？仅仅是巡游江南，只为流连之乐吗？

三下江南　一盘大棋

早在大业元年（605）八月十五，通济渠和邗沟刚刚修成，杨广就乘坐龙舟，带领皇后妃主、百官大臣、僧尼道士和御林军，顺着运河扬帆起航到江都巡游。后来又于大业六年三月、十二年七月两次下江南游玩，走的也是运河航道。

由于杨广三下江南大讲排场，最后弄得梦断江淮、身死国灭，后人往往把隋炀帝走运河游江都与隋朝二世而亡联系起来，认为正是杨广铺张浪费、沉迷享乐、不理朝政，才导致民变四起。但真实的历史并非如此简单。

隋炀帝下江南游玩的船队的确奢侈至极。杨广本人乘坐的龙舟，规制巨大，“高四十五尺，阔五十尺，长二百尺”。换算为现代计量单位，杨广的龙舟有十三米高，十五米宽，五十九米长，宛如水上宫殿。上下分为四层，最上层有正殿、内殿、东西朝堂，中间两层有一百二十间房屋，最下层是宦官和水手住处。

船队规模方面，“舳舻相接二百余里，照耀川陆，骑兵翊两岸而行，旌旗蔽野”。根据相关史料统计，龙舟船队有五千多艘，加上其他船只，大致有数万艘。乘船者估计在十万人以上，算上两岸护卫士兵和牵船脚夫，大致有二三十万人。运河千舸竞发，两岸旌旗招展，如一股洪流滚滚而来，沿新修的运河徐徐向东南而行。规模庞大的船队，盛大奢华的仪仗，在中国历史上可谓空前绝后。但隋炀帝南巡表面上游山玩水、浮华放浪、铺张排场的背后，实际上有着更重大的政治背景和更深刻的文化使命。

隋炀帝开凿大运河，是为了将南方经济中心与北方政治中心紧密联系在一起，打造成一个密不可分的整体。而沿着运河巡游江南，亦有着安抚江南，加强对江南的控制，维护国家大一统局面的积极意义，这与秦始皇统一六国后东巡山东、南祭禹陵的政治意图在深层次上是一致的。

永嘉南渡加上三国鼎立的时间，南方已经与北方分离了三百年左右，亟须中央朝廷予以怀柔，示南北一家之意。所以隋炀帝几次南巡，都带上南陈后主陈叔宝的皇后沈婺华，以便联络南方士人的感情，怀柔江南世家大族。大业二年（606）初，杨广纳陈后主第六女陈婤为贵人，也有加深与江南人士感情的意图在里面。

在江都期间，杨广的一项重要工作就是制礼作乐。自从衣冠南渡，南方成为中华文明的火种所在，向来以神州正朔自居，看不起北方被胡风浸染的野蛮文化。为显示自己的文化信心，杨广下江南时带了大批北方的饱学之士，如薛道衡、牛弘等人，与江南士人在学术诗词上一较高下；还带北方僧尼、道士到江南道场讲经弘法，拉拢江南天台僧团等宗教势力；又将收藏在北方的名画书法在江都展示，盛陈文物。这就使得杨广下江南之旅，具有大型官方文化巡礼的性质，加强了南北文化的彼此认同和深层融合。

当然，初登九五就以如此大的规模巡游江都，杨广显然还有一种炫耀功业的心理。江都是杨广的藩邸所在，隋朝攻灭南陈，统一江南后，他长期镇守江都，抚绥江南，其篡权夺嫡的事业，就是从江都开始的。

隋炀帝巡游江南，是在下一盘大棋。巡游是表，另有其里，这就是在政治上抚慰南方士人，以文化联络来巩固政治统一。用“骄奢荒淫”去概括杨广巡游江南背后的政治文化意义，显然失之浅薄。既然隋炀帝在运河上的“水殿龙舟事”并非简单的享乐奢靡，那隋朝灭亡和运河开凿究竟有无关系呢？“尽道隋亡为此河”的论断是否能立住脚呢？

利在千秋　弊在当代

大运河凿通后，成为南北交通大动脉。运河以洛阳为中心，加上隋文帝时开挖的西起长安、东达黄河的广通渠，形成沟通全国的水上完整交通体系，“商旅往来，船乘不绝”，可以说是“利在千秋”。

继隋而起的唐朝之兴盛繁荣，在很大程度上也是得运河之利。唐朝和隋朝一样，崛起于关陇，以长安为西京，以洛阳为东都，经济重心在江南，政治中心在关中，“常转漕东南之粟”，需要经常从江南调钱调粮。为把江淮财赋输送到北方，也必须利用运河。正是靠着隋朝的大运河，唐朝才能“北通涿郡之渔商，南运江都之转输”，所以皮日休亦有言“在唐之民不胜其利也”。

南北运河的畅通，直接关系到唐朝的国运兴衰。安史之乱后，河北藩镇割据，“当今赋出于天下，江南居十九”，中央政府的财税来源，几乎完全依赖于江淮地区，通济渠、邗沟、江南运河成为唐王朝的生命线。唐朝末年，先是庞勋起义扰乱大运河之要冲徐州，再是黄巢起义更是直接将运河阻断，江南财赋无法北上支撑中央运转，唐王朝不久便土崩瓦解。

北宋时，运河作用更大。北宋帝都东京开封，因为紧挨通济渠，“漕引江湖，利尽南海，半天下财赋，并山泽之百货，悉由此路而进”。元明清时期的京杭大运河，截弯取直，不再绕道洛阳、开封，而是从杭州直通北京，其主体部分仍然是以隋朝大运河为航道。

但是，“利在千秋”的南北大运河，对隋朝百姓而言，却是不折不扣的“弊在当代”，所以皮日休还有言“在隋之民不胜其害也”。

早在“大业”年号推出之初，就有政治段子手对之腹诽了一番，将“大业”二字拆成“于字离合为大苦末也”。“业”的古字体近似于繁体字“業”，可以拆成“苦”“末”二字，既是苦不堪言，又是末日末代，以之为年号，太不吉祥。但隋炀帝是个不信鬼神只信自己的皇帝，对拆字之说丝毫不以为意。没想到一语成谶，炀帝的“大业”，尤其是大运河的开凿，果真成了百姓的“大苦”，隋朝的“末日”。

平心而论，杨广不是一个只顾个人享乐而无所作为的昏君。他想干大事，想大有作为，成圣王之业，但干事的心太大，结果走向反面，成为亡国之君。

杨广即位时，隋朝已经立国二十五年，天下一统也有将近二十年，国库积累了大量的财富，“天下储积得供五六十年”“古今称国计之富者，莫如隋”“隋之富，汉唐之盛未之逮也”。这就为杨广修长城、开驰道、营建东都洛阳、凿通南北运河提供了充足的物质条件。但物力丰富、财力充足、国力强盛，民力就能承受得起吗？

隋朝全盛时，全国人口有四千六百万人左右，在中古时期，人力资源也算丰富，但并非取之不尽用之不竭。大工程上马一个很轻松，上马两个民力还能承受，上马三个咬咬牙还能挺过去，但一下子四面突击，各大项目同时开工，民力就吃不消了。

为开凿大运河，修通济渠“发河南、淮北诸郡民，前后百余万”，修邗沟“发淮南民十余万”，修永济渠“发河北诸郡男女百余万众”，修江南运河所需人力数目估计也应在百万。四段运河，总共耗费人力达三百多万。“丁男不供，始以妇人从役”，运河所经之地几乎是男女老少齐上阵，日夜赶工忙不休。

根据历史学家统计，从仁寿四年（604）杨广即位，到大业八年（612）民变大规模爆发，隋炀帝在八年时间内共上马了二十二项大工程，使用人力约三千零一十二万人。这还不包括因没有明确记载而无法计算人力的项目和地方郡县正常的劳役、兵役、力役。如此大规模的使用人力，等于是全民就役，时称“天下死于役”。

诚然，开凿大运河是顺应了历史潮流，但不能不顾当时民众的承受能力，历史并没有要求隋炀帝在当时当世就完成千里运河工程。通济渠和邗沟的开挖，仅仅用了不到半年的时间就完成，争时间、抢速度，役使百万民众一哄而上，不顾百姓死活搞人海战术的后果，只能是万民就死，成隋炀帝一人之功业。

由此看来，皮日休只将隋炀帝在大运河问题上的失误归结为“水殿龙舟事”，显然失之片面。但隋炀帝在开凿大运河时不顾民众承受能力的急功近利、好大喜功，已经埋下了隋失其鹿、大业沙崩、二世而亡的祸根。

在隋末群雄逐鹿的过程中，李渊、李世民父子最终脱颖而出，开国大唐。而李渊在起兵初期为取得突厥支持的称臣之举，却埋下了李世民被迫在渭水边与突厥签订城下之盟的祸根。

渭水之耻催生贞观之治

隋末唐初，本来已经臣服隋朝的东突厥趁中原战乱再度崛起，北方群雄都俯首帖耳，李渊、李世民父子亦不能免俗。早在太原起兵进军长安前夕，李渊就派刘文静出使突厥，寻求合作，解除来自北方草原的后顾之忧。

在得到突厥的背书后，李渊接受册封，向突厥称臣，签署战略合作协议，“若入长安，民众土地入唐公，金玉缯帛归突厥”，打下长安后，土地、百姓归李渊，金银、珠玉、绸缎归突厥。

虽然从李渊后来对突厥的一系列忽悠来看，他始终是将突厥作为可以暂时利用的一个对象，而非绝对的长久的靠山，不是像刘武周等其他隋末割据势力一样完全投靠突厥，当铁杆汉奸，但协议的签署和后来的履约问题，却给其子李世民造成了极大的战略被动。

城下之盟

唐朝统一全国后，与突厥矛盾尖锐起来。突厥几次向关中进攻，威胁长安。武德七年（624），唐高祖李渊甚至要将都城从长安迁到河南、湖北交界，以避突厥兵锋。这年七月，东突厥颉利可汗举国南下，进至豳州（今陕西省彬县一带），与唐军隔渭水相望。当时还是秦王的李世民在做好军事准备的同时，发动外交攻势，并送给东突厥大量金帛钱物，才换得突厥退兵。

武德九年（626）八月初九，李世民通过玄武门之变登上皇位，是为唐太宗。没过几天，颉利可汗就带领十万铁骑打进关中，长安戒严。八月二十六，尉迟敬德在泾水之北的泾阳一带和突厥硬碰硬打了一仗，消灭其一千多人，但没伤着突厥主力。八月二十八，突厥打到长安城下的渭水便桥即西渭桥北岸桥头，并派使节进城恐吓唐朝投降。

东突厥这次是来武装讨薪，让唐朝补发“拖欠的工资”。不是东突厥的理由太奇葩，而是唐朝确实欠了钱。如前文所言，当年李渊请突厥支持自己的反隋大业，开出的条件就是打下长安后，土地和百姓归大唐，长安城里的金银珠宝全归突厥。李渊以为自己一说、突厥一听就算了，谁知道人家当真了，一直记着这茬。突厥刚听说大唐完成了皇帝的更新换代，李渊当了太上皇，李世民上了位，怕新皇帝不理旧账，赶紧过来讨工钱，让李世民父债子还。

唐太宗先扣留了突厥使节，表示不怕开战，在气势上将其压倒，随后带着房玄龄、高士廉等六人到便桥桥头，与颉利可汗隔着渭水喊话，“责以负约”，指斥他违反和约，背信弃义，无故来犯。与此同时，长安周边的军队围了上来，“旌甲蔽野”，摆出要把突厥给包了饺子的架势。

颉利可汗见太宗带着六个人就敢来对阵，四面的唐军又是军容严整，精神饱满；自己派出的使节还没回来，实在摸不清唐朝虚实。加上太宗表示可以将长安城内的金银布帛拱手相送，颉利可汗遂表示愿意和谈。

八月三十，太宗在渭水便桥之上与颉利可汗斩白马盟誓。太宗把长安城里的金银珠宝搜罗一空，派人送到突厥大营，颉利可汗这才退兵。这就是唐初历史上著名的“渭水之盟”。

这次突厥兵临城下，唐朝冒着相当大的风险才把突厥给忽悠得退兵。太宗虽然摆出了打仗的阵势，但他心里清楚，此时大唐刚经历玄武门之变，内部不稳，即使是本土作战，也根本没有打赢的把握。

整军备战

渭桥结盟，大唐得了面子丢了里子，太宗视之为奇耻大辱。武德九年（626）九月二十，突厥刚退兵不到一个月，太宗就“引诸卫将卒习射于显德殿庭”，在显德殿告诫禁军将士要知耻而后勇，切不可刀枪入库，马放南山。此后，太宗以九五之尊的身份，每天都抽时间带着禁军将士一起训练，从而带动整个大唐军队整军备战，没几年就锻造出一支虎狼之师。

贞观三年（629）前后，形势和力量对比发生了有利于唐朝的变化。唐朝经过几年的奋发图强，休养生息，国力逐步回升，军力稳步增强。尤其是军事体制改革取得重大突破，一方面完善兵农合一的府兵制度，扩大府兵队伍，主要是招募那些比较富裕的农民和中小地主当兵，给这些人每家都分一块田，平时不交皇粮、不给政府服劳役，农忙时种地，农闲时进行军事训练，战争来了就自备武器和马匹去打仗，仗打赢了可以凭借军功当官，这样一来整个农民和地主阶层的军事斗争积极性都被调动起来，举国上下都支持对突厥开战。另一方面，就是大规模养马，建立一支强大的骑兵队伍。

外交上，贞观二年（628），唐太宗把突厥的死敌薛延陀部落拉到自己这边来，形成南北夹击突厥的态势。挖墙脚的同时，李世民还不忘掺沙子，在突厥内部分化瓦解，拉拢和颉利可汗有矛盾的突利可汗，力图里应外合。

突厥这边，在颉利可汗的铁腕强权统治下，各个部落离心离德，经济形势下滑，更重要的是草原上连年大雪，牛羊战马被冻死了不少，颉利可汗不仅不救灾，反而更加横征暴敛，牧民们开始自发反抗暴政。被突厥俘虏的汉人抢占山头，准备充当唐朝内应，以前依附突厥的其他民族政权，也开始脱离突厥的控制。

贞观三年（629）冬十一月，太宗下令对东突厥全线开战，命令李靖、李勣、薛万彻、柴绍等人率领十万大军，四路同时进攻。

可汗天下

第二年即贞观四年（630）正月，李靖率领三千精兵从马邑（今山西省朔州市一带）出发，直奔恶阳岭而去。当时颉利可汗的大帐就在离恶阳岭不远的定襄一带驻扎。李靖神兵天降，让颉利一下子蒙了，反复在想：李靖怎么敢孤军前来送死，肯定是唐朝举国出动了，就不敢趁李靖立足未稳主动出击。李靖却抓住颉利犹豫不决的时机，实施斩首行动，夜袭定襄，打了颉利一个措手不及。

被打蒙的颉利一路向北撤退，跑到白道（今内蒙古呼和浩特一带）时，被早已经埋伏好的李勣砍了个落花流水，其部下有五万人向李勣投降。白道之战大胜后，李靖和李勣在白道胜利会师，准备休整后再次出击。

两战两败，颉利这时已经无法组织起有效的力量再和唐军对抗，就举起白旗，说愿意举国投降，但实际上是想拖到草原上再来春风、草长马肥的时候，东山再起，找李世民算后账。

唐太宗识破了颉利的小心思，决定将计就计，答应颉利的议和请求，派人去谈判，让颉利放松警惕。

前线的李靖和李勣很能领会领导意图，唐太宗派出的议和大臣刚进颉利的大营，这俩人后脚就制定了快打快攻的闪击计划，决定趁颉利幻想停战、思想麻痹的时机，以迅雷不及掩耳之势，再次突击颉利大营。

二月，李靖挑选一万铁骑，带二十天的干粮，从白道出发，李勣带领大部队埋伏在颉利逃窜的必经之地碛口（今内蒙古二连浩特西南一带）。李靖前锋部队秘密接近颉利部队，派苏定方带两百骑兵趁着大雾前进，直到离突厥大营只有七里地的时候才被发现。唐军杀将而来，突厥人立马作出重要决定，让可汗先走。李靖歼灭一万多名突厥骑兵，俘虏男女十多万人。颉利可汗带着剩下的一万多人准备穿越沙漠向北逃，一头钻进李勣早已经布好的口袋阵，又被消灭五万多人。

三月初三，北方各民族首领集体向太宗献上“天可汗”的称号，从此唐朝皇帝成为各个民族的共同领袖，给周边的部族政权颁发诏书时，一律都用“天可汗”的称号。

“天可汗”的名号叫起来了，但颉利可汗还没有最终落网。碛口一战，颉利又是突出重围。北边的路被堵住，颉利带着残兵败将，想西逃吐谷浑，结果半道上被唐朝大将张宝相抓住。

唐朝灭东突厥之战，就此取得全胜，南起阴山、北到大漠都被纳入大唐版图。唐太宗终于洗刷了四年前渭水边的耻辱，搬掉了北部边防线上最大的一块石头，解决了从北周到隋朝再到唐朝初期，几代王朝长期想解决而没有解决的难题，办成了从北周武帝到隋文帝再到唐高祖，几代皇帝过去想办而没办成的大事。若非当年渭水之盟忍辱负重、卧薪尝胆的一番寒彻骨，哪得这年大破突厥、可汗天下的赫赫威名扑鼻香。

贞观四年（630）攻灭东突厥后，唐朝接连打败吐谷浑，收复高昌、焉耆、龟兹，取得对薛延陀战争的决定性胜利，震慑住西突厥，设置安西都护府，重新恢复对西域的统治，再次打通丝绸之路。

随后，太宗及时将战略目光转向东亚，力图重建以唐朝为主导的国际秩序。作为中国、日本第一次交手的白江口海战正是在这一战略背景下打响，东亚格局由此得到重塑。

中日第一战：白江口之战与东亚之变

白江全名为白马江，是朝鲜半岛西南部熊津江（即今韩国锦江中游的一部分），上游起点在金刚川汇入锦江处，下游终点在扶余郡林川面古多津，全长约三万米。据历史学者王小甫推测，“白马江”之名，可能因唐朝名将苏定方曾在江边杀白马誓师攻灭百济而来。今天白江江边扶余郡扶苏山顶有一座泗沘楼，楼上面向江水的横匾就书“白马长江”四个大字。

白江口并非指白马江的入海口，而是白江下游终点古多津与锦江下游连接处渡口附近。白江口之战是唐高宗龙朔三年（663）八月，唐朝中国与日本在白江口发生的一次水战。因日本史料将白江记为“白村江”，故日本学界亦将该战称为“白村江之战”。

白江口之战是中国与日本的第一次交手，对战双方是中日两国，但战争的起因却是百济的复国运动。而百济之所以被灭国，又和隋、唐两朝五代皇帝接力征讨高句丽（又称“高丽”）的战略行动密切相关。正是这一系列相互连锁的外交和军事关系，决定了白江口之战这场海战在当时东亚国际格局演变中的重要地位。

两朝五代　接力出兵

从周秦两汉到三国西晋，朝鲜半岛北部和辽东地区都是中国固有领土，实行和中原一样的郡县制度。因晋室衣冠南渡和南北朝长期分裂战乱，东北地区高句丽趁机崛起，侵占朝鲜半岛北部和辽东地区，并致力于谋求东北亚霸权，在北周、隋朝交替之际，俨然已经成为东北大国，是与突厥和中原王朝鼎足而立的重要力量。朝鲜半岛南部则演化成新罗和百济，新罗在半岛东南，百济在半岛西南。而中国北方因先后有东魏、北齐和西魏、北周对立，在东北亚国际关系格局中的地位和作用大大削弱。

隋文帝再造统一后，高句丽为避免侵占的中国领土被隋朝收复，竟然先发制人，于开皇十八年（598）主动向隋朝发起进攻，试图夺取辽西地区，进一步向中原内地拓展，进取逞强，结果被隋军击退。隋文帝勃然大怒，于当年六月派出水陆大军三十万讨伐高句丽。虽然由于粮草准备不足，“馈运不继”，且隋军刚出师，就遇到疾疫，“王师不振”，但隋军仍然艰苦行军抵达辽水前线，高句丽王高元“惶惧”，遣使谢罪，上表称“辽东粪土臣元”，文帝这才罢兵。

隋文帝虽然没有打下高句丽，但此后，踏平高句丽却成为隋朝乃至后来唐朝的共同战略目标。中原王朝从高句丽入侵一事上认识到，建国数百年的高句丽已经成为东北亚局部地区的霸主。如隋朝大臣陆知命所言，“四海廓清，三边底定，唯高（句）丽小竖，狼顾燕垂”，其不听劝解，肆意扩张，导致中原王朝边境不稳，社会难安。在高句丽称霸东北亚的背景下，中国东北边境出现被人居高临下俯视中原的不利形势。一旦中原有变，高句丽举兵入侵，其后果不亚于后来清军入关。

而中原王朝一旦完成内部统一整合，势必重建以其为主导的东亚新秩序，斩断草原民族政权与东方的联系，通过西域、中亚与辽东、朝鲜半岛，形成对草原民族政权东西夹击的钳形攻势。这一战略在东北的关键点，正是收复辽东和朝鲜半岛北部故土旧疆，至少征服高句丽。因此，征讨高句丽是中原王朝当时的战略形势决定的，而不是哪一个皇帝头脑发热，好大喜功。

大业八年（612）、九年、十年，隋炀帝三次亲征高句丽。由于战略失误和战术失策，炀帝不但未能平定高句丽规复辽东，反而加剧国内矛盾引发动乱，以致隋朝二世而亡。但收复辽东和朝鲜半岛北部是中国统一战争的延续，唐朝继续了隋朝的努力。唐高祖时期，由于突厥的威胁，唐朝虽然没有立马起兵征讨高句丽，但一直在整军备战。唐太宗在解决东突厥和西域问题后，立马将目光投向东北，于贞观十九年（645）二月从洛阳出发，御驾亲征高句丽。

贞观十九年（645）六月初，唐军收复辽东古城（今辽宁省辽阳市一带），继而包围安市（今辽宁省海城市八里镇一带）。高句丽据城坚守，唐军围攻三个月无法攻下。

由于从洛阳到辽东转运粮草补给线过长，加上天气原因，用兵辽东的时间窗口极窄，如陈寅恪在《唐代政治史述论稿》中所言，“中国东北方冀辽之间其雨季在旧历六七月间，而旧历八九月至二三月又为寒冻之时期。故以关中辽远距离之武力而欲制服高丽攻取辽东之地，必在冻期已过雨季未临之短时间获得全胜而后可。否则，雨潦泥泞冰雪寒冻皆于军队士马之进攻糇粮之输运已甚感困难，苟遇一坚持久守之劲敌，必致无功或覆败之祸”。

随着战事的推进，时令已至初秋。戎马一生的太宗明白，随着秋意渐浓，归期已到，若不及时撤军，会有当年隋炀帝兵败如山倒之虞。九月十八，太宗鉴于“辽左早寒，草枯水冻，士马难久留，且粮食将尽”，遂下诏班师。十月十一，太宗抵达营州（今辽宁省朝阳市一带），下诏将战死将士骸骨集体安葬在城南，并用太牢祭祀。葬礼上，太宗“自作文以祭之，临哭尽哀”，牺牲将士父母闻之，表示“吾儿死而天子哭之，死何所恨！”

贞观十九年（645）征讨高句丽之战，虽未能实现收复辽东全部

“中国之地”的既定战略目标，但“拔玄菟、横山、盖牟、磨米、辽东、白岩、卑沙、麦谷、银山、后黄十城，徙辽、盖、岩三州户口入中国者七万人；新城、建安、驻跸三大战，斩首四万余级”，极大地削弱了高句丽国力，为后来唐高宗解决东北问题奠定了基础。

在隋唐两朝五代皇帝轮番上阵对战高句丽的同时，朝鲜半岛乃至整个东亚的各方势力也在进行着意味深长的分化组合。

两方五国　战略对峙

高句丽、百济、新罗自立国以来，便互相攻伐，混战不已，打得朝鲜半岛乱成一锅粥。百济与新罗先是联手北伐高句丽，夺取其大片领土。但新罗得手后竟然趁百济与高句丽鏖战之机，对百济反戈一击，夺取百济故都所在的汉江流域国土。公元554年，百济圣王亲征新罗试图收复故土，反被新罗俘虏并杀害，两国自此不共戴天。

新罗先后与高句丽、百济结仇，在朝鲜半岛三国斗地主格局中孤掌难鸣，只有向中原王朝求援，曾与隋朝结盟攻打高句丽，夺取其五百里土地。唐朝建立后，为推动新罗牵制高句丽，继续延续了隋朝与新罗交好的外交政策，形成唐朝、新罗联合夹击高句丽的态势。

对于百济，唐朝初期亦实行与之交好的政策，意在使新罗与百济共同牵制高句丽，并在将来灭亡高句丽后使百济与新罗互相制约。唐高祖武德四年（621），百济武王扶余璋曾派遣使者献给唐朝果下马，正式通好。武德七年，百济武王又派遣使者来朝，高祖册封其为带方郡王、百济王。此后双方使节往来频繁，贞观十五年（641）百济武王薨逝时，唐太宗还在玄武门素服哀悼，册封武王之子义慈王为柱国、带方郡王、百济王，竭力拉拢百济。在这一过程中，唐朝多次派使者到新罗、百济调和两国矛盾，试图使两国成为盟友。

百济与唐朝通好的目的，在于取得唐朝的支持，收复被新罗夺取的汉江流域故土，报当年圣王被杀之仇。在当时唐朝与新罗共击高句丽的背景下，百济此策显然属于一厢情愿。唐朝也明显低估了百济与新罗的世仇，没有料到百济对新罗的仇恨如此绝难消解。唐朝要求百济“共笃邻情，即停兵戈”，而百济对唐朝的罢兵劝告阳奉阴违，“虽外称顺命，内实相仇如故”，态度极其顽固，多次主动挑起与新罗的战争。唐朝更高估了自己对百济的影响力和百济对自己的信任度。百济在中国南北朝分裂时期，与南朝关系较为密切，与北朝则交往不多，天然与出身北朝系统的唐朝缺乏亲近感，这也是双方无法在深层次上互信交好的重要原因。

无法依靠唐朝支持收复故土的百济，本着敌人的敌人就是朋友的外交规律，开始将目光投向宿敌高句丽。而新罗夺取百济汉江流域后，切断了百济与高句丽的陆上交通。百济、高句丽不再接界，陆上边境冲突自然无从发生，传统地缘矛盾逐渐缓和，两国关系开始明显改善。

正是在义慈王当政时期，高句丽与百济的联盟开始形成。据新罗在贞观十七年（643）向唐朝的告发，高句丽、百济不但“和亲同好”，还试图夺取新罗党项城，隔绝唐朝与新罗的联系通道。贞观十九年唐太宗征讨高句丽时，百济认为唐朝东北主力被牵制在高句丽战线，无法顾及新罗，遂肆无忌惮地对新罗展开进攻，645年夺新罗七城，647年围茂山等三城，648年侵陷腰车等十余城。在外交上，百济更是在贞观二十年完全断绝了对唐朝的朝贡。百济之所以自信心爆棚得如此无所顾忌，和日本在背后的支持不无关系。

日本悬居海外，与中国大陆隔朝鲜海峡相望，朝鲜半岛是其学习、吸收中原先进文化的重要通道。因此，日本自古以来就与朝鲜半岛保持着密切关系，寻求一切机会介入半岛事务。

魏晋南北朝时期，中国力量退出朝鲜半岛，日本趁机在半岛大肆扩张势力。历史学者熊义民依据朝鲜史料《三国史记》《三国遗事》统计，从公元前50年到公元500年，日本先后入侵新罗三十次，其中有十九次发生在公元300至500年间，更有四次包围新罗首都金城（今韩国庆州市一带）。公元400年前后，日本大规模侵犯朝鲜半岛，“满其国境，溃破城池”，朝鲜军民奋起反抗，斩杀大量倭寇。

新罗强大后，在与高句丽、百济为敌的同时，开始驱逐日本在朝鲜半岛的势力，攻灭依附于日本的伽耶等政权，并于公元562年消灭日本设在朝鲜半岛东南端的侵略据点“任那官家”（今韩国釜山、金海一带）。日本对新罗咬牙切齿，视任那被颠覆为奇耻大辱，以致钦明天皇临死时还愤愤不平，握着太子之手安排后事：“朕疾甚，以后事属汝，汝须打新罗，封建任那，更造夫妇，惟如旧日，死无恨之。”至死也念念不忘复辟任那，再侵朝鲜。

钦明天皇念念不忘，必有回响。公元600年，日本将军境部臣率军进攻新罗，攻陷五座城池，恢复任那据点，但无法站稳脚跟，不久就被迫退军，任那旋即被新罗收复。

相对于新罗与日本多有新仇旧恨，百济与日本的关系堪称友邦，两国曾合兵攻打高句丽。百济多次交通倭国，甚至派王子到日本做人质，以加强两国邦交。

百济北结高句丽、东连日本的外交举措虽然是出于求存需要，但在战略上无疑是短视至极，可谓鼠目寸光。这一外交选择使百济在东亚战略格局中沦为高句丽、日本的棋子，站在了与已经完成全国统一，且国力蒸蒸日上的强大唐朝的对立面。

选择日本作为战略后援的不止百济，还有高句丽。高句丽虽然曾经在历史上多次遭受日本侵略，但在国力衰弱后，面临唐朝与新罗南北夹击的巨大压力，为摆脱战略困境，遂调整外交政策，转与日本通好，以解除后顾之忧。据《日本书纪》，公元642年、643年、645年、646年、647年、654年、655年、656年、659年、660年，高句丽均派遣使团出访日本，不到二十年内双方互相遣使的次数几乎等于之前数百年的总和，可见双边关系的迅速升温。

高句丽、日本、百济三方联盟关系的形成，不但对新罗构成巨大威胁，也对唐朝构建东亚国际秩序的努力形成了挑战。一旦三方联盟得势，灭掉新罗，唐朝将失去经略朝鲜半岛的重要支点，失去对半岛事务的主导权。因此，唐朝很快加强了与新罗的关系。

相对于百济与唐朝关系的反复，新罗在此期间一直对唐朝相对较为恭顺。新罗与高句丽坚决对抗、决不妥协，在朝鲜半岛上处于被高句丽、百济南北夹击，腹背受敌的战略劣势，“隔于两国，北伐西侵，暂无宁岁”，且与日本发生激烈的利益争夺和冲突对抗，在东亚国际格局中只能把唐朝作为唯一的可依靠对象。新罗在外交举措上，凡事只依靠唐朝，坚决与高句丽、百济进行军事斗争，与日本划清政治界线，让唐朝时时处处感到只有新罗才是在东亚事务中唯一忠实可靠的盟友。在内政上，新罗更是强力推行完全以唐朝制度为蓝本的政治改革，采用唐朝年号，使用唐朝法律，在政治文化等方面全面向唐朝看齐，成为唐朝的全天候盟友。

由此，以唐朝、新罗为一方，以高句丽、日本、百济为一方的两大阵营在东亚国际格局中形成。双方以朝鲜半岛为棋盘，展开了激烈的争夺。高句丽、百济欲联合日本消灭新罗，主宰半岛，向唐朝索取更多利益；日本则幻想借助高句丽、百济称霸半岛，染指亚洲大陆，与唐朝平起平坐。新罗自保不暇，只能向唐朝求助；唐朝则要在维护半岛稳定的基础上联合新罗，重建以其为主导的东亚、东北亚国际秩序。在地理位置上位于亚洲大陆边缘地带的朝鲜半岛，在国际关系格局中已然成为东亚和东北亚的地缘政治核心。

欲灭高丽　先诛百济

高句丽、日本、百济三方联盟形成后，一时还不敢直接挑战唐朝的权威。但是恐吓、压迫唐朝盟友新罗的胆量还是有的，而且很大。

贞观二十年（646），日本见唐朝在贞观十九年的军事行动中未能灭亡高句丽，认为唐朝国力不足，徒有其名，遂派使者赴新罗恫吓，要求新罗派宗室到日本充当人质。高句丽也配合日本的外交恐吓，丝毫不理会唐太宗对其“勿攻新罗”的敕令，对新罗“侵陵不止”。

新罗向唐朝求援，唐太宗决定对高句丽施加军事压力，采取“打了就跑”的战术，通过发动中等规模的战役骚扰高句丽军民的生产生活，消耗其物资储备和经济实力，进而牵制其对新罗的进攻。

贞观二十一年（647）三月，唐太宗任命左武卫大将军牛进达为青丘道（今山东省广饶县北部一带）行军大总管，右武侯将军李海岸为副将，率军一万人乘坐楼船战舰从莱州渡渤海，从海上进攻高句丽；任命太子詹事李勣为辽东道行军大总管，右武卫将军孙贰朗为副将，率兵三千人从新城（今辽宁省抚顺市北部一带）向高句丽发起陆上攻势。牛进达和李勣都是从瓦岗寨上走来的名将，后归顺唐朝，投入当时还是秦王的太宗李世民帐下。这次开战前夕，两军补充了大量精通水战的良将劲卒。

五月，李勣、孙贰朗率军渡过辽水，扫荡高句丽南苏（今辽宁省铁岭市西丰县一带）等数座城池。高句丽据城坚守，李勣击破其城外部队，焚烧其外城城郭后扬长而去。

七月，牛进达、李海岸大军从海路攻入高句丽境内，发起大小战役百余次，无不告捷，攻下石城（今辽宁省庄河市一带）后，战线推进至积利城（今辽宁省瓦房店市一带）。高句丽守军万余人出击抵抗，李海岸率军冲入敌阵，斩首二千级。

在唐朝的凌厉攻势下，贞观二十一年（647）年底，高句丽国王高藏派遣其子，即任职执政官莫离支的高任武到长安谢罪，请求宽恕，太宗接受。第二年即贞观二十二年正月，新罗善德女王金德曼薨逝，其妹真德女王金胜曼继位，太宗派使者册封其为柱国，封乐浪郡王。

高句丽虽然在表面上对唐朝表现出驯服的态势，但暗地里仍继续保持对新罗的军事压力，并教唆百济进攻新罗，攻破其十三座城池。贞观二十二年（648）正月二十五，太宗任命右武卫大将军薛万彻为青丘道行军大总管，以右卫将军裴行方为副将，率军三万人乘坐楼船战舰，再次从莱州跨海攻击高句丽。

但贞观二十二年（648）唐朝对高句丽的攻击进展不大，仅仅于四月在偏将古神感率舰队登陆高句丽沿海后，与高丽步兵、骑兵联合军团五千余人打了一场遭遇战，将其击破。四月十四晚，高句丽海军一万余人企图趁唐军立足未稳进行偷袭。古神感识破高句丽诡计，预先设伏将其击退，但因后继无援，只得撤军而还。

在唐朝的连续攻击下，高句丽国力下降，军力疲弱，太宗准备来年发兵三十万一举将其消灭，下令四川、江西、湖南、浙江等地大规模建造巨舰大船，以供军用。在外交方面，为应对日本对新罗的恐吓，太宗在年底新罗国相即真德女王之弟金春秋携子金法敏来朝时，应金春秋“请改章服从中国”，即改从唐朝正朔、着唐朝衣冠的请求，允许新罗官员穿戴唐朝官服。新罗此举意在以唐朝的声望吓阻日本的外交威胁。

太宗军事、外交两手准备就绪，可惜天不假年，于贞观二十三年（649）五月二十六驾崩，其宏图远略只能交由儿子高宗实现。高宗即位后，继续开打征讨高句丽、恢复两汉旧疆、重构东亚国际秩序的接力战。

高宗即位初期的永徽元年（650），新罗在唐朝的支持下大破百济之众，真德女王亲自写就五言诗《太平颂》向高宗报捷："大唐开洪业，巍巍皇猷昌。止戈戎衣定，修文继百王……外夷违命者，翦覆被天殃……五三成一德，昭我唐家光。"高宗览诗"嘉之"。随后，唐朝、新罗与高句丽、日本、百济两方五国主要在外交上互相试探。

永徽二年（651），百济恢复向唐朝的朝贡，派使者赴长安入贡并窥探高宗的半岛政策。高宗赐给百济国王国书，仍然是敦劝百济与新罗"解患释纷，韬戈偃革"，劝百济王归还夺取的新罗城池。作为回报，唐朝将推动新罗释放百济俘虏。高宗表示，如果百济国王不听劝告，那唐朝只能听任百济、新罗自相攻击，对等决战，唐朝两不相帮。高宗还在信中严厉警告百济不得勾结高句丽夹击新罗，如果高句丽在百济的引诱下介入百济与新罗的争端，大唐必将对百济大加挞伐，勿谓言之不预也。

为配合唐朝对高句丽、日本、百济的外交攻势，同年，新罗特意派使者穿着唐朝官服出使日本，向日本暗示唐朝是其战略盟友。日本见状恼羞成怒，辱骂新罗擅自改变风俗习惯，使者衣着东施效颦、不伦不类，要求新罗使者脱去唐朝官服，甚至有重臣奏请孝德天皇，"方今不伐新罗，于后必当有悔"，今日若不踏平新罗，他日必成心腹大患。

永徽五年（654）四月，新罗真德女王金胜曼薨逝，遗诏其弟金春秋继承王位。而两方五国经过外交上的互相试探后，确认彼此战略互相抵触，无法调和，战争再次开打。

第一个跳反的仍是高句丽。这年，高句丽派出大将安固，率领高句丽、女真族的前身靺鞨联军进攻依附于唐朝的契丹部落。唐朝任命的松漠（今内蒙古巴林右旗南部一带）都督、契丹首领李窟哥率军抵抗，在新城大败高句丽、靺鞨联军。

向北无法取得进展的高句丽，掉头向南方新罗发起攻势，在契丹那里丢的脸要在新罗身上捡起来。永徽六年（655）正月，高句丽与百济、靺鞨联兵侵略新罗北部边境，连续攻下三十三座城池。新罗国王金春秋紧急向唐朝求援。

二月二十五，高宗任命营州都督程名振、右领军中郎将苏定方率军征讨高句丽。程名振是在隋末农民起义中成长起来的骁将，后归顺唐朝，在贞观十九年（645）曾跟随唐太宗征讨高句丽。苏定方曾跟随李靖北伐东突厥，在夜袭阴山战役中率两百骑兵攻破颉利可汗牙帐，立下头功。

五月十三，程名振率军渡过辽水。高句丽见程名振所部兵力较少，遂打开新城城门主动出击，跨贵端水迎战。程名振等“奋击，大破之，杀获千余人”，焚烧新城外城城郭和附近村落后回军。

显庆三年（658），高宗再次派程名振与右领军中郎将薛仁贵率军攻打高句丽赤烽镇（今辽宁省抚顺市东部一带），“斩首四百余级，捕虏百余人”，拿下该镇。高句丽派遣大将豆方娄率军三万迎战，被程名振指挥契丹军队迎头痛击，“大破之，斩首二千五百级”。第二年即显庆四年，薛仁贵与高句丽将军温沙门在横山（今辽宁省辽阳市附近）大战，“破之”。

从永徽六年（655）到显庆四年（659），唐朝对高句丽的数次进攻虽然都取得局部胜利，但总体进展不大，战线仍然胶着在辽东一线。唐朝未能实质性突破高句丽在此地构筑的北部边防线，亟须转变战略方向，打破战场僵局。

唐高宗刚想打调整战略方向的瞌睡，百济就忙不迭送上枕头。显庆三年（658），百济进攻新罗，显庆四年的攻击规模更大，以致新罗国王金春秋不得不亲自率兵抵抗，并向唐朝求援。如果说永徽二年（651）高宗给百济发出国书时，还抱有拉拢百济的最后一丝希望，那面对百济在显庆三年、四年不听唐朝招呼，联合高句丽对新罗发动连续进攻，则让唐朝的一丝希望变成彻底绝望。百济在显庆四年的进攻和新罗的求援，直接促成唐朝下了出兵百济的决断。

唐朝内部权力结构的重组，也使高宗能够握紧拳头猛捶百济。显庆四年（659）的唐高宗，已经在李勣、许敬宗、李义府等人的支持下，通过废黜王皇后，改立武则天为皇后，彻底打垮了长孙无忌、储遂良等元老势力，掌握了绝对皇权，成为真正的皇帝。在内部政局稳定、绝对权力到手的基础上，高宗开始在朝鲜半岛事务中投入重要精力。

显庆五年（660）二月，高宗任命此时已经凭军功升任左武卫大将军的苏定方为神丘道行军大总管，左骁卫将军刘伯英为副将，统帅水陆大军十万攻打百济。为配合苏定方所部的攻势，高宗还任命新罗国王金春秋为嵎夷道行军总管，率新罗兵马夹击百济。为避免百济盟友日本在唐朝的使者通风报信，高宗还下旨，将日本使者拘禁长安。

由此，唐朝在北方战线继续展开对高句丽的陆上攻势的同时，确立了“欲灭高丽，先诛百济”的战略，决定从海上征讨百济，开辟进攻高句丽的南方海上战线。

百济灭国　日本出手

显庆五年（660）的苏定方，已经不是五年前的苏定方。显庆三年，苏定方率军击败西突厥，俘虏其可汗阿史那贺鲁，同年，苏定方灭掉思节国（今蒙古西库伦城东南一带），生擒其头领都曼。如今苏定方携灭两国之威，拿下百济已是志在必得。

唐朝大军历经半年左右时间集结准备后，显庆五年（660）八月，苏定方率海军舰队从成山（今山东省荣成市东北一带）出港，横渡黄海，直抵百济沿海。百济军队在熊津江口阻击唐军，苏定方指挥唐军强行登陆，“进击破之，百济死者数千人”，百济残余军队败退逃走。苏定方率所部水陆两军齐头并进，直扑百济首都泗沘城（今韩国忠清南道扶余郡）。百济全国总动员，倾巢出动来战，苏定方“大破之，杀万余人”，追亡逐北，占领泗沘城外城。

在唐朝的强大军力攻击下，百济内部发生政治变乱。百济国王扶余义慈和太子扶余隆竟然放弃首都军民百姓，弃城逃跑，奔至北方边城。扶余义慈次子扶余泰自立为国王，带领百姓继续负隅顽抗。扶余泰的自立等于公然宣告百济王族内部分裂，百姓无所适从，民心崩溃。

未来得及出城的扶余隆儿子扶余文思表示：如今国家危在旦夕，正值存亡之秋，本应团结一心，同仇敌忾。大王与太子皆在，而叔父却大逆不道，拥兵自立，将来即使打退唐军，我们父子也无法保全性命，难不成扶余泰还会乖乖把王位交给我的太子父亲？唐朝都有玄武门之变，我叔叔难道不会照葫芦画瓢？扶余文思下定决心，带领所部翻越城墙投降唐军。泗沘城百姓在扶余文思的示范带动作用下，纷纷出城来降，扶余泰“不能止”。

苏定方趁城中大乱，指挥唐军一鼓作气登上城墙，竖起唐朝旗帜。扶余泰走投无路，只能“开门请命”。逃亡北方的扶余义慈、扶余隆听闻首都不保，只得带领各地城主集体投降。百济亡国，五部、三十七郡、二百城、七十六万户百姓并入唐朝版图。唐朝按照百济原有五部行政区划，分别设置熊津、马韩、东明、金连、德安五个都督府，委任当地酋长为都督、刺史。

十一月初一，高宗驾临洛阳宫则天楼，接受苏定方献上百济国王扶余义慈等俘虏，当众宣布将扶余义慈等人全部释放，并大赦天下，以示上国宽大为怀，怀柔百济君臣百姓。史臣对苏定方战功大书特书，载“苏定方前后灭三国，皆生擒其主”，为其写上浓墨重彩的一笔。

唐朝攻灭百济只是战术目标，服从于征讨高句丽、重建东亚秩序的总体目标。因此在百济亡国后，高宗很快将唐军主力调回攻打高句丽，只留少部分军队镇抚百济故土。十二月二十六，高宗任命左骁卫大将军契苾何力为浿江道行军大总管，左武卫大将军苏定方为辽东道行军大总管，左骁卫将军刘伯英为平壤道行军大总管，蒲州刺史程名振为镂方道总管，各军分道攻打高句丽。

苏定方从百济班师回军时，留部将郎将刘仁愿镇守百济首都泗沘城。高宗又任命左卫中郎将王文度为熊津都督府都督，镇抚其他地区。王文度渡海刚到百济任职，就发病去世，刘仁愿独木难支，百济渐有不稳之势。

当时百济地区流传谣言，认为唐朝与新罗要将百济男女老少斩尽杀绝，将百济国土交给世仇新罗。百济残余势力表示，宁为玉碎，不为瓦全，誓与唐朝、新罗决一死战，遂拥戴百济武王之子鬼室福信与僧侣道琛举起复国大旗，占据周留城，与唐军对抗。

而日本也在关注着百济的动向。就在百济刚刚灭国一个月，显庆五年（660）九月，就有百济人渡海到日本，报告新罗勾结唐朝灭掉百济、鬼室福信率残部抵抗的情报。十月，鬼室福信派人将一百多唐军俘虏送到日本，显示其还有力量对抗唐朝，请求日本齐明天皇出兵援助；还要求齐明天皇送回在日本充当人质的百济王子扶余丰，其意在将扶余丰立为新君以凝聚人心。齐明天皇答应鬼室福信所请，在为扶余丰迎娶日本贵族多臣蒋敷之妹为妻，确保扶余丰复国后能建立亲日政权的前提下，派五千兵马送回扶余丰，并积极整军备战，准备出兵朝鲜。

在日本的鼓动下，鬼室福信立扶余丰为新的百济国王，并率军围攻刘仁愿。泗沘城朝不保夕，高宗紧急起用在军中戴罪立功的刘仁轨代理带方州（可能在今朝鲜开城市一带）刺史，率领王文度所部，并征发新罗军队救援刘仁愿。

刘仁轨原在朝中担任中枢决策机关门下省的重要官员给事中，因得罪高宗宠臣李义府被出为青州（今山东省青州市一带）刺史。唐朝征讨高句丽、百济时，刘仁轨负责组织船队泛海运输粮草。因海风不顺，刘仁轨拒绝发船，李义府在明知天气恶劣的情况下，仍然百般催迫刘仁轨出海，意欲造成船只倾覆，置刘仁轨于死地。

刘仁轨扛不住李义府压力，被迫起航，果然“遭风失船，丁夫溺死甚众”。李义府借机欲治刘仁轨死罪，幸得中书舍人源直心仗义执言，为刘仁轨辩解“海风暴起，非人力所及”，高宗这才只是免去刘仁轨官职，让他白衣从军戴罪立功。本以为仕途已经到此为止的刘仁轨，听闻高宗急命他为代理方州刺史的消息后，兴奋以致失态，言道：“天将富贵此翁矣。”刘仁轨请求高宗让他携带皇历和历代皇帝庙讳出军，表示“吾欲扫平东夷，颁大唐正朔于海表”，对扫灭百济余孽志在必得。

刘仁轨摩拳擦掌时，日本也在磨刀霍霍。齐明天皇摆出御驾亲征的态势，离开奈良飞鸟宫，移居大阪难波宫，下令炼制武器、建造战船。公元661年正月初六，齐明天皇离开难波宫，“御船西征”；正月初八，抵达冈山县邑久郡附近的大伯海；正月十四，到达爱媛县松山市附近的伊予熟田津；三月二十五，抵达福冈县博多区附近的那之津，入驻与百济隔海相望的磐濑行宫；五月，迁居博多区海边的朝仓橘广庭宫，作出决战架势。

唐朝对日本的异动应该有所掌握。为避免被百济余孽和日本新军前后夹击，刘仁轨赴任后“御军严整”，率领唐朝、新罗联军很快攻破百济在熊津江口设立的大营，“杀、溺死者万余人”。道琛被迫撤围泗沘城，退守任存城（今韩国忠清南道礼山郡凤首山一带）。

刘仁轨虽然解围泗沘城，但新罗军队不久就因为粮草不济，撤军回国。而道琛自称领军将军，鬼室福信自称霜岑将军，“招集徒众，其势益长”，死灰复燃。刘仁轨兵少，进入泗沘城与刘仁愿合兵一处后，在兵力对比上仍然处于劣势，只得“休息士卒”，专注防御。

在这一过程中，新罗、百济、日本的内部政局和唐朝、高句丽的攻防也在发生变化。高宗下诏给新罗国王金春秋，让其救援刘仁轨，金春秋奉诏出军，在半路被鬼室福信伏击，大败而归，“不敢复出”。不久，金春秋薨逝，其子金法敏继位为乐浪郡王、新罗王。百济方面，鬼室福信和道琛互相争权，福信杀道琛，“专总国兵”。

刘仁轨孤立无援时，摆出决战架势的日本，却没有采取任何进攻行动。五月，滞留长安的日本使者被放归日本，赶去齐明天皇驻地汇报情况。这批使者在洛阳的时候，曾应唐朝邀请，观摩了凯旋唐军押解扶余义慈等百济俘虏的献俘大典，对唐朝国力、唐军战斗力留下深刻印象。使者在向齐明天皇汇报时，应该详细报告了他们对唐朝、日本力量对比形势的判断分析。齐明天皇听后，心绪黯淡，被迫中止了出兵步伐，不久郁郁而终，死于朝仓橘广庭宫。当然也有学者推测日本使者向齐明天皇传达了“唐朝无意进攻日本，甚至可能是争取日本”的情况。

天智天皇即位后，返回难波宫，继续关注朝鲜半岛局势的发展，虽然出兵之事暂缓，但加大了对百济的物资援助力度。公元661年八月，派遣前将军大华下阿昙比罗夫连、小华下河边百枝臣等，后将军大华下阿信引田比罗夫臣、大山上物连熊、大山上守君大石等，率军救援百济，同时资助兵器粮草；662年正月，赐给鬼室福信十万支箭、五百斤丝、一千斤绵、一千端布、三千斛稻种等物资，三月赐给扶余丰三百端布，百济复国势力由此急剧扩张。有日本学者研究认为，“百济复国势力的反攻得以成功，大抵皆得利于日本”。

相比之下，唐朝对高句丽的进攻却相当乏力。龙朔元年（661）四月十六，高宗任命任雅相为浿江道行军总管、契苾何力为辽东道行军总管、苏定方为平壤道行军总管，率领汉族、胡族联军三十五万，“水陆分道并进”高句丽。高宗甚至要率领后军御驾亲征。但高宗此举只是做做样子、激励士气而已，四月二十九，就在皇后武则天的劝谏下，宣布不再亲征。七月，苏定方大破高句丽军队，包围平壤城（今朝鲜平壤一带）。但因高句丽军队顽强抵抗，始终无法攻下，到第二年即龙朔二年二月，因遭遇大雪极寒天气，被迫“解围而还”。

在当时唐朝的朝鲜半岛战略中，辽东陆上战线是主要战场，百济海上战线是辅助战场。辽东唐军主力停止进攻，得到喘息机会的高句丽必然会调转枪口，进攻留存在百济的唐朝军队，帮助百济复国。因此，高宗在辽东退军后，立马下诏给刘仁愿、刘仁轨：“平壤军回，一城不可独固，宜拔就新罗。若金法敏藉卿留镇，宜且停彼；苦其不须，即宜泛海还也。”要求他们收缩战线，或退入新罗境内，或经海路返回唐朝。

当时留守百济的唐军将士也是“咸欲西归”，都要求回国。刘仁轨向全军分析形势，指出，如若回国，之前所有努力将付诸东流，“百济余烬，不日更兴；高（句）丽逋寇，何时可灭”，平百济、灭高句丽不知何时才能实现，而此时百济内部形势已在发生变化，扶余丰和鬼室福信“君臣猜离，行相屠戮”，互相猜忌，离心离德，内部必定生变。刘仁轨激励全军，“人臣徇公家之利，有死无贰，岂得先念其私”，决定在高宗给出的退入新罗、返回唐朝两个方案之外，选择第三种方案，即坚守百济，以待时机，将士“从之”。

扶余丰、鬼室福信认定刘仁愿、刘仁轨“孤城无援”，派出使者耀武扬威，宣言“大使等何时西还，当遣相送”，恐吓唐军回国。刘仁轨抓住扶余丰、鬼室福信轻敌之念，戒备松懈，遂主动出击，于龙朔二年（662）七月连续攻破百济军多个大营，更是攻克军事重地真岘城，打通“新罗运粮之路”。刘仁轨向高宗报捷，要求加派援军。高宗大喜，派大将孙仁师率山东、江苏沿海军队七千人增援刘仁轨。

留守唐军形势大好，百济内部的政治斗争也更添一把火。由于鬼室福信专权，扶余丰与他互相猜忌，势同水火。鬼室福信装病，要趁扶余丰前来看望时将其杀害。扶余丰侦知鬼室福信计谋，抢先动手，带领亲信“袭杀福信”，完全按照刘仁轨的剧本出演。当然，也有学者认为，鬼室福信被杀是跟随扶余丰回百济的日本官员借扶余丰之手所为，目的是夺取百济抵抗基团的领导权，确保其完全听命于日本。扶余丰成为真正的百济王后，立马派遣使者到高句丽、日本请兵，以对抗唐军。

日本见“好女婿”扶余丰内战内行，不负所望，且料定唐军陷入朝鲜战场泥潭，难以自拔，遂决定直接出兵朝鲜半岛参战。公元663年三月，日本派遣前将军上毛野君稚子、间人连大盖，中将军巨势神前臣译语、三轮军根麻吕，后将军阿倍引田臣比罗夫、大宅臣镰柄，率二万七千人打新罗。

海水皆赤　贼众大溃

日军自三月起航后，很快在朝鲜半岛登陆。此时日本舰队跨海而来，以将近三万人的兵力，可以在百济任何地点、任何时间发起突袭。留守百济的唐军本来兵力就少，根本无法有效设防。但由于日本与新罗的世代仇怨，加上日本贵族对新罗财富的觊觎，日军竟然置被唐军围困的百济军队于不顾，在新罗地界登陆。六月，日本前将军上毛野君稚子在新罗境内攻城略地，夺取新罗杀鼻岐、奴江两座城池。

日军在新罗的扫荡，将海上突袭式攻击变成陆上推进式进攻，完全丧失了战役突袭性优势。唐军掌握日军动态后，对其在新罗境内如苍蝇乱撞式的进攻丝毫不予理会，集中兵力攻击百济残军的重要据点加林城（今韩国忠清南道扶余郡林川面一带）和临时首都周留城（今韩国全罗北道扶山郡一带）。

当时刘仁愿、刘仁轨与孙仁师援军会师后，总兵力在两万左右，军势大振。诸将认为，加林城位于水陆之冲，属于兵家必争之地，拿下之后才能进攻周留城。刘仁轨则提出不同意见，指出加林城地势险要，城防坚固，易守难攻，猛攻会造成唐军重大伤亡，缓攻则会“旷日持久”，顿兵于坚城之下，被周留城百济军队前后夹击。周留城是百济余孽的巢穴所在，必须将其列为第一攻击目标。只要拿下周留城，加林城等其他城池可传檄而定。刘仁轨此计的另一层用意则在通过扶余丰调动日军来援周留城，占据战场主动，在预设阵地与日军决战。

刘仁轨说服诸将接受他的建议，于是唐军与新罗军队兵分水陆两路，陆路由刘仁愿、孙仁师和新罗王金法敏率领；海路由刘仁轨率别将杜爽及此时已归降唐朝的扶余隆等部水军，会同陆军进攻周留城。

唐军猛攻周留城，扶余丰抵挡不住，要求日军立即增援。果如刘仁轨所料，在扶余丰的百般催促下，日军在新罗境内连续无目标作战五个月后，终于开赴周留城前线。

八月十七，刘仁愿、孙仁师、金法敏所率陆军包围周留城。刘仁轨所率水军本应在周留城沿海登陆，但在白江口附近发现了百济水军行动踪迹。刘仁轨判断百济水军之所以会在白江口附近活动，应该是在此等待与日本水军会合。刘仁轨水军遂不再开赴周留城，而是在白江口外布阵，以逸待劳，等待日本水军前来交战。

终于，十天后即八月二十七，日本水军先锋部队到达白江口，遭遇唐朝水军。双方兵力对比方面，有学者认为是一万唐军对战四万日军，也有学者认为是两万唐军对阵三万日军。不论哪种观点，唐军兵力都居于劣势，水军更是如此。当时刘仁轨投入白江口战场的战船只有一百七十余艘，而日军多达四百余艘。

因此，日军见刘仁轨兵少船寡，颇为轻敌，先锋部队急于解周留城之围，立足未稳就急匆匆上阵，与大唐船师会战，结果被刘仁轨打得落花流水，“不利而退”。但唐军也没有乘胜追击，而是坚守阵地，准备再战。

刘仁轨首战得胜却没有继续追击的行为，让日军确信唐军战斗力不足。日军不但没有检讨首日战败的教训，反而在先锋部队与主力部队会合后，确立了“我等争先，彼应自退”的方针，妄图利用人多船多的数量优势闯入唐军阵地中心，然后四面开花，横杀一气，逼迫唐军退却。当夜，日军甚至“不观天象”，狂妄至极。

第二天即八月二十八，唐军在白江口内河水游上流的有利位置列阵，此处水道狭窄，不便于大规模舰队机动作战，正好规避日军船多优势。日军仗着人多船多，按照事先制定的“我等争先，彼应自退”预案，一拥而上，企图冲乱唐军战船阵型，以勇取胜。

唐军则将计就计，因势利导，用船体高大、战斗力强却行动不便的楼船等大舰居中，构筑坚固阵地，顶住日军冲击。然后使用机动灵活的斗舰、走舸等，从战场左右两翼出击迎敌。唐军夹船绕战，迫使日军舰只能拥集在战场中间，形成包围圈。

唐军完成对日本舰队的包围后开始实施火攻，出动火力攻击舰（即火舫）顺流而下，见船就烧。唐军利用事先判明的天气、风向的情况优势，使用弩机、炮机，利用风力远距离向日舰密集发射火箭、火球、火炬、油囊、油瓢等引火弹药。是时，“须臾之际”，风助火势，油增火威，浓烟滚滚直冲云天。

双方连战四场，日本舰队四百余艘船只无法突围，被焚毁殆尽。日将朴市田来津“仰天而誓，切齿而嗔，杀数十人”，但仍然无法摆脱败局，“于焉战死”，日军纷纷跳海而亡，以致“海水皆赤”，从近海浸入到白江口的海水都被染成红色。“贼众大溃”，唐朝水军大获全胜。

日军有绝对优势兵力却在白江口大败而归，一个重要原因是其军队组织架构的混乱，而唐朝却是建立在组织严密的府兵制基础上的军团制。根据日本学者的研究，当时日本水军由地方豪族武装临时拼凑而成，前、中、后三军无法统一协调，全军上下没有垂直指挥系统。但有中国学者对此提出不同意见，认为日军不是豪族将领的私人武装，而是国家征发的兵员；且日军每一支部队都由冠位上四、五位的两名将军统领，具有明显的上下层区分，序列井然，“日军兵败白江的主要原因，从日本军队组成上是得不到解释的”。其战败原因应是“执著于私利”先打新罗，且“谋求自身利益而不顾大局”，执意内讧杀死鬼室福信夺取百济反抗军团领导权。

除去日军编制指挥和战略战术上的原因外，唐朝水军战船装备的先进和日本装备的落后也是重要因素。中国水军历史悠久，舰船制造技术早在秦汉时期就已经相当成熟，当时建造的战舰船体庞大，雄伟坚固，甲板上建有高楼栅寨，能在海上抗风斗浪。秦汉水军就已经发展成比较强大的独立军种，专门从事海上战斗。

经过两汉魏晋南北朝和隋朝造船技术的发展，唐初水军配备的舰船有楼船、艨艟、斗舰、走舸、游艇和海鹘等。楼船是水军装备最主要的作战舰船，上有五层楼的建筑，高百余尺，如城堡一般，可乘坐战士八百人。楼船武器配备齐全，上层装备有绞车弩，能同时发射七支射程达一千米的巨箭，可直接摧毁敌舰楼橹，是主要的舰载远程杀伤兵器；下层甲板上装备有重型远射兵器炮车，除发射石弹外，还可将火箭、火杏、游火、油囊等火攻弹药发射到敌舰；左右前后船舷则安置六个大型拍杆，各高五十尺，可以在近战时拍打敌船，将其摧毁。

艨艟是封闭性舰船，用生牛皮覆盖船背，小巧灵活，机动性强，主要用于侦查、通信。斗舰是梯级复式结构，水兵可以以梯级列队迎敌。走舸速度快，“往返如飞鸥”，主要用于突袭和冲击。游艇体型不大，主要用于军事调度指挥。海鹘头低尾高，前大后小，如鹘鸟之形，左右船舷下方配备的平衡装置浮板，可以让船只在大风大浪中仍然保持平稳，是恶劣战场环境中的作战利器。

当时唐军战船的动力装置也明显优于日军。唐朝不仅熟练运用一船多帆技术，而且掌握了多种帆形的装帆方式和驾风驶帆技术，可以利用东西南北一切自然风，甚至能通过调整船头的调樯技术将顶头逆风调制成侧斜风，推动船只呈“之”字形前进。这一技术不但解决了战船作战的动力问题，而且提高了航行的稳定性。唐人甚至发明了人力推动的轮机装置，《旧唐书·李皋传》有载：“常运心巧思为战舰，挟二轮蹈之，翔风鼓浪，疾若挂帆席，所造省易而久固。”

唐代在全世界范围内率先使用了铁钉连接船体技术，还用桐油石灰腻缝。江苏省如皋市曾出土有唐代木船，船舱和底部都用铁钉钉成人字缝，其中填入石灰和桐油，异常坚固严密。而据学者研究，日本船只直到明代，还是不用铁钉和麻油，只用铁片连接，甚至用草填塞木板之间的缝隙，而且“布帆悉于桅之正中”，“唯使顺风，不能使逆风”，远远比不上中国舰船风帆灵活。

在战术方面，唐朝水军已经有严格的作战条令，各种不同作用舰船协调互补，行动统一，战士“各持兵器就船，各当其所”，训练有素，职责明确，纪律严明。而日本水军只会一拥而上，恃勇而前，全无章法。先进的战船建造和海战武器制造技术、航海技术、海战技术，为唐朝水军在白江口之战中战胜日本水军乃至平定百济，奠定了坚实的基础。

百济平定　高丽灭亡

白江口大胜后，刘仁轨立马率水军与陆军合围周留城。百济王扶余丰深入“学习”扶余义慈的历史经验，丢下周留城的百济残军，逃到高句丽；其子扶余忠胜、扶余忠志等则效仿扶余文思率众出降。九月初七，刘仁轨收复周留城。日本在朝鲜半岛其他战场上的残存军队听闻，表示“州柔（即周留）降矣，事无奈何；百济之名，绝于今日”，遂撤退回国，退出朝鲜半岛。

刘仁轨拿下周留城后，“百济尽平”，只有百济大将迟受信盘踞的任存城尚未攻下。刘仁轨决定以夷制夷，起用百济降将黑齿常之、沙吒相如。

黑齿常之是百济西部人氏，身长七尺有余，高大威猛，“骁勇有谋略”，曾担任百济相当于唐朝刺史的达率一职。苏定方灭百济时，黑齿常之率部投降。又因苏定方放纵士兵烧杀抢掠，致使百济青壮年大多被杀，黑齿常之极其不满，带十余名亲信逃回故乡，以任存山为据点集结残兵败将，不久队伍发展到三万人，多次打败前来讨伐的唐军，收复百济多座城池，和沙吒相如分别占据险要地形，与鬼室福信遥相呼应。

刘仁轨攻破周留城后，黑齿常之、沙吒相如见大势已去，“皆帅其众降”。刘仁轨让黑齿常之、沙吒相如仍旧各领所部，并为其供应粮草，让二人前去攻打任存城。孙仁师反对，提出这两人政治立场反复不定，可谓人面兽心，有道是非我族类，其心必异，此二人不可信！刘仁轨认为黑齿常之、沙吒相如重信守诺，只是之前苏定方处置失当，未能收二人之心，将其逼反，当下正是二人“感激立效之时，不用疑也”。

在刘仁轨的坚持下，唐军给黑齿常之、沙吒相如两部补充粮草军器，让其进军任存城。刘仁轨虽表示疑人不用、用人不疑，但为防万一，也派唐军跟随其后，一为监督，二为增援。黑齿常之、沙吒相如不负刘仁轨所望，一举拿下任存城。迟受信丢下老婆孩子，投奔高句丽而去。

至此，百济全境再次平定，高宗下诏刘仁愿、孙仁师班师回朝，刘仁轨留下镇抚。刘仁愿回到长安后，高宗问他：爱卿本是武将出身，为何在海东百济前线的奏章写得如此文理优美，深刻明晰，难道爱卿如三国吕蒙一样，是“士别三日，当刮目相看”？刘仁愿不掠人之美，言道：这都是刘仁轨的功劳，高宗这才知刘仁轨在百济贡献如此之大。

上官仪（即上官婉儿的祖父）在一旁评价道：“仁轨遭黜削而能尽忠，仁愿秉节制而能推贤，皆可谓君子矣。”刘仁轨蒙受不白之冤，遭受免职委屈，仍能牢记国之大者，为国尽忠；刘仁愿居于长官地位，手握统帅大权却能不贪功，而是为国举贤，二人都有君子之风！高宗随即为刘仁轨连升六级官阶，实授他为带方州刺史，重重赏赐其妻子儿女，在长安为他修建府第，并专门下发诏书进行慰劳鼓励。

此时刘仁轨还无福入住京师御赐豪宅，正在百济面对一幅满目疮痍之景象。当时百济战败亡国，家家户户房屋倒塌，凋零残破，尸骨遍野。刘仁轨组织唐军和百济百姓一起掩埋骸骨，清理户口，整理村落，任命官员，修补道路桥梁，整治堤堰，兴修水利设施，教民耕田种桑，赈济贫民，抚育孤老，重建治理秩序。百济百姓“大悦，阖境各安其业”。

在恢复百济安定局面的同时，刘仁轨没有忘记平定百济是为大唐攻灭高句丽的整体目标服务，他组织士兵屯田，积聚军粮，加强军事训练，随时准备策应唐朝在辽东对高句丽的攻势。

麟德二年（665），高宗调刘仁轨回朝拜为宰相，后升为右相。乾封元年（666），高句丽统治集团爆发内乱，执政大臣泉男生被其弟泉南建驱逐，请求唐朝出兵干预。高宗以李勣为辽东道行军大总管兼安抚大使，率薛仁贵等诸将分兵海、陆两路进攻高句丽。

在战争的关键时刻，总章元年（668）正月，高宗下诏刘仁轨以右相身份任辽东道行军副大总管，作为李勣副手进攻高句丽。从乾封元年到总章元年，经过两年多的战斗，唐朝终于在总章元年九月十二，灭亡高句丽，设置安东都护府，由刘仁轨厘定都护府各州县辖区。最终在唐高宗手上，唐朝解决了从隋文帝、隋炀帝到唐高祖、唐太宗都没解决的高句丽问题。

至此，唐朝的领土范围向东拓展到朝鲜半岛北部，南到今天越南中部顺化一带，北边越过贝加尔湖，西部到达中亚咸海，唐朝甚至还设立波斯都督府，声威远播西亚。当初担心儿子性格仁弱，无力处置复杂国际局势的太宗显然没有料到，高宗会比他走得更远，打下了唐朝历史上面积最大的领土。

日本乖服　新罗异动

百济平定、高句丽灭国，最失意恐惧的莫过于日本。有日本学者认为，白江口之战对日本、唐朝之间关系的影响，只有第二次世界大战对日本、美国之间关系的影响差堪比拟。

白江口之战虽然是唐军的主动战场行为，是战役伏击，但在战略本质上却只是一场中日之间的遭遇战。当时唐朝的目的只是消灭日本在朝鲜半岛上的军事存在，将日本以朝鲜半岛为跳板进攻中国大陆的幻想击碎，而并没有乘胜跨海远征日本的战略计划。唐朝史料关于白江口战斗的记载也非常有限，在唐朝看来，白江口之战只是唐朝平定百济之战中的一次战役而已。甚至有学者认为“若不是刘仁轨后来飞黄腾达，登上相位并参与编修国史工作，这场战争可能只会在中国史籍上轻轻带过，甚至失传”。

但在日本方面看来，白江口之战几乎等于灭顶之灾，是唐朝接下来对日本大规模“入侵”的开始。从公元664年开始，日本耗费巨资在本土挖壕沟，修地堡，构建了四道军事防线：对马、壹紫为第一道，长门（今日本山口县一带）为第二道，赞岐屋岛城（今日本香川县屋岛一带）为第三道，大和高安城（今日本奈良县高安山一带）为第四道，甚至将首都迁至唐朝水军无法直接进攻的内陆近江地区，随时准备全国玉碎与唐朝本土决战。

日本自认严峻的军事国防压力，倒逼了国内的政治改革。唐朝在朝鲜战争上展现出的强大国力，让日本清醒地认识到了自己的差距。此战后近千年间，日本未敢再向朝鲜半岛用兵，直至1592年丰臣秀吉出兵朝鲜，同样被当时的明朝打败。日本民族具有遇强则乖、遇强则服的性格，战败后开始全面向唐朝学习。

在白江口之战的第二年即公元664年，日本天智天皇就颁布诏书推行改革，史称“甲子改革”。白江口大败部分消灭了日本豪族集团，而当时日本改革的最大阻力，正是坚守既得利益、违抗中央命令的地方豪族。天智天皇将豪族军事力量投入朝鲜战场，借唐朝之手将其消灭，正好为改革消除障碍。战败后，日本客观上面临着唐朝的巨大军事威胁，豪族为避免政局不可收拾，不得不与天皇合作支持改革。故有日本学者认为出兵百济和白江口之战是天智天皇下的一盘大棋。

甲子改革开启后，公元668年，日本仿照唐朝法令制定近江令；670年，日本仿照唐朝户籍制度，编成庚午年籍，完成全国人口普查工作；671年，日本仿照唐朝三省六部制度，建立起太政官制度。到天智天皇晚年，日本已经基本上以唐朝政治、经济、法律制度为蓝本，建立起粗具规模的律令制国家。日本学者承认：“唐朝文化逐渐进步，日本亦常追随其后，是以日本文化无一时之固定，不断吸取唐朝之所长而日臻发达。”在日本以向唐朝学习为方向的改革推进过程中，唐朝、日本关系得到改善、恢复。

白江口之战后，东亚各国相互关系的演变中，最值得玩味深思的，是唐朝和“铁杆”盟友新罗的关系。新罗联合唐朝攻灭百济的目的之一，是要吞并百济土地。而唐朝显然不愿意新罗在朝鲜半岛南部一家独大，故对百济实行直接占领，将其纳入唐朝版图。新罗对此敢怒不敢言。

刘仁轨再次平定百济后，唐朝为减轻直接占领的财政负担，将对百济的政策由直接占领改为间接统治，派百济王子扶余隆回国出任熊津都督，掌管百济故土。唐朝多次要求新罗与百济捐弃前嫌，订立盟约，新罗却一直推三阻四，不愿意被盟约限制其吞并百济的行动。刘仁轨当初就是因为察觉到新罗因与唐朝战略目标不一致而发生的异动，所以在龙朔二年（662）高宗建议其退入新罗境内时提出不同意见，坚持不入新罗而是固守百济，就是担心万一新罗反水攻击唐军，“脱不如意，悔不可追”。

麟德元年（664），新罗迫于唐朝严令，在刘仁轨的主持下，派大臣与百济会盟。但新罗王金法敏不参加会盟，意图为将来翻案埋下陷阱。刘仁轨识破新罗图谋，于麟德二年八月强令金法敏正式与扶余隆签订盟约，新罗愤愤地表示“盟会之事虽非所愿，不敢违敕”，翻译成现代政治语言，就是服从唐朝的组织决定，但保留本国的个人意见。

麟德二年（665）的新罗、百济盟约明确要求两国共为唐朝藩国，划定疆界、永不相侵，束缚住了新罗的手脚。新罗极其不满，但因强敌高句丽尚存，只能从命。总章元年（668）唐朝攻破高句丽首都平壤前夕，新罗派出使者出访日本，主动恢复中断了十几年的新日关系，以制衡唐朝灭亡高句丽后在朝鲜半岛大增的势力。日本和新罗一样面临唐朝崛起的战略压力，迅速派使者回访，两国关系快速回暖升温。

高句丽灭亡后，唐朝、新罗联盟关系失去战略根基。新罗暗中支持高句丽和百济残余势力反抗唐朝，意图借此将唐朝挤出朝鲜半岛。不久，新罗开始悄悄蚕食高句丽、百济故土。唐朝屡加切责，新罗置若罔闻，双方终于爆发军事冲突，从咸亨元年（670）到仪凤元年（676）战争不断，刘仁轨甚至再次挂帅东征新罗，拿下其北方七座重镇。

此时，在唐朝的西南方向，吐蕃已经崛起，形成严重的威胁。就在唐朝与新罗战争刚起的咸亨元年（670）七月，唐朝征讨高句丽的名将薛仁贵在大非川（今青海省共和县西南一带），以十万兵力对战吐蕃四十万铁骑，“唐兵大败，死伤略尽”。如陈寅恪在《唐代政治史述论稿》中所言，唐朝“既得其国（高句丽），而终不能有，则以吐蕃炽盛，西北危急，更无余力经营东北。观其徙新克高丽胜将薛仁贵以讨吐蕃，而致大败之事可知也。自此以后，高丽废而新罗、渤海兴，唐室对于东北遂消极采退守维持现状之政策”。

唐朝战略重心被迫重新转向西方，以应对吐蕃崛起的战略威胁后，在金法敏遣使“入朝谢罪”的前提下，唐朝最终默许并承认了新罗统一朝鲜半岛南部的行动，双方以大同江为界划分疆界，安东都护府从平壤撤回辽东。新罗则奉唐朝正朔，永为唐朝藩属。亦如陈寅恪所言：“唐太宗、高宗二朝全盛之世，竭中国之力以取高丽，仅得之后，旋即退出，实由吐蕃炽盛，唐室为西北之强敌所牵制，不得已乃在东北方取消极退守之策略。然则吐蕃虽与高丽不接土壤，而二者间之运环关系，实影响于中夏数百年国运之隆替。”“惟大同江以南之地实际虽不能有，而名义尚欲保留，及至玄宗开元全盛之时，即此虚名亦予放弃，斯诚可谓唐代对外之一大事。”且相对于高句丽，新罗对辽东并没有领土野心，不威胁唐朝东北本土及藩属民族政权安全，双方并不存在根本利益冲突，这也是唐朝允许新罗统一的重要原因。

唐朝确立其在东亚国际格局中的主导地位后，朝鲜半岛形势最终稳定下来。东亚战略格局亦以唐朝、新罗关系为主轴，实现了唐朝、新罗、日本三国之间的有效制衡，维持了近两百年的稳定局面。东亚各国在与唐朝进行军事较量后，为唐朝先进的文化、制度所折服，纷纷开启以唐朝为蓝本的唐化改革，最终形成以汉字为共同书面语言、以儒学为共同文化内容、以礼制为共同道德规范、以法令制度为共同特征的东亚文化圈。

东北亚国际局势的稳定，为唐朝经受住从高宗后期到睿宗时期高层政治持续动荡的考验、稳步走向开（元）天（宝）盛世提供了相对安全的外部环境。开天盛世的来临，发源于玄宗、姚崇君臣在渭水边的国策定调，而盛世的巅峰，无疑是广运潭的那场盛会。

从渭川论治到广运潭盛会

继太宗打造贞观之治后，唐朝经过高宗、武则天和中宗、睿宗时期的发展，到玄宗李隆基即位时，又走到了再上盛世新台阶的历史关口。

渭水畔“十事要说”

玄宗刚登基时非常勤政，经常不到四更就起床处理政务。但这年他还不到三十岁，治国理政经验还不丰富，亟需调整宰相班子，挑选贤相辅佐，遂决意起用曾经两度出任宰相、政绩卓著、精明干练的，时任同州（今陕西省大荔县一带）刺史姚崇为相，帮助他革除积弊、推进改革。

开元元年（713）十月十三，玄宗在长安近郊、渭水之滨的骊山脚下组织了大规模军事演习。玄宗骊山讲武，除为确认他三军最高统帅的地位以巩固皇位外，还有一个不为人知的目的，就是排除现任宰相的阻挠，为与姚崇见面创造时机。

骊山讲武的第二天，十月十四，玄宗到渭水岸边打猎，下诏让姚崇同行。姚崇到后，玄宗问道：姚卿打猎怎么样？姚崇回道：臣少时“唯以射猎为事”，长大后“折节读书”，如今虽然“官位过忝”，窃居高位，但“至于驰射，老而犹能”，还是可以施展一下筋骨的。说罢，已经六十三岁的姚崇左牵黄，右擎苍，弯弓射箭，身姿矫健。玄宗见此“大悦”。

玄宗此举，意在观察年过花甲的姚崇是否还有足够良好的身体素质和旺盛精力任相。玄宗见姚崇的身体还能继续为大唐工作，当即任命其为兵部尚书，并拜为宰相。姚崇却不谢恩，没有接受任命。玄宗十分惊讶。

等到君臣下马落座休息，姚崇才说，除非玄宗在治国上答应他十件事，否则他坚决辞任。于是，在渭水长风起秋色的风景中，君臣二人深入探讨治国之道。姚崇提出稳定政局，不允许皇亲国戚、幸臣宦官干预朝政，结束酷吏政治施行仁政，整顿吏治，赏罚分明，礼敬大臣，听言纳谏，改善财政，安定边疆，禁止滥建寺观等十条建议，史称“渭水十事要说”。

姚崇所言十事不但是救时之策，更是对即将到来的盛世的全面战略规划和顶层设计。玄宗闻之，泪流满目，条条应允。渭水两岸一年一度秋风劲，而开元元年的渭水黄花却分外香。玄宗、姚崇君臣，一老一少决心携起手来，共同为大唐盛世而奋斗。

广运潭烘托盛世

玄宗逐一落实姚崇在渭水岸边提出的施政纲领，持续推进政治、经济、军事体制深度改革，尤其是改善从江淮一带运送粮草、钱帛到长安的漕运大动脉，推动东南经济中心与西北政治中心深度融合一体。整个开元时期，唐朝的社会经济国力基本上处于持续上升状态。到了天宝初年，大唐呈现全盛局面，玄宗君臣终于打造出了中国古代盛世的重要标杆——开（元）天（宝）盛世。

天宝二年（743）春天，玄宗在长安举行了著名的广运潭盛会。广运潭位于长安北部，是包括江淮在内的各地物产、钱货运往长安的重要港口，可将长安与以大运河为主干的全国水运网络完美地连成一个有机整体。该潭由江淮转运使韦坚组织民力开挖，历时两年而成。

天宝二年（743）三月二十六，玄宗登临望春楼，凭眺一潭春水。韦坚从洛阳、开封等地调来新船数百艘，船上标明各郡郡名，船舱用大米压实，甲板陈列各郡珍货特产。各船首尾相连，有数里之长。驾船人头戴大斗笠，身穿宽袖衫，脚蹬草鞋。陕县（今河南省三门峡市陕州区一带）县尉崔成甫穿着锦缎制成的绿色短袖衣，袒露胳膊，额头抹上红色，站在船头领唱《得宝歌》：

得宝弘农耶，弘农得宝耶。
潭里船车闹，扬州铜器多。
三郎当殿坐，看唱得宝歌。

得宝弘农是指天宝元年（742），陕州即弘农桃林县（今河南省灵宝市一带）挖出据说是玄元皇帝老子留下的宝符，玄宗遂将桃林县改名灵宝县。三郎便是玄宗。崔成甫引吭高歌时，数百位盛装仕女在旁和声。韦坚向玄宗献上各郡特产果盘，玄宗“置宴，竟日而罢，观者山积”。

广运潭盛会是开元天宝时期唐朝社会经济繁荣的集中展现，显示了大唐巅峰时期的无限风采。杜甫《忆昔》更是诗意地展现了盛世繁华：

忆昔开元全盛日，小邑犹藏万家室。
稻米流脂粟米白，公私仓廪俱丰实。
九州道路无豺虎，远行不劳吉日出。
齐纨鲁缟车班班，男耕女桑不相失。
宫中圣人奏云门，天下朋友皆胶漆。
百余年间未灾变，叔孙礼乐萧何律。

这不仅是诗人的升华之笔，更是史籍的如实关照。对于开天盛世，《通典》有载：

> 至十三年封泰山，米斗至十三文，青、齐谷斗至五文。自后天下无贵物，两京米斗不至二十文，面三十二文，绢一疋二百一十二文。东至宋、汴，西至岐州，夹路列店肆待客，酒馔丰溢。每店皆有驴赁客乘，倏忽数十里，谓之驿驴。南诣荆、襄，北至太原、范阳，西至蜀川、凉府，皆有店肆，以供商旅。远适数千里，不持寸刃。（开元）二十年，户七百八十六万一千二百三十六，口四千五百四十三万一千二百六十五。天宝元年，户八百三十四万八千三百九十五，口四千五百三十一万一千二百七十二。

《唐语林》亦有记：

> 开元初，上留心理道，革去弊讹。不六、七年间，天下大理，河清海晏，物殷俗阜，安西诸国悉平为郡县。置开远门，亘地万余里。入河湟之赋税满右藏；东纳河北诸道租庸，充满左藏。财宝山积，不可胜计。四方丰稔，百姓乐业。户计一千余万，米每斗三钱。丁壮之夫，不识兵器。路不拾遗，行不赍粮。奇瑞叠委，重译麕至。人物欣然，咸思登岱告成。

根据《通典》《唐语林》等史籍中关于开天时期耕地面积、粮食产量、人口数量的记载，历史学家推测，这一时期耕地大约在八百万到八百五十万顷，每家每户平均占有土地七十亩左右，人口大约有一千三百万户，八千多万人，人均粮食达到七百斤上下。这在古代是一个相当大的数字，中国人均粮食占有量再次稳定在七百斤左右，是在一千两百多年后的21世纪初期。从南方向北方转运钱粮的漕运通道打通，南北经济循环更加顺畅，南北一体化加速。

更重要的是，整个大唐的社会心理都呈现出积极向上的良好心态。陈寅恪有言："唐代科举之盛，肇于高宗之时，成于玄宗之代。"科举制度的全面实施，进士录取人数的增加和范围的扩大，使每个人都有了跨越阶层的希望。

这是中国历史上永远让人向往的盛世，国家富强，百姓富裕，精神向上，政治充满活力，阶层流通顺畅，声威远播四海。经过持续向西开疆拓土，唐朝控制了帕米尔高原和更西的地区，"安西诸国悉平为郡县"，中亚七十二国归附，"是时中国强盛，自安远门西尽唐朝凡万二千里，闾阎相望，桑麻翳野"。

便桥上悔不当初

从太宗渭桥结盟忍辱负重，到玄宗渭川纳谏开创盛世，滋养八百里秦川、哺育数千年华夏文明辉煌的渭水承载了大唐盛世的雄壮，更是借助长安国际大都会的地位流向世界、泽被四海。而历史的悲哀在于，渭水亦不得不眼见一手打造出开天盛世的玄宗，又一手将这盛世毁灭，之后仓皇出逃。

日中则昃，月盈则亏，陶醉于开天盛世中的玄宗在天宝中后期逐渐倦怠朝政，对内政外防的一系列处置出现重大政策失误，终于将开天盛世酿成安史之乱的苦酒。

天宝十四载（755）十一月初十，安禄山在范阳集结十五万军队（号称二十万），以入朝清君侧，讨伐杨国忠为名，举兵造反，"步骑精锐，烟尘千里，鼓噪震地"。渔阳鼙鼓，动地而来，狼烟滚滚，遮云蔽日，大唐"海内久承平，百姓累世不识兵革，猝闻范阳兵起，远近震骇"。河北地区州县因均属安禄山统辖，叛军"所过州县，望风瓦解，守令或开门出迎，或弃城窜匿，或为所擒戮，无敌拒之者"。

由于玄宗急于平叛，屡屡应对失误，洛阳和长安门户潼关连续失陷。天宝十五载（756）六月十三，天刚泛白，玄宗带着杨贵妃和杨国忠等若干大臣、宦官宫女，在龙武大将军陈玄礼率领的几千禁军护卫下，从长安城延秋门向西逃亡。“亲王、妃主、皇孙已下多从之不及”，惨遭屠戮。

玄宗走过渭水便桥时，杨国忠下令烧桥，以免安史叛军过桥追击。玄宗心善，言百姓逃避兵灾全靠这桥，不要断人生路，说罢派高力士将火扑灭。

在便桥上眼望滔滔渭水的玄宗，不知是否想起那年姚崇在渭水岸边的苦口婆心。当年的玄宗意气风发，当年的姚崇精神矍铄，当年的大唐朝气蓬勃，当年的渭水秋日胜春朝。而今这盛世是否会如脚下渭水一样东流不复回，玄宗不知，也不敢想。后来玄宗曾对侍臣说，“若姚崇在，贼不足灭也”，如果今天姚崇还在，会像捏蚂蚁一样轻松灭掉安禄山。

安史之乱的爆发，不仅导致叛乱四起、藩镇林立的政治危机，更致使唐朝从江南调运钱粮到京师的水运生命线废弛，引发经济形势恶化。幸好，早在四十多年前的开元十三年（725）左右，玄宗一次接见神童刘晏的无心插柳之举，换来日后重整南北水运、重构财政体系的柳枝成荫，使得大唐能够再次中兴、再续荣光。

万里江海通，九州天地宽——刘晏与唐代漕运改革

漕运是中国古代历史上的重要经济制度，是指朝廷将从各地征收的田赋粮食通过水路运输到京师或其他指定地区。故许慎《说文解字》有言：“漕，水转谷也。”

隋唐时期，中国经济重心南移，江南成为主要粮食产地。“关中号称沃野，然其土地狭，所出不足以给京师、备水旱，故常转漕东南之粟”，京师长安所在的关中八百里秦川经过几百年开发，地利渐尽，且耕地有限，无法供养官民所需。唐朝开始从江南大规模调运粮食到长安，漕运成为关系朝廷安危的重要生命线。

安史之乱后，唐代漕运废弛。刘晏临危受命，对漕运制度进行了深度改革，不仅解决了关中粮荒，更是重新沟通了南北经济，打通了唐朝安史之乱后经济复苏发展的任督二脉，进而重构财政体系，为大唐实现中兴、再次延续一百多年的荣光奠定了财经基础。而早在安史之乱前的开天盛世年间，年仅十岁的刘晏，就已经进入唐玄宗的视野。

少年神通　十岁入仕

刘晏是曹州南华县（今山东省东明县一带）人，出生于唐玄宗开元三年（715）左右，家庭出身较为低微，其父刘知诲为南华县丞（正九品上）。刘晏自幼聪悟过人，读书过目不忘，七岁便考中科举考试中专为少年儿童应试设置的科目“童子举”。

开元十三年（725）十一月，玄宗东封泰山，十岁的刘晏献上

《东封书》，盛赞玄宗功德。玄宗惊讶于刘晏小小孩童便能写出如此文章，就让宰相张说测验其学识。张说测试完毕，叹道："国瑞也！"视刘晏为国之祥瑞。刘晏由此获得"神童"称号，玄宗授予其秘书省正字（正九品上）职务，负责校正典籍中的文字讹误。十岁刘晏仕途刚起步，就得到了其父穷极一生也只能做到的九品官职，名震一时。

玄宗有次设宴长安勤政楼，召刘晏赴宴。最受玄宗宠爱的武惠妃见刘晏聪明可爱，竟把他抱进怀里，"置于膝上，为施粉黛，与之巾栉"，疼爱之情溢于言表。玄宗问刘晏："卿为正字，正得几字？"你上任以来，校出多少错别字啊？刘晏回道："天下字皆正，唯'朋'字未正得。"臣已经把秘书省所藏典籍文献中的错别字全部改正，只有"朋党"中的"朋"字无法改正。刘晏如此回话，意在借机劝谏玄宗调和朝堂上已经日趋激烈的朋党之争。由此可见，年仅十岁的刘晏已对朝堂态势有深刻认知。

当时勤政楼下正进行歌舞杂耍表演，鼓乐喧天。有个叫王大娘的女艺人表演杂技"带竿"，即用头顶住百尺竹竿底端，撑起安放在竹竿顶端的木制瀛洲仙山模型，供盛装小儿在仙山上表演。武惠妃就让刘晏以"王大娘带竿"为题赋诗一首，刘晏当即吟出：

楼前百戏竞争新，唯有长竿妙入神。
谁谓绮罗翻有力，犹自嫌轻更著人。

玄宗和武惠妃听后"欢笑移时，声闻于外"，赏赐刘晏只有王公贵臣才可使用的象牙笏板和黄纹衣袍等物品。

在秘书省的十多年间，刘晏勤学苦读，将省内所藏典籍基本上翻读一遍，为后来大展宏图打下了深厚的学识根基。天宝初年，刘晏外放夏县（今山西省夏县一带）县令（从七品下）。他宽仁爱民，从来不严声厉语催逼百姓缴纳赋税。百姓感念恩惠，都会及时在规定期限内完税交粮。刘晏后又通过唐代科举中允许在职官吏参加的制举“贤良方正科”考试，被破格提拔为温县（今河南省温县一带）县令（正七品上）。刘晏为温县百姓做了大量实事、好事，百姓将其惠民事迹都刻在石碑上，为其树碑立传。因为“有能名”，政绩卓著，刘晏上调中央监察机关御史台任侍御史（从六品下）。

天宝十四载（755）十一月，安史之乱爆发，玄宗仓皇逃奔蜀地，肃宗在灵武（今宁夏灵武市一带）即位，刘晏到襄阳避乱。出镇江南的永王李璘，企图割据自立，招揽李白等各方英才入其幕府，亦向刘晏伸出橄榄枝。刘晏看出李璘不臣之心，予以拒绝，同时写信给宰相房琯，指出玄宗派诸王出镇四方，不利于稳定肃宗皇位和统一指挥平叛。刘晏此信对当时根基不稳的肃宗是莫大支持。肃宗遂下诏任命刘晏为户部度支郎中（从五品上），“领江淮租庸事”，负责征收江南赋税钱粮，供应中原平叛军需。

刘晏刚走马上任，李璘就公开起兵造反。刘晏和江南官员一起将叛乱平定，后经过几个地方刺史平台的历练，升任河南尹（从三品）。但当时包括洛阳在内的河南大部都被叛军史朝义占据，刘晏的“河南尹”实际上有名无实。

上元元年（760）五月，肃宗将刘晏调回朝廷任户部侍郎（正四品下），兼“度支铸钱盐铁等使”，监管财政收支、货币铸造、盐铁专卖等事务，不久又兼任京兆尹（从三品）。任职期间，刘晏“总大体不苛，号称职”，将各项工作处理得井井有条，渐有“善治财利”之名。

随着刘晏进入朝廷高级官员序列，仕途起伏受高层政治斗争影响越来越大。上元二年（761）十一月，刘晏被人诬告泄露朝廷机密，外贬为通州（今四川省达州市一带）刺史（正四品上）。

宝应元年（762）四月，代宗即位，于六月二十七为刘晏雪冤，恢复其户部侍郎、京兆尹的职务，并“领度支、盐铁、转运、铸钱、租庸使”。当年十一月，朝廷收复河南、河北。十一月十四，刘晏又兼任河南道水陆转运都使，负责河南地界的漕运管理。广德元年（763）正月初九，代宗任命刘晏为宰相（正三品），统领朝廷财经事务。几天后，叛军首领史朝义被杀，人头于正月三十送到长安，历时近八年的安史之乱终于平定。

正当刘晏要发挥其理财之能，为刚从战乱中走出的唐王朝纾缓财政困局的时候，又栽了个跟头。广德二年（764）正月二十五，刘晏“坐与程元振交通”，因与遭罢黜的权宦程元振过从密切，被解除宰相职务，调任没有实权的虚职太子宾客（正三品）。

勘测水情　分析利病

刘晏因官场倾轧被罢相，但唐王朝在安史之乱后的经济困境依然如故，其关键在于，战乱以来沟通江南与关中的经济命脉梗阻，尤其是位于河南地界、连接淮河与黄河的漕运大通道汴水，因年久失修，堙废淤塞不能行船。从江南启程的粮船只能从长江绕道汉水，到达梁州（今陕西省汉中市东部一带）、洋州（今陕西省洋县一带），然后下船改走陆路，用马拉车运的方式翻越秦岭山路，才能将粮运抵长安。

这条运粮之路“迂险劳费”，不但路远，而且沿途险象环生，耗损极大，时间、运输成本直线上升，由此导致关中地区粮价高涨，一斗米卖到一千钱，而贞观年间一斗米才三四钱。朝廷内外、官民上下都为生计发愁。田里的麦穗还没成熟，就被捋下来充作禁军军粮，百姓更是无粮可吃。甚至皇宫御膳房也没有足够的粮食储备，经常是吃了上顿没下顿。

面对严重的经济困难局面，代宗在将刘晏罢相不到两个月后，于广德二年（764）三月十二任命其为“河南、江、淮以来转运使”，负责从江南到河南的漕运事务，筹划疏浚汴水河道。第二天，代宗又“命晏与诸道节度使均节赋役，听便宜行毕以闻”，下令刘晏与各地方节度使商讨筹集整治汴水所需经费之事，允许他根据实际需要，无须请旨即可先行实施，事后再行奏报。

刘晏得到便宜从事之权后，“以转运为己任”，着手恢复从江南到关中之间的漕运通道。他亲自带领属下实地勘测从淮河、泗水到汴水、黄河的各条漕路河段。“右循底柱、硖石，观三门遗迹；至河阴、巩、洛，见宇文恺梁公堰，厮河为通济渠，视李杰新堤”，深入考察三门峡的栈道石渠，河口、洛口的堤堰仓库，全面总结前人整理漕运的经验教训。

刘晏深知，疏通汴水、重修漕路在工程技术上并不难，难在“为人牵制”，即被从朝廷到地方的各种势力所掣肘。刘晏遂上书时任宰相元载，系统提出了整理漕运的全盘思路和整体方案，主要是“四利”“四病”之论。

刘晏认为，整理漕运有“四利”。“一利”是关中地区百姓税负，尤其是田赋过重，从江南调粮到关中，至少可以减轻百姓一半的赋税徭役；“二利”是战乱期间，东都洛阳毁于兵火，民生凋敝，漕路恢复后，可招引流民落户定居，渐次恢复经济；“三利”是安史之乱后朝廷权威不振，地方节度使尾大不掉，周边政权虎视眈眈，修复漕运可以充实国库，维护国家统一，巩固国防安全；“四利”是安史之乱扰乱了唐朝原有的经济秩序，物流贸易不畅，商品交易受阻，漕运水路打通后，可以重构全国统一的商品流通网络，活跃城乡交易，将经济恢复至战前水平。

从刘晏分析“四利”可见，他不只是把恢复漕运当成是打通粮运通道的手段，而是要以整理以漕运为代表的水运为基础，恢复整个大唐经济体系内的商品流通，逐渐医治战争创伤。进而在增加财政收入和增强朝廷财力的基础上，扭转中央在与地方藩镇和周边强邻关系中的弱势地位，收拾旧河山，重建大一统，重现当年贞观之治和开天盛世的昌盛荣光国运。

刘晏的理想很丰满，现实却很骨感，在当时满目疮痍的战后环境中，仅仅是整理漕运一项，就已经是困难重重。他对此亦不讳言，直言漕运有“四病”，即四方面的困难。“一病”是受长期战乱影响，漕运河道所经方圆五百里地区人烟稀少，有如无人之境，没有足够的劳动力可以支撑如此浩大工程；“二病”是黄河、汴水因战乱无人整修，泥沙沉积，河床淤塞，千里河道到处是浅水滩，满载粮食的重船吃水很深，根本无法通行，即使勉强通航，漕运速度也是相当缓慢，不能解关中缺粮燃眉之急；“三病”是大规模叛乱虽然初步平定，但漕路沿线还很不太平，经常有小股乱兵袭击没有驻军防守的黄河沿线，粮船航行安全得不到保障；“四病”是对漕运最大的威胁还不是匪军，而是官军，在从江淮到关中长达三千里的水路运输线上，藩镇林立，朝廷政令不行，地方骄兵悍将往往借口军粮不足，抢夺朝廷漕粮。

刘晏上书元载，意在取得朝中重臣支持，故一再剖白心迹，请元载挂名总揽其事，自己具体负责做事。刘晏在书中坦言，累年已来，宦途坎坷，事不成，名未就，“焦心苦形，期报明主”，唯愿用一身所学报朝廷于万一，欲身体力行修整河道，身先士卒负重转输。

当时元载正全力巩固朝中权势，无暇外顾，就把改革漕运之事全权委托给刘晏，刘晏这才获得尽展所学、一显身手的机会。

再整漕路　重构财政

在实地勘测水情、全面分析利病的基础上，刘晏采取了多项措施，对漕运进行了系统性改革，重新打通了从江南到关中的输血大通道。

首先是重新疏通河道。

安史之乱后漕运不畅，直接原因在于汴水航道不通。刘晏在时任河南副元帅李光弼的帮助下，借助驻扎河南地界的官军人力，并发动两岸百姓下水淘挖淤泥，对汴水等淤塞河道进行疏浚，恢复其连接淮河、黄河的功用，各河道得以畅通无碍。

为保证漕运所需水利，刘晏还“分黄河水入通济渠”，又分派官员管理位于今天皖南地区的古丹阳湖，禁止沿湖百姓随意取水灌溉，“自是河漕不涸”。为避免沿岸寇匪甚至节度使军队劫掠漕粮，刘晏还组织护粮军队，“十船为纲，每纲三百人，篙工五十”，每十艘船为一队，由军将带领三百军士武装护航。

疏通汴水是刘晏改革漕运的首要关节，各段河道由此恢复了航运能力，江南租赋重新源源北上。著名诗人岑参为此还有诗云：“刘公领舟楫，汴水扬波澜。”

其次是完善分段运输。

唐代漕运刚开始沿用传统的直运方式，即从江南直接运输到长安。由于各段河道水力不同，水情不一，涨落时间各异，漕船辗转进入各条河道时往往需要长时间等候，导致运速慢、运粮少，不能满足关中地区日益增长的粮食需求。开元年间，裴耀卿调整运输方式，由全程直运改为分段运输，江南漕船到黄河后卸粮即回，然后再由黄河漕船分送到长安和洛阳。此举提高了运输效率，但裴耀卿的改革很不彻底，尤其是经安史之乱，分段运输法基本上废弛。

刘晏在裴耀卿的基础上，对分段运输方式进行优化升级，“缘水置仓，转相授给”，沿各条河道设置粮仓，分地储存粮食，分段接力运输。刘晏分析，“江、汴、河、渭，水力不同”，将漕运航线划分为长江、汴水、黄河、渭水四个河段，“江船不入汴，汴船不入河，河船不入渭；江南之运积扬州，汴河之运积河阴，河船之运积渭口，渭船之运入太仓”，江南漕船运粮到扬州粮仓，然后由汴水漕船输送至河阴（今河南省郑州市西北一带）粮库，接着由黄河漕船运输至渭口（今陕西省潼关县渭水注入黄河处）仓库，最终由渭水漕船运送到长安太仓。各河漕船均可根据具体水情择机行船，节省了等候时间，运时缩短，运力提升。“漕卒”（即船工）对所属航道水情也更加熟悉，往来自如，不易出事，运输稳定性得到保障。

刘晏之前，漕粮都是散装散运，装卸麻烦，损耗严重，且给贪官污吏偷窃提供了便利。刘晏改为袋装整运，把漕粮装进麻袋，再装船起运。此法不仅便于分段转运时装卸、运输，还减少了损失，即使翻船落水也可打捞。

第三是变水陆联运为全程水运。

从黄河转漕至渭水，最为危险的是三门峡。黄河进入三门峡峡口后，河道从七百米骤然收缩至四百米，水势险恶。尤其是河道中耸立的两个石岛将黄河分为三道激流，俗称“三门”，南为鬼门，中为神门，北为人门，这就是“三门峡”之名的由来。

三门之中，神门、鬼门均万分凶险，只有人门可以行船，但此处亦是水情复杂，暗礁遍布，危石林立，险情多发，漕船逆流上行，稍不留神就会翻船，以致粮沉人亡。当年裴耀卿调整漕运路线时，为避三门峡天险，从洛阳含嘉仓到陕县太原仓一段放弃水运，改走陆路，实行水陆联运。此举虽然避免了漕船倾覆，但三百里的陆路分八段接力，需用牛车千八百辆，征发民夫成千上万，不但费时劳民，而且成本极高，以致有“斗钱运斗米”之说。

刘晏将三门峡一段从陆路改回水运，实行全程水运以降低成本，提高时效。为避免在三门峡翻船，刘晏筹资打造坚固耐用的漕船，即“上门填阙船”，同时从巴蜀购买大量竹子、麻皮，研发制作坚韧绳索用来挽舟拉纤。纤绳定期更换，确保绳坚不断。刘晏还雇佣经验丰富的纤夫、船工，漕船通过三门峡时，三十名纤夫拉纤，五名船工撑篙，齐心协力，互相配合，把漕船拉过三门峡险滩激流。

第四是变私人承办为朝廷操办。

刘晏应对三门峡天险的重要手段是打造坚固漕船，这就需要从源头抓好造船事务。之前的漕船基本上是由私人所造，设备简陋、载重较小，遇到小风小浪就容易倾覆，更不用说三门峡的激流险滩。

刘晏将漕船建造统一收归朝廷，在扬州设立了十个官办造船厂，根据不同河面水情，制造相应功用船只。“歇艎支江船”船型肥阔，浅仓平底，载重大，可装四五十吨粮食，适合在江南水流平缓的河道航行。“上门填阙船”尖底小腹，船底坚实笨重，船头船尾高翘，船身两侧配有较高的护舷板，适宜在黄河三门峡等水流湍急、路狭礁险的河道航行。

在造船上，刘晏不惜工本，狠抓船只质量，每艘船造价达一千缗。有人说造船成本实际上五百缗就够用，“虚费太多”，刘晏不以为然，认为做大事不能只算小钱，还要考虑将来长远。船厂新建，各方面人员都比较多，必须在人工成本上给够给足，才能保证所造船只坚固牢靠。刘晏此举颇具先见之明，唐朝后期漕运管理部门将造船经费大幅压减，“船益脆薄易坏，漕运遂废矣”。

在朝廷出面开办造船厂的同时，刘晏还改变了私人组织漕运的方式。刘晏之前，漕运由两岸富户组织无偿服徭役出义务工的贫民进行，贫民叫苦不迭，富户从中牟利。刘晏实行漕运官办，用官营盐业获得的利润雇佣水性好、身强力壮、经验丰富的船工、水手，付给他们丰厚的工资，“未十年，人人习河险”，取得了“不发丁男，不劳郡县”而劳力充裕的良好效果。

经过刘晏对漕运体系的全面改革，从江南到关中的运输时间从八九个月削减至四十天左右。运粮成本大幅下降，每斗米从镇江运至长江对岸扬州的运费从十九钱降至四钱，从扬州到郑州的运费从一百二十钱降至三十钱，其他商品从扬州到开封的综合运输成本从两千两百钱降至一千三百钱，“岁省十余万缗”。通过漕运每年可向长安调粮一百一十万石左右，“无升斗溺者”，自是“关中虽水旱，物不翔贵矣”，长安粮价很快被平抑。当年第一批漕粮运到长安时，代宗亲自派皇宫卫士敲锣打鼓赴东渭桥码头迎接，并派人传口谕“卿，朕酇侯也”，将刘晏比作汉初贤相萧何。

陈寅恪曾有言：“唐代自安史之乱后，长安政权之得以继续维持，除文化势力外，仅恃东南八道财赋之供给。”而八道钱粮赋税的北上转运通道，走的就是刘晏重新疏通的漕路。江南财富效应之所以能够有效转化为关中朝廷的治理能力，无疑与刘晏对唐代漕运的系统改革密不可分。正如岑参诗所言，从此“万里江海通，九州天地宽”。

隋唐在通过运河与漕运将中原、江南连接为南北一体的同时，随着中原与草原互动的加强，一个更大更广的南北地理空间概念也呼之欲出，那就是以草原塞北为主体的“北”和以中原江南为主体的“南”。中原、江南“旧南北”一体化问题的解决，经历了从三国到隋唐近五百年，而草原塞北、中原江南“新南北”问题的破解，亦经历了宋辽金元三百多年的反复摸索。

第五章
宋元明清：背靠草原　面朝大海

北宋建立后，中国历史开启“赵宋以降之新局面”，近代化进程勃兴。在北方用“澶渊之盟”探索中原王朝与草原政权双边关系处理新模式的同时，北宋也在南方用福寿沟摸索城市社会民生治理的新途径。从近代视角看，宋元明清历史发展的一条主线，就是将塞北草原与中原、江南连接成更大规模的南北统一体，在背靠草原的基础上，面向大海拓展经济发展空间和战略回旋余地。

南宋在北宋乃至秦汉以来眺望海洋、发展海运的基础上，大力开展海上贸易，使之成为抵挡金国和蒙古草原铁骑的重要财政基础，并在与元朝最后的决战崖山海战中彰显最终的民族气节。元朝重新统一后，再修运河弥补南北长期的裂痕，继续发展海上贸易，却因对黄河治理的漠视激起大规模起义，退回塞外。

明朝在海洋政策上走出“开—关—开”的正向循环，郑和下西洋的壮举，唱出中国古代向海而生的历史绝唱，隆庆开海后明朝参与构建世界早期经济体系的努力，中西思想的碰撞交流，展示了中国历史走向的另外一种可能。而清朝入关后海洋政策“关—开—关”的逆向闭环，将历史的可能化为泡影，最终被来自海洋的敌人敲开国门，而自身则被发源于南洋的革命党人推翻。

澶渊之盟：中原、草原关系新定位

和我们的通常印象不同，契丹并非是在北宋才从东北白山黑水中冲杀出来，突然以泰山压顶之势成为中原王朝的心腹大患，而是早在唐朝就已经日渐崛起。北宋应对契丹问题时的疲于奔命，在很大程度上是唐朝和五代十国留下的历史包袱，而非新的挑战。

后晋儿皇割地遗祸

唐朝中期，契丹开始在东北崛起，给唐朝边防造成极大的压力。天宝十载（751）八月间，时任范阳节度使的安禄山起兵六万攻打契丹，铩羽而归。安史之乱后，唐朝国防线收缩，契丹占据整个东北。到公元9世纪中期，契丹又相继征服奚、室韦等部落和渤海国，成为东北亚最大的强权。

契丹坐大，而中原大地却处于分裂之中。唐朝灭亡后，梁、唐、晋、汉、周五代短命政权相继而起，外加十国分立，契丹抓住中原分裂的机会趁机南进，多次进攻后梁、后唐，互有胜负，战争呈现胶着状态，直到沙陀人石敬瑭的出现。

石敬瑭本为后唐河东节度使，在后唐灭后梁统一北方的战争中屡立奇功。“功高”总是和“震主”联系在一起，功劳太大的石敬瑭被后唐末帝李从珂认定为脑后长有反骨。素有政治野心的石敬瑭决定不枉担这个虚名，遂于后唐末帝清泰三年（936）五月在驻地太原举兵造反。

这厢石敬瑭刚扯起造反大旗，那边李从珂就派出大军包围太原平叛。实力撑不起野心的石敬瑭黔驴技穷，就以割让卢龙镇和雁门关以北诸州为条件，向契丹请求军事援助。

契丹首领耶律德光闻讯大喜，立马率领五万铁骑越过雁门关，杀奔太原而来，杀退后唐军队，颠覆后唐政权，于当年十一月，亲手将石敬瑭扶上皇位，是为后晋。

皇位这宝座是人家契丹帮夺来的，吃人嘴软的石敬瑭很是知趣，立马认干爹，称比自己还小的耶律德光为父，称臣于契丹，成为中国历史上有名的“儿皇帝”。

石敬瑭还没当上皇帝时，国可以随便卖，土地可以随便割，反正“崽卖爷田不心疼”，当上皇帝后，天下毕竟是自己的了，石敬瑭必须考虑国防问题。当初许诺割出去的那些地盘，可是关系后晋王朝生死存亡的要害之地。

石敬瑭想重新和契丹谈判，试图用钱赎回契丹出兵时占据的幽州（今北京市一带）、蓟州（今天津市一带）、云州（今山西省大同市一带）、应州（今山西省应县一带）等地。结果契丹一口回绝，表示钱要拿，地也必须割。在契丹的强势威逼下，石敬瑭只有乖乖地将之前许诺的幽云十六州奉上。

除前文提到的幽州、蓟州、云州、应州四州外，幽云十六州还包括顺州（今北京市顺义区一带）、儒州（今北京市延庆区一带）、檀州（今北京市密云区一带）、涿州（今河北省涿州市一带）、瀛州（今河北省河间市一带）、莫州（今河北省任丘市一带）、新州（今河北省涿鹿县一带）、妫州（今河北省怀来县一带）、武州（今河北省宣化市一带）、蔚州（今河北省蔚县一带）、寰州（今山西省朔州市东部一带）、朔州（今山西省朔州市一带）十二州，囊括今天北京、天津全部，河北北部、山西北部地区。

幽云十六州中，幽、蓟、瀛、莫、涿、檀、顺七州因处太行山东南，被称为“山前”；儒、妫、武、云、朔、寰、应、代、新九州因处太行山西北，是为“山后”。

十六州群山环绕、居高临下、俯瞰中原、易守难攻，是中原王朝保卫华夏文明核心地带黄河流域的天然屏障，也是游牧民族南下侵袭的关山阻碍。

石敬瑭将幽云十六州拱手相让，等于大开中原门户，后果万分严重。从此契丹等游牧民族的铁骑就能在一马平川的中原大地纵情驰骋、横冲直撞，随时可以饮马黄河、南望长江。

后周世宗收复雄关

正因幽云十六州的战略地位如此重要，后晋之后的后汉和后周，都以收复幽云十六州为己任。尤其是后周世宗柴荣，数次北伐。老对手契丹，此时已经升级改版，于公元947年改国号为“辽”。

后周世宗显德六年（959）三月十九，柴荣“诏以北鄙未复，将幸沧州”，昭告天下御驾亲征，亲赴沧州前线，收复幽云十六州大好河山。

三月二十九，柴荣从首都大梁（今河南省开封市一带）出发，四月十六抵达沧州，然后坐船沿运河北上。四月二十六，船队抵达益津关（今河北省霸州市一带），辽国守将终廷晖“以城降”。

四月二十八，当时还是柴荣帐下大将的赵匡胤先期抵达瓦桥关（今河北省雄县一带），逼降守将姚内斌，柴荣御营随之进入雄县。第二天，又传来喜讯，“莫州刺史刘楚信举城降”。五月初一，“瀛州刺史高彦晖举城降”。

五月初二，柴荣召开御前军事会议，部署进攻幽州。会上，将军们都认为，在短短三十多天的时间能兵不血刃收复幽云十六州中的瀛、莫二州和瓦桥关、益津关、淤口关（今河北省霸州市东部一带）三关，的确是北伐事业取得的重大胜利，“此不世之功也”。但契丹的精锐骑兵都集中在幽州以北地区，“今虏骑皆聚幽州之北，未宜深入”，用步兵对骑兵当面硬碰硬胜算不大，最好先巩固现有阵地，将收复的国土落袋为安，等练好骑兵后再打幽州。

此时雄心勃发、斗志昂扬的柴荣，听完这番丧气话，很是不悦。决定不顾麾下众将的反对，一鼓作气夺回幽州。他先派前锋将军进驻固安前沿阵地，接着到安阳水（海河的支流，流经霸州市北部，今已湮没）指挥架桥。一直到日落西山，柴荣才返回雄县御营休息。

此时，辽国也已经在幽州摆好阵势。契丹前期之所以让出瀛、莫二州和瓦桥、益津、淤口三关，是因为雄县和霸州山多，不利于骑兵突击，而幽州可是大平原，契丹的骑兵在此地等候后周步兵。不仅如此，辽国还派出特使日行七百里到晋阳（今山西省太原市一带），要求北汉政权出兵攻击后周的后腰，在西北插上一刀。

一场大战就要爆发。

关键时刻，五月初二当天夜里，柴荣突发重病，被迫停止军事行动。辽国和北汉军队也随之撤出前线。硬碰硬的大战，因为皇帝龙体欠安，而化于无形。

五月初五，后周在新收复的地区建立行政机构，“以瓦桥关为雄州，割容城、归义二县隶之。以益津关为霸州，割文安、大城二县隶之”。容城与归义都属于今天的河北容城县，二地划入以瓦桥关（即雄县）为州政府所在的雄州。雄、霸二州尤其是雄州，自此担负起历史的重任，成为中原王朝抵抗东北游牧民族入侵的前沿阵地。

五月初八，“上自雄州南还”，柴荣拖着病体，班师回朝。六月十九，世宗龙御归天。后周世宗北伐，是幽云十六州落入辽国之手后，中原王朝第一次有组织、有准备的收复行动。只可惜柴荣天不假年，出师未捷身先死，夺回幽云十六州的历史重任，就落到了继后周而起的宋太祖赵匡胤和太宗赵光义兄弟俩身上。

太祖太宗叹息扼腕

公元960年六月初四清晨，赵匡胤陈桥兵变黄袍加身，建立北宋王朝，采取“先南后北”的进军路线，意图先削平实力较弱的南方诸国，然后平定北方的北汉，收复幽云十六州，抵住辽国南下的兵锋铁骑，恢复汉唐旧疆，再造天下一统。

太祖皇帝赵匡胤军旅出身，是个现实主义者，他明白，北宋步兵无法与辽国骑兵抗衡，要使幽云十六州重回大宋怀抱，最稳妥的办法是经济赎买手段。赵匡胤准备积攒五百万匹绢布，买回十六州。如果契丹不卖，那就买契丹骑兵的人头。

太祖认为，辽国骑兵精锐不过十万，二十匹布买一个人头，花二百万匹布就够了。因此，终太祖一朝，对辽国攻势不多，只是在攒钱攒布，积蓄经济实力。

大体上处于和平状态的宋、辽，甚至还于开宝七年（974），由边防将领北宋雄州守将孙全兴、辽国涿州守将耶律合住出面，开展了议和活动，“重修旧好，长为与国”，建立互信互谅的合作伙伴关系，双方一时使节来往不断。

太宗皇帝赵光义经“烛影斧声”上位后，需要通过赫赫武功来显示自己继位的正当性和合法性，决定改变对辽外交上的软弱妥协状况，突破点便是用武力收复幽云十六州。赵光义时期的宋辽关系，基本上处于不间断战争的状态。

太平兴国四年（979）五月，宋太宗赵光义挟灭北汉之余威，北伐辽国，一度收复易州、涿州。结果围攻幽州时，在高粱河（今北京市西直门一带），被辽国铁骑包围。赵光义大腿中箭，抢过一辆驴车夺路而逃。

高粱河之战刚结束，辽国就反击北宋，攻击满城（今河北省保定市满城区一带），结果被宋军用正面迎战、背后夹击的战法打败。此战宋军斩首辽军一万三千级，俘虏数万人，是对辽作战中为数不多的大胜。

第二年即太平兴国五年（980）十月，辽军卷土重来，由辽景宗耶律贤亲率三军，从幽州出发，取道固安，要从雄县突破，撕开北宋的河北防线。

辽军的攻势很猛，先后打退宋军的四次反击。但雄县山环水绕、湖塘处处，极不利于骑兵机动。辽军虽然扫清了雄县外围，但始终没有攻陷城池。后来赵光义御驾亲征，从开封带领总预备队救急，筋疲力尽仍啃不下雄县的辽景宗随即撤退。辽军虽然在战场上占据优势，但在战局上双方算是打了个平手。

六年后即雍熙三年（986），赵光义再次派出东、中、西三路大军北伐辽国，意图声东击西。由老将曹彬率东路军从雄州出发，大摇大摆地进攻以幽州为核心的“山前”七州，吸引牵制辽军主力。趁辽军主力无法回援，由潘美、杨业率西路军出雁门关，攻占“山后”九州，然后三路大军齐攻“山前”七州，一举收复幽云十六州。

战争初期，宋军进展顺利。辽军反击后，截断了担负重任却贪功冒进的东路军粮道，曹彬退回雄州基地等待粮草接济，被辽军抓住机会打了个防守反击，大败于岐沟关。辽军腾出兵力支援“山后”九州，夺回被宋军攻陷的蔚州、寰州等地。宋太宗“声东击西”的战略意图无法实现，只得下令退兵。杨老令公血染陈家谷，三路大军先后败回。

两次北伐尤其是雍熙北伐后，宋太宗赵光义虽始终没有放弃对幽云十六州的领土主张，却失去了用武力夺回幽云十六州的信心，转而在河北沿边地区尤其是雄州一带，依托池塘、湖泊布置防线，疏通河道，筑堤蓄水，大量构筑由防御林、陷坑、水田、塘泊、方田、沟渠等组成的综合防御体系，以阻滞辽国骑兵南下进攻的速度。

真宗赵恒闷声发财

宋朝转入战略防御，采取守势后，辽国开始经常派兵南下，抢夺人口和牲畜、财物。到了宋太宗的儿子真宗赵恒时期，辽国对宋朝的攻势逐渐凌厉起来。

景德元年（1004）八月间，辽国骑兵“多纵游骑剽掠深、祁间”，进行试探性的小规模骚扰，侦察宋军防御情况。宋朝的情报系统也收到了辽国要大举入寇的信息，上报给朝廷，赵恒指示河北前线加强防御。

九月，辽国萧太后和儿子辽圣宗耶律隆绪母子，亲率大军南下攻宋。辽军先是进攻驻守雄州的威虏军和驻守安新的顺安军，但都被宋军“败其前锋，斩偏将，获印及旗鼓、辎重”。接着又进攻满城、保定、定州、瀛洲，被杨六郎（即杨延昭）等宋将打败。宋军野战不足，但守城还是有余的。

辽军遂调整进攻路线，避开河北重镇，千里迂回，悬师南进，于十一月进抵澶州（今河南省濮阳市一带）城下，准备渡河攻打开封。澶州在宋代亦称澶渊郡，其名来自此地古湖泊澶渊（亦称繁渊）。澶州地理位置之所以重要，主要因为其是北宋都城东京开封的北大门。

辽军打到澶州的消息传来，宋真宗问计于群臣，有人主张迁都到南京或成都，寇准主张坚决抵抗，御驾亲征。平心而论，宋真宗赵恒之前是动过亲上战场的念头的，九月份的时候就曾经对寇准等大臣放言：“累得边奏，契丹已谋南侵。国家重兵多在河北，敌不可狃，朕当亲征决胜。”

但说是一回事，做是一回事。真到要上前线了，真宗就有些怂了，被寇准一路逼迫，才扭扭捏捏决心御驾亲征。从开封到澶州不过二百五十里，赵恒却走了五天。但不管怎么说，皇帝亲临澶州前线，“登北门城楼，张黄龙旗城下，将士皆呼万岁，气势百倍”，对宋军士气是极大鼓舞。辽军前进则顿兵于坚城之下，后退则有河北诸军抄其后路，可谓进退失据。

战场形势又出现可喜变化，辽军统帅萧挞览到澶州城下察看地形时，被宋军狙击手一箭毙命，士气大挫。看清形势的萧太后，派出使节要求议和。

宋朝方面，虽然是本土作战，但在军事实力上无法与辽军抗衡。而且此时已经是隆冬时节，黄河即将封冻，如果辽军绕开澶州，趁黄河结冰过河，直接攻击东京开封，后果不堪设想。宋真宗也有停战谈判的想法，看到辽国方面主动议和，也乐得做个顺水人情，双方遂在雄州进行谈判。

议和开始前，真宗对谈判特使曹利用画下底线：地是不能割的；钱可以随便给，“必不得已，虽百万亦可”。寇准听闻，私下恐吓曹利用：皇上虽然许下百万，但你给的价码超过三十万的话，“将斩汝”！

曹利用到雄州后，经过艰苦谈判，最终达成和议，史称“澶渊之盟”，盟约约定：

（1）宋、辽约为兄弟之国，宋真宗称萧太后为婶母，辽圣宗称宋真宗为兄。以后谁家皇帝年长，谁就是哥哥。

（2）宋、辽以白沟河为界，以北归辽，以南属宋。

（3）宋朝每年送给辽国“助军旅之费”银十万两、绢二十万匹，至雄州交割。

（4）双方于边境设置榷场，开展互市贸易。

曹利用回澶州复命时，宋真宗正在用膳，就让身边宦官去问曹利用许下多少岁币。曹利用伸出三个手指头，宋真宗听闻倒抽一口凉气：难道是三百万，太多了！继而又说，“姑了事，亦可耳”，算了算了，三百万就三百万吧，花钱消灾。等到曹利用面圣告知实情，赵恒大喜过望，对其厚加赏赐，“以曹利用为东上阁门使、忠州刺史，赐第京师”。

对宋朝而言，澶渊之盟等于承认了辽国对幽云十六州的合法性占领，从此再也不能以“自古以来”的理由去索还失地。北宋国势衰弱，南宋被蒙古人所灭，都与经略幽燕失败不无关系。直到三百多年后，明太祖朱元璋才再次将幽云十六州收归汉人手中，暂时解除了东北方向的战略威胁。

输银纳绢虽然面子上过不去，显得极为屈辱，毕竟是花钱买和平。但三十万岁币相对于每年动辄百千万的战争军费而言，几乎可以忽略不计。议和后，根据澶渊之盟的协议精神，宋朝在边境线上的雄州、霸州等地开设榷场，与辽国开展自由贸易，开始在经济上碾压对手。宋朝生产的茶叶、瓷器、丝织品、稻米五谷等，几乎每一样都是辽国必须进口的。而辽国方面，除了马匹，几乎没有一样是宋朝需要的，但辽国是不敢大规模出口马匹的，卖得越多，宋朝的骑兵就越多。后来萧太后干脆直接下令禁止出口马匹，违者杀无赦。

这样，榷场贸易就成为一边倒的辽国对宋朝巨额贸易逆差。宋朝三十万的岁币，相比从雄州等榷场上赚来的钱，简直就是九牛一毛。宋真宗丢了面子，却捡了里子，可以说是闷声发大财。后来宋朝和西夏党项的榷场贸易，走的也是同样路数。

澶渊之盟在中国古代王朝对外关系史上最重要的意义，就是宋、辽约为“兄弟之国”的条款。中原王朝由此开始尝试以平等的政治眼光处理与草原政权的关系，成为近代加入国际关系体系的历史心理基础。澶渊之盟签订后，辽国替北宋稳定草原秩序，使其免遭草原此起彼伏的无序力量冲击；北宋用岁币为辽国部分解决财政问题，使其有足够的军费保障去征讨草原新兴力量。宋、辽两国各取所需，基本上没有再发生大规模战争，保持了百余年的和平局面。

北宋因此得以在足够稳定的国防环境中从容发展民间经济，推广技术发明，繁荣文化艺术。正如陈寅恪所言：“华夏民族之文化，历数千载之演进，造极于赵宋之世。”北宋时期士大夫开明政治的成熟，商业模式的创新，技术发明的奔涌，经济活力的释放，市民文化的勃兴，城市文明的兴盛，思想领域的转型，都标志着中国历史即将开启“赵宋以降之新局面”。

随着城市人口的增多，市民经济的发展，城市防洪排涝等民生问题也逐渐浮出水面，成为北宋地方官员的重要治理任务。北宋在北方用一纸条约探索中原王朝与草原政权双边关系处理新模式的同时，也在南方用一条水沟摸索城市社会民生治理的新途径。

福寿沟：城市社会中的民生治理

说起江西赣州福寿沟，不能不提及其开凿者北宋官员刘彝。

刘彝，字执中，宋真宗天禧元年（1017）出生于福州（今福建省福州市长乐区一带）。其人“幼介特”，比较特立独行，不随流俗。年龄稍长，他便“居乡以行义称”，以好行仁义之事闻名乡里。

地方中央多历练

成年后，刘彝拜在北宋理学先驱胡瑗门下读书。胡瑗不仅是理学家，亦是中国历史上最早开办水利专业的教育家。

胡瑗为纠正当时北宋教育只看文章写得是否漂亮，不看事情办得是否成功的轻视事功倾向，着力推进教育改革，在中国教育史上开创分斋教学（即分科、分专业教学）的先河。设立经义和治事二科，根据学生的兴趣、潜质因材施教。

“经义”是学习“六经”，即《诗经》《尚书》《礼记》《周易》《乐经》《春秋》等传统儒家经典，属于意识形态范畴。“治事”分治民、讲武、堰水、历算等科，为经世致用层面，其中的堰水学科，就是水利专业。

在跟随胡瑗读书的过程中，刘彝逐渐显现出在水利工程方面的特长，并受到胡瑗的肯定，“称其善治水”，让其专攻水利专业。

刘彝属于青出于蓝而胜于蓝的好学生，胡瑗稍加点拨，他就渐入佳境，登堂入室，更胜老师一筹。胡瑗在水利方面的主要思想观点，修建水利工程的图纸范式、操作规程等，大部分都出自刘彝之手，

“凡所立纲纪规式，彝力居多”。

经过胡瑗的调教和自身的努力，刘彝已经成为水利专家，但要成为技术官员，还得经过科举考试。北宋是科举制大放异彩的朝代，读书人无不从这条路鲤鱼跳龙门，实现“朝为田舍郎，暮登天子堂”的人生跨越。想要实现个人“水利梦”的刘彝，也必须走这条千军万马过独木桥的路。

刘彝通过科举考试进士及第后，先去邵武县（今福建省邵武市一带）任县尉，一步步从基层干起，后调到高邮县（今江苏省高邮市一带）任主簿。因为政绩出色，后在朐山县（今江苏省连云港市西南一带）当上县令，开始主政一方。

在朐山县令任上，刘彝“治簿书，恤孤寡，作陂池，教种艺，平赋役，抑奸猾”，制定规章制度，平反冤假错案，慰问贫困孤寡，修建农田水利，推广科技种田，减轻农民负担，打击黑恶势力，“凡所以惠民者无不至”，只要是有利于老百姓利益的，他都去干。有如此优良的政绩，刘彝自然被评为北宋优秀地方官员，“目曰‘治范’”。

这样的好官员是必须提拔的。宋神宗熙宁初年，刘彝被提拔到“制置三司条例司”，即主持中央变法的部门工作。但不久就“以言新法非便罢”，因批评变法政策混乱，导致百姓无所适从，给民众造成困扰，被罢官回家。

有次京师开封遭遇百年不遇的大雨，立马瘫痪，平日里繁华的汴梁，变身洪水泽国，到处看海。宋神宗想起懂水利的刘彝，“以彝悉东南水利”，让其复出为主管水利工作的都水监副长官都水丞。

上任不久，开封又连日大雨，汴水上涨，眼看帝都又要看海，都水监的大员们都“议开长城口”，要求开个口子泄洪，保住皇城。刚到都水监的刘彝很是淡定，在开封地图上轻轻地指了一个点——杨桥斗门。刘彝道，此门一开，水就自然消退。果不其然，“水即退”。

在中央机构干得风生水起，刘彝的官运也扭转此前的颓势，一路亨通，直接从都水丞调任为地方大员，在两浙转运判官任上短暂过渡后，到虔州（今江西省赣州市一带）任知州。

赣州城内开沟渠

北宋时期的赣州民风尚未开化，“俗尚巫鬼，不事医药”，生病了不去看病吃药，只请几个巫医跳跳大神，喝喝“圣水”，这样治病，往往就是小病拖大，大病拖死。

刘彝到任后，移风易俗，大力打击非法行医，“斥淫巫三千七百家”，捣毁非法迷信场所。为避免这些人因被砸掉饭碗失业，以致增加社会不稳定因素，刘彝“使以医易业”，让他们重新学习医药知识，改行当赤脚医生，这样既解决了再就业问题，又解决了百姓的看病难问题。赣州“俗遂变”。

赣州民风中还有一个让今人感觉毛骨悚然的恶习，就是弃子溺婴。百姓穷苦，自己都没吃没喝，吃了上顿没下顿的，哪有多余的粮食去喂养嗷嗷待哺的婴儿，只能忍痛弃之荒郊，甚至残忍溺死。

刘彝没有简单地用铁腕整治这种非人道行为，而是先耐心细致地做思想工作，发布宣传文件，劝百姓莫要“伤天理之大，灭人伦之和”。循循善诱的同时，用每天给家有幼子的人家补助两升粮食的物资的鼓励方法，引导百姓抚育婴孩。由是“全活者甚众”，赣州甚至出现“甘露普降，瑞莲绽放，瑞粟之应”的祥瑞景象——这种祥瑞在中国古代，可是爱民如子、境内大治的模范地方官标配。

如果说移风易俗是刘彝在赣州的“功在当下”，那开凿福寿沟就是“利在千秋”。

北宋时期，赣州城三面环水。一遇暴雨，不但城内的雨水排不出，紧挨着的贡江水还会倒灌入城。刘彝根据赣州街道走向和地势特点，因势利导修建了两条排水沟渠，全长一万两千六百米，集水面积两百七十万平方米。因两条沟的走势迂回曲折，和汉字篆体的“福”“寿”二字颇为相似，故名“福寿沟”。“福”“寿”两沟分区排水，“寿沟受城北之水，东南之水由福沟而出”。

为引导雨水入江，避免江水倒灌，刘彝沿城墙“造水窗十二，视水消长而后闭之，水患顿息”，即开设十二个向外开的水窗，利用水的力量自动启闭阀门：当贡江水位高于城内水位时，可以借助江水的力量将水窗从外面封死，这样江水就无法倒灌入城；当城内水位高于贡江水位时，就可以借助积水的力量将水窗冲开，城内积水随之排入贡江——这是福寿沟颇具科技含量的一项设计。

在开凿福寿沟的同时，刘彝还在赣州城内修建了三个大池塘，连接原有的几十个中小池塘，进而接通福寿沟。这大大增加了福寿沟的排水能力和赣州城的蓄水量，可以说是现代“海绵城市”的雏形。

交趾边境摊上事

在赣州任上做出优良政绩，留下美好官声后，刘彝又被调到桂州（大致在今广西龙胜、永福以东和荔浦以北，行政中心在桂林市）任知州，增加地方工作经验，以备将来重用。

但在桂州，刘彝的仕途彻底栽了。

桂州与今天越南北部的交趾国接壤。汉、唐时期，交趾均为中国领土，北宋亦有夺回交趾、恢复汉唐旧疆的梦想。早在宋太宗太平兴国五年（980），就曾发动对交趾的统一战争，结果不但没能收复交趾，反而大败而归。到宋神宗时期，因王安石变法增强了国力，提高了军队战斗力，北宋跃跃欲试，再次把统一交趾提上日程。

刘彝到桂州后，积极贯彻朝廷的统一方略，先是断绝与交趾的贸易关系，“禁与交人互市”；接着招兵买马，整军备战，刘彝意图用边疆上的建功立业，换取政治上的更进一步。

交趾国被刘彝的举动吓坏，决定铤而走险，趁北宋还没有完全做好战争准备，先发制人。战前，交趾国发布“伐宋露布”，指责刘彝对交趾进行战争恐吓，公然干涉北宋内政，“中国作青苗、助役之法，穷困生民；我今出兵，欲相拯济”，歪曲王安石变法措施中的青苗、助役法，言其坑农害农，令百姓受苦受难，要出兵去拯救生活在水深火热中的大宋子民。

刘彝没料到交趾蕞尔小国竟敢主动进攻，被打了个措手不及，接连丢失钦、廉、邕三城。交趾杀北宋“吏卒民丁五万余人，并钦、廉死者十万人，并毁其城”。

尽管后来北宋自卫反击，在战场上转败为胜。但刘彝的政治生命随之终止，先是被贬到均州（今湖北省丹江口市一带）任团练副使，接着被除名为民，先后被流放到随州（今湖北省随州市一带）、涪州（今重庆市涪陵区一带）、襄州（今湖北省襄阳市一带）。

到宋神宗的儿子宋哲宗继位，元祐元年（1086），朝廷可能又因为面临洪水滔天的考验，再次想起刘彝，就“复以都水丞召还”，拟重新起用他为都水丞。可惜刘彝此时已经是七十岁的耳顺之年，年老体衰，多年的流放生活严重摧残了他的身体，在赶往开封赴任的路上“病卒于道”，就此走完一生。

刘彝给自己取的字“执中”，出自《尚书》中的“允执厥中”、《中庸》里的“执其两端，用其中于民”，其意即“执两用中”，做任何事情都不要“过分”和“不及”，要掌握分寸。刘彝以“执中”为字，意在告诫自己在为官处事时言行要不偏不倚，符合中正之道。

刘彝在朐山和赣州的政绩，正是“执中”的生动诠释，不仅抓经济发展、打黑除恶、移风易俗等能大书特书的“显绩”；更抓开凿福寿沟、整修排水管网这些不一定为长官所看重，但能让治下百姓铭记的“潜绩”，千年之后仍然泽被后世的“印记”，真正为官一任、造福一方。

让刘彝在仕途上栽跟头的统一交趾之战，是北宋王朝的政治正确。北宋必欲收复交趾的现实动因，在于无力攻灭西夏，进而恢复对西域的治理，以致汉唐时期的陆上丝绸之路中断，只有从海上开辟新的贸易通道，而交趾正是古代中国出海向洋的重要补给站。中国船只从交趾补给后，可以直接南下南洋新加坡，从新加坡往东到达东印度群岛，往西驶抵波斯湾，并从波斯湾经两河流域到达地中海对岸的叙利亚，从海上打通丝绸之路贸易通道。

北宋统一交趾的军事行动无论成败与否，这一历史事实本身就表明，海洋已经成为中国历史破围传统的战略方向。南宋大力发展海上贸易，正是这一历史逻辑的继续运行。

海上贸易：江南半壁顶住草原铁骑的财政秘钥

北宋借助黄河边上的澶渊之盟，探索了处理中原王朝与草原政权关系的新模式，通过赣州城里的福寿沟摸索了城市市民社会民生治理的新途径，内政与外交都呈现出向近代转型的鲜明特色，中国第一次站在了“近代化”的关口之上。

在此基础上，北宋与辽国关系的长期稳定，为国内经济的发展和市民社会的繁荣提供了相对较为和平的外部环境。但北宋经济的发展并未能天然推动国家动员能力的提升，城市民生的改善并没有直接带动乡村农民境遇的好转，以致在应对继辽国而起的金国的“兵农合一”体制（即军事组织与行政系统合二为一的体制）冲击时进退失据，连续两次被金军长驱直入攻进腹地，以致首都城破，徽宗、钦宗二帝被掳，史称“靖康之耻”。

靖康之变后，宋室南渡，疆域局限在淮河长江以南地区，只保有江南半壁江山，史称“南宋”。南宋先后面临金国与蒙古人双重军事压力，亟须汲取财富供应前线军需，供给朝廷开支。在西北陆路贸易不畅的情况下，南宋只能将贸易目光投向东南海洋，力图在海洋中开辟出新的通途。而早在上古时期，华夏先民就已经开始远眺海洋，逐浪追梦。

秦汉隋唐　海贸勃兴

我国有一千八百万米左右的海岸线，沿海有五千多个大小岛屿，辽阔的海疆为华夏先民提供了舟楫之利。据《竹书纪年》，夏朝君主帝芒曾经“命九夷，东狩于海，获大鱼”，说明当时东南沿海之间已经有了海路联系。商朝殷墟遗址出土了鲸鱼胛骨、龟甲等，《诗经·商颂》中亦有“相土烈烈，海外有截”的记载。出土文物和传统文献互相参照，足以印证当时华夏先民的航海活动已经从近海延伸到域外。据《国语·齐语》，西周时“越裳献雉，倭人贡鬯”，由此可以推测当时中国已经通过海路与越南、日本有了密切交往，甚至出现了原始的朝贡贸易。

春秋战国时期，东南沿海各国航海活动更加频繁，立国江浙的越国、吴国都有大规模海上船队。《越绝书》记越人“以船为车，以楫为马”。从朝鲜、日本出土的中国古代文物看，这一时期中朝、中日之间的海路更加顺畅。孔子曾经发出“道不行，乘桴浮于海”的感叹，这虽然是孔夫子周游列国四处碰壁后的牢骚话，但也说明当时海上交通已经是相当普遍的交通方式，否则断不会有“乘桴浮于海”的念头。

据《淮南子·人间训》，秦始皇统一六国后，继续向岭南进军的一个经济动因，就是为了获取当地积聚的犀牛角、象齿、翡翠、珠玑等贵重物品。但这些物品均非岭南当地所产，而是由海外东南亚而来，说明当时岭南已经和东南亚各国有了一定的海上贸易往来。秦始皇为求长生不老，派徐福率数千童男童女“入海求仙人”，如此规模的人员同时出海航行，反映出当时的造船和航海技术已经发展到相当高的水平。始皇多次巡幸东南沿海地区，远眺茫茫大海，与大臣“议与海上”，试图拓展与海外国家的关系。

秦末天下大乱，中原王朝生存空间内缩，面临北方匈奴内侵和东南百越、南方南越分裂双重国防压力。汉武帝凭其雄才大略，锐意拓边，在北击匈奴使其远遁漠北前后，派水师平定百越、南越，打通南方沿海航路，随后从山东渡渤海，沿水路进攻阻断辽东海上航路的卫氏朝鲜政权，在朝鲜半岛上设立玄菟、乐浪、真番、临屯四郡，畅通北方沿海航路。

汉朝水军对百越、南越、朝鲜连战连胜的重要基础，是汉代航海技术的发展，造船水平的提高。据《汉书·艺文志》，航海在汉代已经成了专门的学问，当时有《海中星占验》《海中五星经杂事》《海中五星顺逆》《海中二十八宿国分》《海中二十八宿臣分》《海中日月彗虹杂占》等航海专业书籍。

汉代船舶载重量相比前代大大提高，据《史记·平准书》，当时“楼船高十余丈”。1974年，考古工作者在广州发掘了一处汉代造船厂遗址，根据遗址规模推断出“汉代常用船长度为20米左右，载重约500—600斛（约合20—30吨），少数大船可能要大些”。在船体设计上，汉代大中型船舶已经开始采用横隔仓的结构，船只结构强度和抗击沉船倾覆风险的能力大大提高，足以劈波斩浪，驰骋海疆。

沿海海疆的稳固，航海技术的进步，造船水平的提高，为两汉扩大海外交通、发展大规模海外贸易创造了条件。两汉在畅通陆上丝绸之路的基础上，更是开通海上丝绸之路。

据《汉书·地理志》，汉武帝曾派遣使臣率远洋船队前往印度洋，开辟了从南海到东南亚、印度洋各国的海上航线。史籍对这条航线的记载是：“自日南障塞、徐闻、合浦船行可五月，有都元国，又船行可四月，有邑卢没国；又船行可二十余日，有谌离国；步行可十余日，有夫甘都卢国。自夫甘都卢国船行可二月余，有黄支国，民俗略与珠崖相类。其州广大，户口多，多异物，自武帝以来皆献见。有译长，属黄门，与应募者俱入海市明珠、璧流离、奇石异物，赍黄金杂缯而往。所至国皆禀食为耦，蛮夷贾船，转送致之。亦利交易，剽杀人。又苦逢风波溺死，不者数年来还。大珠至围二寸以下。平帝元始中，王莽辅政，欲耀威德，厚遗黄支王，令遣使献生犀牛。自黄支船行可八月，到皮宗；船行可二月，到日南、象林界云。黄支之南，有已程不国，汉之译使自此还矣。”

这条史料中记载的古国现于今日何处，众说纷纭。经过中外历史学家的多年考证，比较一致的观点是，都元国在今天越南岘港，邑卢没国在今天泰国叻丕，谵离国在今天缅甸丹那沙林，夫甘都卢国在今天缅甸卑谬，黄支国是今天印度东南部泰米尔纳德邦的康契普拉姆，已程不国是今天斯里兰卡，皮宗是今天马六甲海峡的皮宗岛。

这条航线从中国雷州半岛上的广东徐闻、广西合浦出发，沿中南半岛、暹罗湾海岸线驶过南海，进入泰国湾，横穿马来半岛陆路进入孟加拉湾，再航海到印度半岛东南海岸建志补罗、斯里兰卡等地；返航时从印度东海岸出发，横渡印度洋到苏门答腊岛，再穿越南海到越南中部海岸，最终回到中国沿海。这条海路沟通了太平洋和印度洋，标志着将中国与东南亚、南亚、印度洋各国联结起来的海上丝绸之路初见雏形。

通过这条海上丝绸之路，中国的丝绸在公元1世纪西域交通中断的不利情况下，仍然源源不断经海路运到印度。据《厄立特里亚航海记》，当时西方航海家通过印度洋上的信风规律，找到了通往东方的四条航线，其中一条就是进入印度洋。经过两条海路的对接，印度洋成为东西贸易的重要集散点，中国的商人与安息（今伊朗高原一带）、大秦（即罗马帝国）商人在此进行贸易交换。

但当时的贸易主要是中国与大秦通过停靠在印度洋各港口的安息船只进行中转，安息因此获利颇丰。据《魏略·西戎传》，“（大秦国）又常利得中国丝，解以为胡绫，故数与安息诸国交市于海中”。

而罗马“与安息、天竺交市于海中，利有十倍”，为这种转手贸易付出巨大经济代价。据白里内的《博物志》，当时罗马为购买丝绸而流入印度、中国和阿拉伯半岛的金钱，每年至少有一亿罗马币。

为避免安息中间商赚差价，中国、罗马都力图开辟直接贸易通道，“（大秦）常欲通使于中国，而安息图其利，不得过”。东汉和帝永元九年（97），西域长史班超派副手甘英出使大秦。甘英到达波斯湾后，欲渡海到罗马。安息商人诓骗甘英：大海漫漫，遇到顺风仍需三月才能到达对岸，如果遭逢逆风两年也无法上岸，要到罗马必须备齐够吃三年的粮草；海上旅行容易让人思恋故土，甚至有人因此丢了卿卿性命，大使您不如回头是岸。甘英听后只好望洋兴叹，返回复命。

既然安息中间商不讲武德，两边诓骗，吃相过于难看，罗马只有暴力强拆这个拦路钉子户。公元2世纪下半叶，罗马征服安息，控制波斯湾，中国与罗马之间的海上通道终于打通。东汉桓帝延熹九年（166），罗马皇帝马可·奥里略·安东尼“遣使自日南缴外献象牙、犀角、玳瑁，始乃一通焉”。此后罗马每年大约有一百二十艘商船从埃及起航到印度、斯里兰卡等地，与包括中国商人在内的亚洲商人进行贸易。

据《水经注》转引的三国康泰《扶南传》，当时中国罗马之间的海路航线是从南方沿海港口航行到马来半岛南端的顿逊，登岸后横穿马来半岛，走陆路到达马来半岛西端的投拘利港，再走海路过孟加拉湾到达恒河口，过恒河后往西航行最终到达罗马。由此，东起罗马，绕行东南亚、印度洋，经波斯湾连接罗马的东西方海上丝绸之路正式形成。

两汉时期，中国与朝鲜、日本的朝贡贸易体制也开始形成。东汉光武帝建武八年（32），朝鲜半岛北部兴起的高句丽遣使来朝，此后贸易不断。光武帝中元二年（57），日本国“奉贡朝贺”，光武帝赐给其“汉倭奴国王”的金印，中国的丝绸、铜镜、铜剑等贸易商品相继运往日本。

两汉近四百年大一统局面后，合久必分，出现三国两晋南北朝近四百年的长期分裂状态。北方十六国、北朝各政权轮番上场，隔绝陆上丝绸之路，立足于江南的东吴、东晋、宋、齐、梁、陈等六朝政权更加积极拓展海上贸易。江南经济尤其是丝织业的快速发展，也为海外贸易提供了充足的丝绸货源。

六朝时期，中国造船技术和航海水平持续提升。东吴能建造长达二十余丈、高出水面两三丈，乘坐六七百人的大船。据康泰《吴时外国传》，有的大船装有七面风帆，顺风一月就能从中国到达大秦。据《太平御览》转引《武昌记》，东吴甚至建造过能乘坐三千人的大船。当时沿江沿海各郡县都有造船厂，民营造船厂更是远远多于官营。西晋灭东吴时，仅在建康（今江苏省南京市一带）就缴获多达五千艘船只。东晋安帝时，长江上曾起大风，一次就毁坏停靠在建康城外江面的大船万余艘。

航海技术方面，据万震《南州异物志》，东吴已经能测算航速和航程，东晋远洋航行除能利用季风助力外，还“观日月星宿而进”，依靠天文定位技术导航，根据天象辨别航向。

更重要的技术进步是调樯驶风技术，这一技术是指将全部航程分解成若干航段行驶，在每一个航段中，海船在受逆风的条件下，将船身调整到受横向风吹的位置，实行打偏驶风。航行完一个航段进入下一折线航段时，调转船头，使另一船舷横向受风。此技术要在一百八十度内调换帆面的位置，整个帆面都要围绕桅樯进行转动，故称为

“调樯驶风”。

在天文导航和调樯驶风两大科技力量的加持下，中国海外贸易摆脱了沿海岸线近海航行的状态，开始深入茫茫大洋，探索跨洋航行，由此带来海上丝绸之路地理格局的明显转变。

两汉时期，徐闻、合浦之所以成为海上贸易的主要港口，是因为受当时船舶规模和航海技术的限制，两汉航船不能远离海岸，从徐闻、合浦出港，船只可以避开海南岛东部的七洋洲等危险水域。因此，出海相对较为安全便利的徐闻、合浦才充当了海外贸易主要港口的角色。

但徐闻、合浦与内地并无大规模江河水运通道，陆路交通需要翻越五岭大山，较为困难，导致货物吞吐量不大，海贸规模一直较小。六朝时期，珠江流域经济得到开发，广州迅速崛起为岭南经济中心。相比于徐闻、合浦，广州区位优势明显，不仅自身经济发达，而且通过珠江水系可与湖南、江西、福建等地互联互通，与江南腹地经济联系极为密切。更重要的是，随着调樯驶风技术带来的远离海岸跨洋航行的实现，从广州出发的船舶可以不必经琼州海峡，直接横渡海南东部海面与西沙群岛海域，直航东南亚、南亚。广州由此取代徐闻、合浦，成为中国海外贸易的新中心和海上丝绸之路的新起点。

为保障海上丝绸之路的畅通，六朝还经常出动军事力量保障海路安全，维护海外贸易利益。南朝时期，林邑国（今越南南部一带）经常在海上劫掠来往海商。刘宋元嘉二十二年（445），宋文帝发兵讨伐林邑，大胜而回，“威震冥海”，南海诸国纷至沓来。齐梁易代之时，林邑国又故态复萌，再次威胁海上丝绸之路安全。南齐永明二年（484），扶南国（今柬埔寨一带）国王遣使请求讨平林邑，扫清航道。齐武帝随即下令齐军会同扶南军队攻打林邑。林邑臣服后，海路再次畅通。

魏晋南北朝近四百年分裂局面后，隋朝重新统一中国后，盛唐继之而起，中原与东南沿海经济全面繁荣，海外贸易空前繁盛。

随着经验的积累，唐代造船航海技术在前代基础上，又有长足的进步。唐代造船厂遍布全国各地，仅扬子（今江苏省仪征市一带）就有十多处。唐船数量众多，在江海之间往来不绝，“弘舸巨舰，千舳万艘，交贸往还，昧旦永日”。唐代创造出当时世界造船工艺中最先进的水密隔舱设置技术，即把船隔成很多个互不相通的船舱。船只在航行时，经常会因船底触碰硬物而破损，致使船舶进水沉没。设置水密隔舱后，即使个别船舱破损进水，水也不会流进其他舱室，船舶的整体浮力仍然存在，仍然具有足够的稳定性。如果进水严重，只需抛掉部分货物，减轻船舶负载，就不会立即沉入水底。

唐人的航海技术日益精进，对季风规律的认识更加准确。唐人称季风为“信风”，将其划分为三月的鸟信、五月的麦信、七八月的上信，对日本海、黄海、东海、南海季风变化的认识更加精准，能有效利用季风往来海上。唐代对海洋潮汐的认识更加科学，唐代宗时期窦叔蒙所著《海涛志》对潮汐成因和涨落规律进行了全面分析研究，能精准推算出高潮和低潮时间。唐代还出现了局部地区的航行指南，对远洋航行中的人工航标进行了首次记载。

借助高超的造船、航海技术，唐代船只规模和载重量更为巨大，能达万石左右。被称为“俞大娘船”的巨船“居者养生送死嫁娶悉在其间”，船员能在船上度过生老嫁娶病死，从摇篮到坟墓的一生，“操驾之工数百”，船工就有数百人。由于船型过大，唐朝海船在波斯湾内只能航行到西拉夫港，向西继续前进只能改用阿拉伯小船。因为规模超大，唐朝海船在印度洋缴纳的关税远远高出其他国家船只。

据唐朝来华的阿拉伯商人苏莱曼等人撰写的《中国印度见闻录》，其他国家商船只需缴税十至二十个迪纳尔，而每艘中国商船要缴纳五十个迪纳尔的关税，为别国船只的2.5—5倍。将此书翻译成法文的索瓦杰甚至在序言中认为："应该承认，中国在开导阿拉伯人远东航行的贡献，波斯湾的商人乘坐中国的大船才能完成他们头几次越过中国南海的航行。"

随着海外贸易的扩展，唐玄宗开元二年（714），唐朝在广州设置了专门管理海外贸易的机构市舶司。有学者认为，市舶司的出现，不但标志着中国古代海路贸易管理制度——市舶制度的开始，也意味着在传统朝贡贸易体制之外，开始出现一种新的贸易形式——市舶贸易，即由市舶司管理、官方主导的中外商人从事的海外贸易。

在市舶贸易制度下，海外商船到达中国口岸后，先向市舶司呈报，由市舶司派员登记船上人数、货物，是为"阅货"。外商通常会在"阅货"时设宴款待相关人员，是为"阅货之宴"。"阅货"之后，外商按照市舶司确定的货物价值，缴纳舶脚或下碇税。官方按照规定的价格购买外商带来的奢侈品，供给宫廷所需，是为"收市"。当然外商还需要以"进奉"的名义向朝廷贡献珍宝。如此之后，便可自行与中国商人开展自由贸易。市舶司主管官员市舶使一般由皇帝委派的宦官担任，以确保收入归属中央朝廷。

市舶司的设立，为唐朝中央朝廷带来了丰厚的财政收入。市舶贸易虽然仍具有强烈的官督商办色彩，但自由贸易的主体毕竟是商人，而非官方，这就刺激了民间海外贸易的兴起。据《青琐高议》，唐朝金陵（今江苏省南京市一带）人王榭，"家巨富，祖以航海为业"，可见唐朝已经出现了以海外贸易为业的航海世家。唐末福建诗人黄滔曾作诗写海商："大舟有深利，沧海无浅波。利深波也深，君意竟如何？鲸鲵齿上路，何如少经过。”

从先秦两汉到魏晋南北朝，再到隋唐时期，造船技术的进步，航海技术的提高，东西洋航路的拓展，为两宋尤其是南宋海上贸易的繁荣奠定了坚实基础。市舶司制度对朝廷财政收入的极大提振，更成为刺激两宋尤其是南宋积极拓展海上贸易的强大经济动力。

蕃舶之饶　杂货山积

国内外宋史学界有“宋代经济革命说”，认为宋代是一个经济革命的时代，出现了经济飞跃。宋代不仅是整个中国古代经济发展的最高峰，在世界古代经济史中也占有相当的地位，具有异乎寻常的意义。尽管李伯重等学者认为该观点有值得商榷之处，但仍然承认“宋代在这些（农业、商业、水运、城市化）领域中出现了重要的变化，这是没有争议的”。不管“宋代经济革命说”是否严格成立，这一观点的出现本身就说明宋代经济增长在整个中国古代经济发展进程中的惹人注目程度。

借助生产技术的改进，宋代主要农作物从之前的一年一熟发展为一年两熟甚至三熟，农产品商品化程度提高，出现荔枝户、蚕桑户等专业农户。手工业中丝织品产量增加，品种翻新，出现独立的私营手工纺织作坊。制瓷业窑址增加，技术创新，民窑比例大幅提高，浙江、福建、广东沿海制瓷业异军突起。金融体系有重大突破，交子、会子等纸币先后出现。从唐代安史之乱开始的中国古代经济重心南移趋势，在宋代尤其南宋更加明显，东南地区经济崛起，为南宋海外贸易的发展奠定了深厚的物质基础。

宋代是我国古代科学技术发展的黄金时期，技术的进步直接推动造船业的蓬勃发展。宋代船舶船体大、载重多，有“万斛船”之称，周去非《岭外代答》云："舟如巨室，帆若垂天之云。"海船一般用松木或杉木建造，"以全木巨枋，搀叠而成"。船侧板、壳板一般用二重或三重木板制作，分割成十余个水密舱，抗沉没能力极强。船体一般呈"V"字形，"上平如衡，下侧如刃，贵其可以破浪而行也"，阻力较小，航速加快。1974年在泉州出土的一艘南宋末年沉没海船，残船长24.2米，宽9.15米，深1.98米，用12道隔板分成13个水密舱体，载重量在200吨以上，船底为尖底，头部尖，尾部方，船身扁阔，平面近似椭圆形，有多个桅杆。整船结构坚固，稳定性好，抗风力强，可见传世文献对宋船所记不虚。

宋代航海技术的最大进步是指南针的广泛应用，出现航海罗盘。20世纪的德国法学家卡尔·施米特认为："由于罗盘的使用，某种精神性的东西被灌注到船上，因此人与船建立起一种共同体的亲和性。如此，最遥远的大洋上的陆地已彼此联系在一起，地球终于向世人揭开它的面纱。"据《萍洲可谈》，"舟师识地理，夜则观星，昼则观日，阴晦则观指南针"。《宣和奉使高丽图经》亦言，海船夜间"视星斗前迈，若晦暝，则用指南浮针，以揆南北"。指南浮针在南宋时演变成水浮式磁罗盘——针盘，"风雨晦暝时，惟凭针盘而行，乃火长掌之，毫厘不敢差误，盖一舟人命之所系也"。西方学者李约瑟高度称赞指南针在两宋航海中的应用，认为是"航海技艺方面的巨大改革"，将"原始航海时代推到终点，预示计量航海时代的来临"。

宋代航海技术的另一重大成就是牵星术的发明，即通过观测星体的位置高度确定海船所在的地理纬度，从而掌握航线的天文定位技术。泉州出土的宋代海船曾发现一件"量天尺"，用来观测恒星出水高度，以定位船舶所在纬度。

凭借指南针、牵星术的应用和造船技术的发展，宋代海船航行海域大为拓宽，如英国学者戴维逊所言：“12世纪前后，中国船就技术上来讲，已经能够航行到任何船只所能到达的地方去了。”船只航行速度也大为加快，东晋时从爪哇岛到广州需要用五十天，宋代只用三十天；唐朝从广州到苏门答腊岛需要三十天，宋代只需二十天。

南宋海外贸易范围大大超过前朝，中国商船不仅开始向阿拉伯海西岸及在更广阔的范围航行，与红海沿岸和非洲东海岸也展开了直接贸易。学者根据《岭外代答》《云麓漫钞》《诸蕃志》等史籍的记载统计，当时和中国有贸易往来的国家和地区超过六十个。

就整个亚洲贸易格局而言，随着两宋海上贸易的发展，中国古代对外贸易重心在两宋时期完成了从西北陆路向东南海路的转移，形成“头枕东南，面向海洋”的经济贸易格局。空前繁荣的两宋海外贸易，推动了亚洲海贸的发展和南海贸易体系的构建。这一体系以中国的瓷器、丝绸和东南亚、印度洋的香药、珠宝为主要商品，市场贸易关系形成互补性结构；以作为基本力量的中国商人和阿拉伯商人为主，辅以日益增长的亚洲其他地区商人，形成稳定的贸易力量；在地理空间上，北到中国、朝鲜半岛和日本，西到印度洋沿岸和西亚，形成有稳定贸易关系的市场区域，使亚洲政治、经济格局及其运行形态发生明显变化。

宋代外贸商品比重出现变化，陶瓷取代丝绸成为最大宗的贸易商品，陶瓷外销从有限的奢侈品贸易转变为系统的定制生产和出口，反映出贸易结构的升级优化。铜钱出口大大增加，虽然铜钱外流致使南宋境内出现铜钱短缺现象，形成“钱荒”，但也使得中国铜钱几乎成为东亚和东南亚各国的通用货币，增强了宋朝在东亚、东南亚市场中的货币话语权重。随着印刷术的发展，书籍出口也在增加，有利于扩大中华文化圈的辐射范围。南宋海上贸易规模急剧扩大，仅泉州和广州两地的进出口贸易额就达两千万贯左右。

正是在南宋时期，广州在海上贸易格局中的中心地位开始下降，受到泉州的挑战。北宋时广州在沿海各大贸易港口中居首位，南宋时泉州港日益繁荣，两者地位逐渐呈现拉平之势。

早在北宋初年，宋朝就把广州作为与东南亚和阿拉伯等海外国家贸易的主要门户。宋太祖开宝四年（971），宋军刚攻取先前由南汉政权占据的广州，就在广州重建市舶司，由知州兼任市舶使，通判兼任市舶判官，着力重建海上贸易体系。虽然后来泉州、杭州、明州也相继设置市舶司，但几方之中，“唯广最盛”，广州依然是宋朝贸易体系中的最主要港口。

宋神宗元丰三年（1080），广州甚至进行了海上贸易的法律制度创新，在朝廷的支持下制定了《广州市舶条》，这是一部海上贸易法。此法不仅适用于广州港，还通行于其他港口。更有甚者，宋徽宗时，广州专门设置了供海外来华商人子弟就读的学校番学，从侧面说明了当时广州海外商人数量之多和海上贸易的繁盛。

北宋末年，宋朝曾经取消泉州市舶司，将其并入广州市舶司。但不久，由于海商的抗议，宋朝很快恢复了泉州市舶司的设置。撤而复设，也表明了泉州作为重要贸易港的地位已经不容改变。

泉州地处福建省东南部海边，扼守晋江下游，处于江海交汇之处，港湾优良，从南朝开始就是我国海外贸易的重要港口，唐朝时成为“四大港口”之一。北宋年间，泉州港发展成为“有蕃舶之饶，杂货山积”的繁华海港。宋哲宗元祐二年（1087），朝廷在泉州设立市舶司。宋室南渡后，由于宋金战争引起政治、经济形势的变化，泉州港开始迅速崛起。

福建泉州地处浙江杭州后方的地理位置，使其成为当时南宋朝廷和宗室的避风港、大后方。绍兴四年（1134），金军大举进攻南宋，高宗曾命令六宫从温州坐船走海路到泉州避难，宗室成员也大批逃往福建和泉州，以至朝廷在泉州设立南外宗正司，在福州设立西外宗正司。与此同时，大批北方士大夫也跟随王室到了福建。这些上层人物消费能力强大，福建由此形成了广阔的消费市场，吸引了大批海商到泉州港进行贸易。

而泉州依靠的市场不仅是福建，更有杭州。随着南宋最终在杭州临时定都，杭州不但成为政治中心，更成为当时国内最繁华的商业中心和消费中心。浙江沿海港口受到宋金战争的严重破坏，吞吐的货物无法满足杭州市场所需。而泉州港地处南宋海岸线中心，南可抵广东广西，北与江苏、浙江相邻，这一地理位置使其成为海商交易最便利的港口。首都杭州市场的巨大需求，极大地刺激了泉州港海外贸易的发展。

杭州作为南宋临时首都的地位确定后，泉州在北宋时期远离当时政治中心开封的情况，也得到了极大改善。一贯实行“守内虚外”“强干弱枝”祖宗之法的宋代朝廷，要求地方财政收入绝大部分集中到中央政府所在地，因此作为财政收入重要来源的外贸口岸需要尽可能地靠近都城。广州相对于泉州，地理劣势立现，据《宋会要》，当时朝廷规定泉州市舶司运输船货到杭州限三个月抵达，而广州则是六个月。泉州港作为既可以充分发展海外贸易，又最方便将货物运输到京城的港口，受到朝廷的格外重视，得到更多政策扶持。

因此，广州的海上贸易尽管在南宋继续发展，但发展速度却远远落后于泉州。南宋初年泉州、广州并列的态势，经过南宋一百多年的发展，情况已经显著改变，泉州港已经有超过广州，成为当时最大海贸港口的趋势。宋代诗人李邴曾有诗描述泉州外国商船云集的景象为

“苍官影里三洲路，涨海声中万国商”。1987年在阳江海域发现的在海上丝绸之路考古中具有重要价值的“南海一号”沉船，最终经考古学家考证是从泉州港驶出的南宋古船。船上的大批海贸货宝，反映了当时泉州港海贸的繁荣昌盛。

广州港与泉州港在海上贸易体系中地位浮沉的变化，充分说明了国运与水运的互相制约关系。水运影响国运，南宋南迁至杭州的国运亦作用于泉州港海贸发展的水运。正是靠着宋室南迁这一政治因素的影响，泉州港在当时海贸经济版图中的地位才得到有力抬升。而从更长远的层面观察，海贸的兴衰亦与整个南宋国运的浮沉相伴随。

经费困乏　倚办海舶

海外贸易带来的丰厚收入，极大弥补了南宋财政的不足。明末学者顾炎武在其《天下郡国利病书》中有言，“（宋室）南渡后，经费困乏，一切倚办海舶”，一语道出南宋海上贸易与财政收入的深刻关联。

财政问题几乎相伴两宋始终。从北宋中叶开始，由于冗官、冗兵、冗费“三冗”问题日益严重，朝廷财政开支巨大。加上在与辽、西夏、契丹的军事斗争中屡屡失利，需要向各国输送岁币等经济利益以维持和平局面，财政负担愈发沉重。因此从北宋开始，宋朝就异常重视海外贸易，其主要目的就是为了解决财政危机问题。宋神宗曾言：“东南利国之大，舶商亦居其一焉。”

南宋偏安长江以南，只靠半壁江山维持财政收入，沉重的军事压力又造成军费开支剧增，财政更加捉襟见肘，海贸收入在财政上的地位更加直接和明显。宋高宗反复告诫臣下，“市舶之利最厚，若措置合宜，所得动以百万计，岂不胜取之于民？朕所以留意于此，庶几可以少宽民力”，将海贸收入作为平衡赤字、纾缓民力的重要措施。高宗要求官员按照渡江之前促进海贸的措施，继续发展海上贸易，“市舶之利，颇助国用，宜循旧法，以招徕远人，阜通货贿”。

在皇帝的重视下，南宋采取了一系列措施促进海上贸易。高宗听取御史台负责制定修正法律条文的检法官张阐的建议，对北宋时期的《广州市舶条》进行了部分修订，使之更适应南宋面临的实际情形。南宋还对市舶司机构进行改革，扩充其职能。加强对出境商船的管理，要求商人出海贸易时必须事先向市舶司提出申请，报告货物名称数量、船员数量、前往地点和担保人员，经市舶司核准发给公凭（即出海许可证）后，才可出海贸易。加强对进港商船的管理，防止海外商船偷税漏税。保护外商在华利益，允许他们在利益受到侵犯时越级上诉。

市舶司官员职能重要，关涉国计民生，是当时官场的“肥缺”，面对大额经济利益诱惑时容易生出贪腐之心，出现营私舞弊之事。市舶司官员的才干、品行直接影响海上贸易的兴衰，若招徕得力，清廉薄征，则海上贸易发展顺畅；如若贪婪暴征，则贸易额必然下降。为确保贸易公平，南宋禁止市舶司官员参加海外贸易，甚至禁止其购买进口物品。市舶司官员如违禁参与贸易或购买物品，会受到罢官除名的处罚，其他相关人员亦相应被贬黜，民间海商因此成为海上贸易的主导力量。

南宋非常重视市舶司官员的选任，绍兴二十一年（1151），高宗在任命李庄为提举福建市舶时曾表示，“提举市舶官，委寄非轻，若用非其人，则措置失当，海商不至矣”，如果市舶司官员选任不当，就会让海商不再来华贸易。高宗下旨“庄可发来赴阙禀议”，让李庄赴杭州见驾，当面考察其能否，并面授机宜，反复叮嘱、耳提面命之后才让李庄赴任。南宋根据政绩对市舶司官员进行奖惩，对招徕海商有功者加官晋爵，令市舶收入亏损者则要处罚。高宗绍兴十六年，时任广南市舶使袁复一因“商贩乳香颇有亏损”，而被“特降一官”。

南宋重视港口建设，及时解决港口发展中面临的问题。南宋初年，因金兵屡下江南洗劫，明州港（今浙江省宁波市境内）受到严重破坏，影响了海上贸易的发展。朝廷拨出专项资金扶持明州港复建，到绍兴七年（1137），明州港已经是“风帆海舶，夷商越贾，利原懋化，纷至沓来”。

为鼓励海外商人从事海外贸易，南宋经常派官方使团到南洋各地招徕外商，高宗甚至曾亲自劝说因故久留中国不归的阿拉伯商人蒲亚里回国，往来贩运蕃货。对从事海贸成绩显著的商人，南宋不吝用官职给予封赏。海商蔡景芳从高宗建炎元年（1127）到绍兴四年（1134）七年间，贩运货物“收净利九十八万余贯”，被朝廷补授“承信郎”；泉州商人王元懋因“主舶贸易，其富不赀”，获封“从义郎”。外商也能得到朝廷官职，阿拉伯商人蒲罗辛因“贩乳香直三十万缗”，获封“承信郎”。

南宋甚至还会聘用善于经营海贸的外国人士担任市舶司官员。理宗年间，泉州港因经营不善，海上贸易渐呈衰败之势，南宋朝廷于景炎元年（1276）十二月，聘用阿拉伯商人后裔蒲寿庚担任泉州提举市舶司，负责泉州海贸事务。蒲寿庚以“擅蕃舶利者三十年”的海贸经验和在海外阿拉伯商人中的威望，迅速恢复并发展了泉州的海外贸易。

在大力扶持海外贸易发展的过程中，南宋朝廷得到大量财政收入。据《玉海》等史料，“海舶岁入，象犀珠宝香药之类……中兴岁入二百万缗”，南宋初年南宋海贸收入达两百万缗，而“渡江之初，岁入不满千万”，当时南宋的财政总收入还不到一千万缗，海贸收入至少占到财政收入的20%左右。

高宗渡江之初，南宋政权风雨飘摇，处于生死存亡的危险边缘，在各项财政开支均是刚性的情况下，正是这笔海贸收入帮助南宋财政度过了最危险的时期，奠定了南宋立国的基础。当时金国在北方扶植的伪齐政权官员卢载杨正是因为看到这一层，才认为南宋虽然偏安半壁，但“川广交通，宝货杂遝，有金银茶马之贡，香矾缯锦之利”，凭借包括海上贸易在内的贸易收入，财力仍然不可小觑，“资其雄富，未易殒越”，不会轻易覆灭，至少能在江南扎稳根基。

尽管20%的高占比只是南宋初年的特殊情形，学者们也对整个南宋时期海贸收入占财政总收入的比重争论不休，有20%、15%、5%、4.4%、3.3%，甚至2%、1%等观点[1]。但总体来看，“市舶岁入不仅是宋王朝平时的一项重要收入，而且还是在宋王朝财政危机最严重的时刻，支撑着整个财政，使宋王朝免于财政崩溃的重要支柱”。

更为重要的是，海贸收入是南宋朝廷在正常赋税之外的一笔额外收入，虽未纳入财政预算，但实际投入了紧急状态下的军事等开支。渡江之初的建炎四年（1130）正月，朝廷财政不理，各项用度奇缺，中央驻地都无钱可用，高宗“命福建市舶司悉载所储金帛见钱，自海道赴行在”，要求福建市舶司将所有库存收入全部走海路运到行在。南宋宁宗开禧元年（1205），因财政收入匮乏，当年军费无从着落，朝廷下诏每年从市舶收入中拨出一万缗入库，“以备缓急”。

---

1. 郭正忠：《南宋海外贸易收入及其在财政岁赋中的比率》，《中华文史论丛》1982年第1辑；王庆松：《20世纪宋代海外贸易研究综述》，《海交史研究》2004年第2期。

而且在以货币计算的海贸收入之外，香药宝货等进口商品亦有特殊价值，在纾缓财政困境、应付紧急开支等方面，往往具有其他商品不能起到的特殊作用。大食香药宝货在中国属于短缺物资，在中国市场上往往更加畅销，有时能起到替代货币的支付作用。南宋初年，户部就用海上贸易所得乳香九万一千五百斤，折价一百二十万缗，在江西、湖南、湖北、江浙等地用香药购买百姓粮食，以充军饷。

尽管一些学者认为不能将海上贸易收入“视为南宋政府的主要财源，片面强调其影响重大，甚至说缺少市舶的收入根本上就不可能维持经费的开支”，但海贸收入在南宋经济和财政根基上的重要地位是毋庸置疑的。且海上贸易的影响绝不仅仅是直接税收收入一项，其对沿海地区经济的刺激更是不可忽视。

靠着海上贸易的刺激拉动，两浙、福建、两广等近海地区出现了商品经济发展、交通改善、手工业进步、经济结构变迁升级的良好态势。这些地区经济的繁荣，无疑为南宋朝廷提供了更多的财政收入。朝廷从海上贸易中得到的直接收入毕竟有限，但是从海上贸易中得到的利益是多样的，不只限于直接税收，海贸收入在南宋财政上的重要影响不容忽视、不可小觑，可以说是南宋对阵金国及蒙元的财政秘钥。

南宋立国之初面临金国泰山压顶般的巨大军事压力，而最终与之对战百余年，最终联合蒙古将其灭国。蒙古兴起后，仅用十年左右时间就破西夏、灭金国，发动数次西征占领欧亚大片地区，而宋蒙战争从宋理宗端平元年（1234）到少帝祥兴二年（1279），延续近半个世纪之久，是蒙元崛起后所遇到的费时最长、耗力最大、最为棘手的一场战争。这些都与海贸有巨大关联。正是依赖海上贸易提供的经济、财政支撑，南宋以江南半壁抵挡住了金国和蒙古铁骑长达一百五十二年的持续冲击。

随着蒙古占领区域的扩大，尤其是攻灭西辽，西征中亚花剌子模，征服东欧伏尔加河流域，灭亡西夏后，蒙古人不仅重新打通了丝绸之路，而且形成了横跨亚欧大帝国的态势。蒙元全面整合中原的财富、草原的武力和阿拉伯的商业能力，从而将亚欧东西方两大生产基地通过陆路连为一体，形成东西方通过大交通实现大融合的局面。

由此，元朝开创了人类同时面向大陆和海洋的空间，形成了陆路贸易与海路贸易并行的双轮驱动效应，以整个欧亚大陆为单位调配资源、流通商业、开拓贸易，其经济互联互通效率显然远远高于南宋的单一海上贸易。失去经济尤其是贸易上的竞争优势，南宋对抗蒙古人的最后一丝底气也被渐次抽去，败亡已经是命中注定。南宋军民的民族气节，只有在最后时刻的崖山海战中得到终极彰显。

南宋显然没有料到，其当初重用的泉州提举市舶司阿拉伯人蒲寿庚会在宋元决战中反戈一击。而广州港在南宋末年的最终衰落，亦和崖山海战有深度关联。

崖山海战的长恨悲歌

相对于北宋因靖康之变而灭亡的突然土崩，南宋的败亡则呈现出渐次瓦解的态势，是在对蒙古和元朝的节节抵抗中逐渐失败。从宋理宗端平元年（1234）蒙古侵宋，到少帝赵昺祥兴二年（1279）十万军民在崖山跳海殉国，南宋顽强抗击外敌四十五年才归于寂灭，最终以一曲崖山长恨悲歌为近半个世纪的殊死抵抗画上句号。宋蒙战争的激烈、曲折、复杂程度，在中国乃至世界战争史上都极其罕见。

北宋覆辙　南宋重蹈

正如黑格尔所言，人类从历史中学到的唯一教训，就是没有从历史中吸取到任何教训。徽宗时期，北宋与金国联合灭掉辽国，不久自己就因措置失当导致金国大举入侵而被灭国。理宗端平元年（1234）正月，南宋又与蒙古联合灭亡金国。

世仇被灭，南宋军民百姓欢欣鼓舞，举行了一系列庆典，却有意无意忽略了局势已经从宋、金、蒙三国鼎立转变为宋蒙直接对峙。相对于当时已经日落西山、气息奄奄的金国，蒙古显然更加强大、更富于侵略性。南宋面临的危局，几乎与当初宋金联合灭辽后，面临虎视眈眈的金人威胁如出一辙。南宋联蒙灭金之举，无异于重蹈北宋覆辙。可以说，赵宋朝廷用同一个脑袋，在同一个门缝里面挤了两次。

宋蒙失和，迅速从联盟走向兵戎相见的原因，是北宋河南故土的归属。史书关于这个问题的记载主要有两种说法：一是《宋季三朝政要》记载，蒙古答应在灭金之后，将河南土地归还南宋，即“仍许以河南归本国”；二是《宋史·贾似道传》记载，双方灭金之后以陈（今河南省淮阳县一带）、蔡（今河南省汝南县一带）为界，以北属蒙古，以南归南宋。

但这两条记载都有值得怀疑之处。蒙古允诺河南土地归还南宋的记载，只在《宋季三朝政要》一书中出现过，包括《宋史》在内的任何史籍中都不见这种说法。《宋史》为元人所修，有被元人删去的可能，但当时南宋君臣诏书、奏议中也都没有一语言及此事，没有关于蒙古背弃盟约、拒不交割河南的议论。因此，《宋季三朝政要》中河南归宋的记载，属于一条无法证实的孤证。

而《宋史》中宋、蒙以陈、蔡为界的观点，则更不近情理。收复中原故土是南宋政治合法性的根基，是渡江以来南宋君民上下的百年夙愿。宋朝传统政治要地三京（东京开封府、西京河南府、南京归德府）和赵宋列祖列宗帝陵，都在陈、蔡以北，南宋断不会在盟约中声明放弃这些土地。

因此，历史学者推测，真实的情况可能是南宋与蒙古谈判联合灭金时，由于时间仓促，只讨论了军事合作问题，来不及或者是因为双方无法达成妥协，而有意避开了河南土地的归属问题。也许南宋方面向蒙古提出过收复河南，蒙古谈判使者在口头上应允，但后来蒙古朝廷否定了这一承诺。而《宋史》中的“以陈、蔡为界”，只是宋蒙联合灭金时划分的军队部署线，即南宋军队负责攻打金国的陈、蔡以南，蒙古军队负责进攻陈、蔡以北，这条线并非是两国国界线。所以，蒙古归还河南，只是南宋的一厢情愿，并没有文本依据。而以陈、蔡为界，只是后来蒙古进攻南宋的一个借口而已，元人在修史时为增强灭宋的历史正当性，就将其编入了史料。

面对宋蒙直接对峙的凶险局势，南宋却对收复河南迷之乐观。当时宋理宗亲政不久，颇想有所作为，意图侥幸恢复中原，完成祖宗未竟之业。理宗不但被灭金的胜利冲昏头脑，也低估了蒙古的军事实力。端平元年（1234）四月十三，理宗下旨让众臣讨论收复包括三京在内的河南问题。

包括灭金名将孟珙在内，大多数对宋蒙军事实力对比有清醒认识的官员都极力反对出兵，认为南宋军力不足以进取中原，反而会在外交上给蒙古入侵提供口实。主战最激烈的是在军中扶摇直上的沿江制置副使兼淮西制置副使赵范、淮东制置使兼知扬州赵葵兄弟，理宗正是在他们“踞关守河”，即“西守潼关、北依黄河”与蒙古分界的建议下，不顾大多数文武百官的反对，于五月断然下诏，出兵收复河南。

南宋收复中原的军事行动刚开始颇有席卷之势。六月十二，南宋庐州（今安徽省合肥市一带）知州全子才率先锋淮西兵一万人从庐州出发，随后在寿州（今安徽省寿县一带）渡过淮河。原先投降蒙古的金国降将转而降宋，全子才所部几乎兵不血刃占领安徽、河南数座城池。七月初二，为蒙古驻守开封的原金国降将杀死主帅，献上开封。七月初五，全子才部队入城，收复沦陷一百余年的故都汴京。

但此时的开封城已经是一座空城，只有千余家居民，市井残毁，一片“荆棘遗骸”，根本筹集不到军粮。蒙古又在宋军进入河南时决开寸金堤，引黄河水倒灌宋军粮道，将从汴京到寿州的大片土地变成泽国，宋军粮饷转运极为困难。全子才只能部署大部分军队就地等待粮食，派偏师四处征讨。由于蒙古实行“空城”诱敌之计，撤退了在河南的主力以骄纵宋军，为而后反击创造条件，因此全子才的偏师收获颇丰，很快收复郑州、陈州、蔡州等城池。

七月二十，赵葵率五万主力到达汴京，同样面临缺粮问题。但赵葵坚持西进，派兵只带五天干粮就冒险进攻洛阳。蒙古继续诱敌深入，从洛阳撤军，使其变成一座空城。七月二十八，宋军几乎兵不血刃进入洛阳，发现只有三百余户居民，更是无粮可筹。不知已身陷险境、羊入虎口的赵葵兴奋至极，迅速将收复三京的捷报送到临安。第二天，即七月二十九，入洛宋军所带粮草就已经吃尽，只能用野草和面做饼吃。

八月初一，蒙军反攻洛阳，断粮多日、饥饿不堪的宋军突围南走，被蒙军杀伤十之八九，只有三百余官兵在吃了两天桑叶、七天梨蕨后才回到南宋境内。赵葵、全子才听闻洛阳大败，明白大势已去，随即从边境撤军。这场以收复汴京、洛阳、归德为目的的战争草草收场，是为“端平入洛”。

八月初九，不知前线宋军已经溃败，胜负之势逆转的理宗，还沉浸在收复三京的喜悦中，任命赵范为知开封府、东京留守，赵葵为知应天府、南京留守，全子才为知河南府、西京留守。战争失败后，理宗将他们三人和其他主战派官员尽数免职，还下发了罪己诏，但此战后果之严重，已经不是一纸诏书和罢免几个官员就能消解。

“端平入洛”的失败，激化了南宋与蒙古的矛盾，为蒙古大举侵略南宋提供了口实。入洛之战，南宋精锐尽出，却被蒙军打得落花流水，严重损伤了战斗力。入洛失败后，主战派与求和派互相攻击，朝廷内争，人心涣散。

“端平入洛”之战是宋蒙战争爆发的导火线和起点。当年秋天，蒙古就向南宋发起试探性进攻，因南宋很快求和，加上自身准备不足，蒙古很快撤军。第二年即端平二年（1235），蒙古开始分三路全面进攻南宋，东路进攻江淮，中路进攻襄樊，西路是主攻，进攻四川，意图打下四川，从长江上游顺流而下攻击南宋。

理宗宝祐元年（1253），蒙古灭亡大理国，从西南方向形成了对南宋的战略包抄，随后大规模进攻合州（今重庆市合川区一带），企图一举攻占重庆。宋军以合州钓鱼台山城防御体系为依托，进行顽强阻击。蒙古可汗蒙哥又气又急，病死在钓鱼台下。蒙军被迫后撤，扶蒙哥可汗灵柩北还，四川得以解围。东路军统帅忽必烈虽已突破长江天险，包围鄂州，但为争夺汗位匆忙撤军北返。从云南经广西北上的蒙军已经包围湖南长沙，也因之渡江北撤。蒙哥的意外死亡甚至对世界局势产生重大影响，蒙古的第二次西征部队也因此东还，进军埃及的蒙军随之兵败。

蒙哥之死更深远的意义，在于为忽必烈的崛起提供了契机。忽必烈北返后，在部分蒙古贵族的支持下，于公元1260年三月在开平（今内蒙古锡林郭勒盟正蓝旗一带闪电河河畔）宣布继承汗位，随后与同样宣布继承汗位的阿里不哥展开争夺最高统治权的斗争。加上后来内部李璮变乱影响，忽必烈一时无暇顾及灭宋，与南宋保持了几年的大体休战状态。

刚喘一口气的南宋，不但不抓住机会整军备战，反而展开了激烈的内部斗争，导致驻防泸州的大将刘整叛变降蒙。

刘整原是金国汉人，在金末时投奔南宋，隶属南宋名臣赵方即赵范、赵葵之父麾下，但与赵氏兄弟不和。据传赵方临死前曾交代赵葵，如果你们兄弟俩不能重用刘整，就将其杀掉，免得留下后患。赵葵不听。

刘整骁勇善战，在跟随孟珙攻打金国信阳时任先锋，只带十二人便在夜间登城擒杀守将，后入蜀抗击蒙军，屡立战功，但一直被出身南方的南宋将领猜忌，长期得不到升迁，更在蒙古撤兵四川后被弃之不用。加上眼见军中名将陆续在政治斗争中被倾轧至死，刘整遂暗中与蒙古联络，在理宗景定二年（1261）投降蒙古，加入忽必烈阵营。刘整被忽必烈任命为行夔府路中书省兼安抚使，在四川调转矛头攻击南宋。

忽必烈基本上稳定政权后，刘整在宋度宗咸淳三年（1267）十一月入朝觐见，提出攻灭南宋战争战略主攻方向转移问题，建议忽必烈将重点进攻地区从四川移向襄樊，即襄阳、樊城所处的江淮地区。

这一进攻方向转移有着深刻的战略背景。蒙哥可汗在合州钓鱼台前线去世后，东路和中路的蒙军都撤退北返，与宋军脱离接触，只有西路蒙军短暂撤离后再度南下，经过数年进攻，在付出惨重代价后占领四川大部分地区，试图破蜀入长江进入三峡地区，然后沿江东下，攻入南宋腹心地带。

但南宋同样意识到了四川战区和长江上游防御战线的重要地位，认为南宋立国江南，“无百二山河，唯曰长江为户庭，两淮为藩篱尔。世之熟于形势者曰：无淮则江单，无江则淮寒，唇齿相资”，“所以援两淮而固长江者，又岂可不重垂意乎？淮宜守也，江宜保也，上流之势尤不容忽也”。鉴于此，南宋在重庆到夔州（今重庆市奉节县一带）部署了重兵，以钓鱼台山城等地为中心构建了川东山城防御体系，紧紧扼守长江门户。宋蒙在四川相持多年，互有胜负，战局胶着。

两淮虽然更接近南宋统治中心，但湖泊众多，又有大江阻隔，不利于蒙军骑兵纵横驰骋，且蒙古水军远远不及南宋强大，故蒙古之前只把江淮作为牵制宋军援助四川的次要战场，而非主战场。刘整的到来，扭转了蒙军在江淮战争上的劣势。

刘整“尽知国事虚实”，熟悉南宋防御体系，一眼就看穿宋军在江淮战线一盘大棋中的两个棋眼——襄阳、樊城。刘整认为，“攻蜀不若攻襄，无襄则无淮，无淮则江南唾手下也”，他向忽必烈提出“攻宋方略，宜先从事襄阳”“臣愿效犬马劳，先攻襄阳，撤其捍蔽”。忽必烈经过反复思考，决定采纳刘整关于重点进攻襄樊，从中路突破的战略建议。

为破除南宋水军强大的优势，刘整还建议蒙军夺彼所长，造战舰，习水军，忽必烈下令陕西、四川“造战舰五百艘付刘整”。刘整“造船五千艘，日练水军，虽雨不能出，宜画地为船而习之”，即使是天降大雨不能演练也要进行沙盘战术推演，可谓风雨无阻，终于“得练卒七万”，帮助蒙古编练一支颇有实力、可与南宋水军抗衡的水上力量。

忽必烈在刘整建议下推行的战略转变影响深远，历史学者王曾瑜曾经指出：“元灭南宋的关键决策人物不是伯颜，而是刘整，刘整使元朝完成了重大的战略转变。第一，将主攻方向由四川转移到襄阳和樊城，并且避免强攻，施行长围久困；第二，编练了强大的水军。这两项转变产生了成效……偏安东南，支撑一百五十年的南宋，也终因元朝转变战略而亡国。”

进攻方向转移到位，水军训练就位。咸淳四年（1268）九月，刘整和蒙古军将阿术开始率军包围襄樊。

没有郭大侠的襄樊保卫战

在金庸的武侠小说中，襄阳是郭靖、黄蓉、杨过、小龙女等群侠云集，帮助朝廷阻击蒙军之地，是“侠之大者，为国为民”精神的发源地。在真实的历史中，襄樊虽没有郭靖等大侠的助拳，但战争进程同样是气壮山河。

襄樊包括汉水南岸的襄阳和北岸的樊城，地处南阳盆地南端，位于南宋京西南路中南部，三面环水，汉水自东、北、西绕道南流；一面傍山，南边岘山山脉地势险峻。

襄阳是京西南路治所，“跨连荆豫，控扼南北”，地形险要，顺汉水而下便进入长江中游门户鄂州，自古便是兵家必争之重地。南宋初年抗金名将岳飞首先注意到“襄阳六郡为恢复中原之基本”，遂着意经营，使之成为南宋西边重镇。襄阳、樊城互为依存，宋军在二城之间的水中种植大树巨木，用铁索连接，阻止蒙古水军舟船通行，并在上面建造浮桥，作为两城互相支援的交通要道。

刘整和阿术刚进攻襄樊时，守将吕文焕立马派人急报其在鄂州的兄长吕文德。但吕文德盲目乐观，认为襄樊城池坚固，粮食储备充足，加上有吕文焕坐镇，可保万无一失，就没有及时援助。等到蒙军完成对襄樊的包围，吕文德才悔不当初，一面报告朝廷，一面准备自行带兵救援，但不久病重去世。吕文焕多次主动出击攻打蒙军阵地，力图摆脱被困局面，但为阿术大败，宋军死伤惨重。

咸淳五年（1269）正月，忽必烈派枢密副使史天泽到前线督战。善于围城的史天泽在襄樊外围修建了一个西起襄阳城西北十里之处的万山，南到襄阳城南三十里之处的百丈山的包围工事，企图令襄樊南北不得相通。但襄樊在南宋的长期经营下，城防相当坚固，城中物资储备颇丰，加上军民同仇敌忾顽强抗击，十万多蒙汉联军围城一年也无法将其攻破。

更关键的是，此时襄樊并非孤城。南宋朝廷得知襄樊被围困后，立即从各地调集军队、物资强行入援。宋将张世杰率领水军进援襄樊，与蒙军大战于赤滩圃（今湖北省襄阳市东南一带），虽然兵败退回，但稍后，宋将夏贵乘汉水上涨之机，成功送军衣、军粮入城。在朝廷的持续输血下，襄樊军民的战斗意志更加坚定。

咸淳五年（1269）冬，出身北方汉人世家的蒙将张弘范向蒙军提出对策，建议不仅要切断南宋入援襄樊的水上交通，也要切断襄樊与外界的陆上联系。蒙军据此建议，令张弘范率一千精兵驻屯万山城，截断襄樊通往西面的陆上交通。同时在江边修筑坚固城堡，江中修筑水上楼台，试图切断南宋从水路对襄樊的援助。

张弘范此计甚毒，促使蒙军对襄樊的包围更加牢固。咸淳六年（1270）二月，吕文焕指挥襄阳守军步兵骑兵一万五千人，加上百余艘战船，水陆并进攻打万山城，结果大败而归，退回城内。此战表明，襄樊守军已经无力粉碎蒙军的包围。

南宋朝廷继续派大将李庭芝、高达、印应雷、孙虎臣等人，从襄樊西北方向进行增援。在传统史学界一向被骂为“奸相”的贾似道担心襄樊战局不稳，各将互不统属，不能协同作战，上书请求赴襄樊前线巡边，以统帅全局。

从南宋末年开始，就有人认为襄樊沦陷的直接原因是“似道坐视而不救”，将之列为贾似道奸相误国的罪状之一。元朝所修《宋史》中《贾似道本传》云，在襄樊危急、军报迭来时，贾似道正“日坐葛岭，起楼阁亭榭”，大建楼堂馆所，奢靡享乐，“取宫人娼尼有美色者为妾，日淫乐其中”。后人据此在杭州葛岭贾似道府邸作诗云：“山上楼台湖上船，平章醉酒懒朝天。羽书莫报樊城急，新得蛾眉正少年。”认为贾似道置襄樊危亡于不顾，只顾自己寻欢作乐。

元人刘一清记录南宋事迹的笔记史料《钱塘遗事》甚至言之凿凿，称度宗曾向贾似道叹气，“襄阳之围三年矣”，贾似道却说蒙军早已经撤围退去，“陛下得臣下何人之言”，究竟是谁给陛下进此无中生有之言？度宗回道，“适有女嫔言之”。贾似道大索宫中，追查此事，借故假度宗之手将此女嫔赐死，此后“边事并无敢言者”，再无人敢提救援襄樊之事。

其实，这在很大程度上是宋人的意气之见和元朝史书对南宋末年政局的丑化，有往贾似道身上过度泼脏水之嫌。贾似道虽然专权，但并不昏聩，更不无能。当时朝中对襄樊战况最了解的，莫过于贾似道，他不仅投入大量人力、物力、财力去救援襄樊，还多次提出要亲自巡边，指挥前线将领解开困局。《钱塘遗事》又猜度贾似道巡边之心是虚有其表，一边上奏章要求巡边，一边暗中唆使台谏系统官员上言挽留，这一观点也缺乏事实根据。

真正困住贾似道手脚，不让他巡边的，正是度宗。度宗其人，身体极端虚弱，在政治上无德又无能，对贾似道的依赖几乎达到须臾不可离开的地步。贾似道三次巡边上书，都被度宗驳回，只能于咸淳六年（1270）十月派殿前副都指挥使范文虎率刘义、夏松等将领带十万水军、一千艘战船救援襄樊。加上前期抵达的张世杰、夏贵水军，南宋舰船达到两千艘，几乎云集所有能征善战的骁将劲卒。蒙古水陆两军出战迎敌，大败宋军，夺取宋军战船百余艘。范文虎乘夜逃去，襄樊危急如初。

而更危险的局面在于蒙古政权的加速汉化转型。忽必烈在招罗汉族知识分子、军将，用汉法治理汉地的基础上，广泛吸收汉人加入蒙古政权。咸淳七年（1271）十一月，忽必烈取《易经》“大哉乾元”之义，建国号为大元，正式建立元朝，自认是秦汉隋唐的继承者，表示要“奄四海以宅尊”“绍百王而纪统”，彻底灭亡南宋，建立统一的多民族全国性政权。随后，忽必烈定都大都（今北京市一带），将政治中心由漠北迁移到中原。大部分历史学家认为，宋元战争性质至此转变为王朝更替战争。南宋不但在军事上继续以弱敌强，更在政治和舆论上面临元朝的攻势，这对襄樊保卫战而言无疑雪上加霜。

元朝建立的第二年即咸淳八年（1272）春，元军对樊城发动总攻。二月，忽必烈命令阿术率蒙军、刘整、阿里海牙率军猛攻樊城。三月，元军攻破樊城外城，南宋守军战死两千人，将领被俘虏十六人，守将侍卫马军司统制牛富率其余军队退入内城。阿里海牙上奏忽必烈，“以为襄阳之有樊城，犹齿之有唇也，宜先攻樊城，樊城下，则襄阳可不攻而得”。忽必烈同意阿里海牙建议，命令阿术紧逼樊城内城。

咸淳四年（1268）到八年，襄樊已经被围四年多，城内虽然军粮储备较多，但食盐、木炭、布帛极度缺乏。前线总指挥李庭芝派人探得襄阳城西北有一条发源于均州（今湖北省丹江口市一带）、房州（今湖北省房县一带）的青泥河，可通襄阳城。李庭芝便命令均州知州刘懋在青泥河上游制造轻便小型战船百余艘，准备每艘战船配备水军三十人，三条船连接在一起为一个战斗小队，中间船只装食盐一袋、布匹两百匹，负责装载物资；左右两船配备火枪、火炮、巨斧、劲弩等武器，负责掩护攻击，如此百船齐发，从青泥河强行突入襄阳城补给军需。

李庭芝本要把此艰巨任务交给手握重兵的范文虎，但范文虎倚仗贾似道信用，拒不服从李庭芝命令。李庭芝每次让他出兵，他都以未得到圣旨诏书为由推迟，然后“携美妾，走马击球，军中为乐”，与李庭芝相抵牾，“莫能并力，坐视而已”。李庭芝无奈，只有重金招募当地骁悍善战的民兵三千人组成敢死队，又从民兵中拔擢智勇双全的张顺、张贵二人为都统，率领民兵敢死队运送物资到襄樊。临行前，张顺、张贵有壮志豪言：“此行有死而已，汝辈或非本心，宜亟去，毋败吾事。”三千儿郎群情激奋，无一人退出敢死队。

五月二十二，张顺、张贵探得“汉水方生”，江水陡涨，便率领船队出发，先到团山，两天后进至高头港口。百余艘战船结成方阵后，于当夜一更三刻起锚出海。张贵在前，张顺殿后，以红灯为号乘风破浪突入重围。当时元军战船布满江面，无隙可乘，张贵、张顺便从磨洪滩强攻，短兵相接，斩断元军用以封锁江面的铁链数百条。大量元军或被射杀或坠入江中而死，“尽皆披靡避其锋”。

张贵转战一百二十余里，经过一夜鏖战，终于在二十五日黎明进入襄阳城内，完成运送军需任务。当时襄阳绝援已久，听闻援军到来，人皆踊跃，士气增长百倍。只可惜二十五日凌晨四更左右，忽起南风，将张顺战船吹到北岸元军水寨附近。张顺被元军重重包围，所带火炮等武器都已用尽，虽奋勇杀敌但最终身中四枪六箭而死。几天后，人们在江水中打捞到张顺遗体，只见他披甲胄，执弓箭，“怒气勃勃如生”，极其悲壮。襄阳军民将他厚葬，立庙纪念。

二张援襄成功后，元军以鹿门为中心，将水道连锁数十里，用大根树木排列成撒星桩，封死襄阳水道，“虽鱼虾不得度”。张贵见元军包围更加严密，拒绝了吕文焕请他共同防守襄阳的挽留，决定派人到郢州（今湖北省钟祥市一带）范文虎处求援。张贵派水性好的壮士两人手持蜡丸，从水中潜水出城。两名壮士经过几天跋涉终于到达郢州，与范文虎约定派五千水军驻龙尾洲，在七月初七[1]夹击元军，解围襄阳。

七月初七夜，张贵告别吕文焕，率军坐船从汉水而下。张贵临上船时检点士兵，发现一个前几日因犯错被他鞭打过的士卒不见，明白此人可能已向元军告密，军机已泄。张贵遂放弃之前隐蔽前进的计

---

1. 此日期另有九月（《元史·刘整传》）、十一月（《齐东野语》卷18《二张援襄》）之说，此处从《昭忠录·张贵》七月说。

划，点炮鼓噪开船，斩断铁链破围冒出，两岸元军被吓退。夜半时分到达小新城时，提前得知张贵计划的刘整、阿术早已在此列阵泊船以待。

元朝水军火光照亮江面，如同白昼，张贵率军拼死力战，总算到达勾林滩，接近龙尾洲范文虎本应按照约定的预伏阵地。张贵所部远远望去，只见战船云集，都以为是范文虎率军前来接应会合，遂加快速度前进，并举流星火示意。前方战船见到火光，也迎面驶来。等到两军即将会合时，张贵才发现来船不是宋军，而是元军！

原来在七月初五，范文虎因风水迷信，认为此行不妥，竟然退军三十里。元军俘虏到张贵军队逃跑士兵，得知张贵、范文虎合兵情报计划，遂抢先占据龙尾洲，准备在此地以逸待劳伏击张贵。

此时张贵所部连战数阵，精疲力竭，又遭遇龙尾洲元军伏击，寡不敌众，几乎全部战死。张贵身中数十枪，力不能支被俘，“至死不屈”，被元军杀害。元军派四名投降宋军将张贵尸体抬到襄阳城下，告诉守军外援已绝，并写劝降信一封，催促吕文焕尽早投降，安享大元荣华富贵，“国家大信，明若江水，进退裁决，惟足下留意焉”。吕文焕斩杀四名投降宋军，将张贵与张顺合葬一处，立双庙祭祀，明示拒绝元朝劝降通牒。

张顺、张贵入援襄阳的军事行动虽然从战役角度而言归于失败，但其牵制了元军攻击樊城内城的兵力，减弱了其对樊城的攻势。咸淳九年（1273）年初，元军在确认宋军已经无力再救援襄阳后，从东北、西南两个方向分五路进攻樊城。

攻城前，刘整和阿术派熟悉水性的士兵潜入水中，斩断支撑连接襄阳、樊城浮桥的巨木铁索，并放火焚烧浮桥，致使襄阳宋军无法救援樊城。攻城时，元军动用改良过的先进抛石机“回回炮”助攻，向城里发射重达一百五十斤的巨石，“声震天地，所击无不摧陷，入地七尺”，终于摧毁樊城西南角楼，从西南破城。牛富率百余人继续巷战，身负重伤，用头连撞木柱四次无法自杀，最终投身火中殉国。裨将王福紧随其后，高喊“将军死国事，吾岂宜独生”，追随牛富赴火自焚。

樊城最终陷落！

樊城失陷，襄阳唇亡齿寒，成孤城一座。吕文焕困守无援，每次登城巡视都“南望恸哭”。二月，元军一面派南宋降将入城加紧招降吕文焕；一面威逼攻城，用回回炮一炮打中襄阳城角楼，展示其坚船利炮。回回炮声如震雷，宋军军心动摇，纷纷翻城投降。吕文焕有所动摇，但惧怕被刘整陷害，一时犹豫未决。

刘整曾在襄阳城前与吕文焕对话，却被宋军伏弩射中，差点丧命，因此对吕文焕咬牙切齿，坚决反对招降，甚至“欲立碎其城，执文焕以快其意”，表示要屠城襄阳，将吕文焕碎尸万段。阿里海牙斥退刘整，带人到襄阳南门表示“若降，则尊官厚禄可必得，决不杀汝也”，并折箭为誓。恰巧吕文焕帐前裨将田世英、曹彪捆绑其总管武荣投降元军，吕文焕更感觉大势已去，遂举城投降，终于步刘整后尘。

当初与张顺、张贵一起入援襄阳的荆湖都统范天顺，参加襄阳保卫战近一年，听闻吕文焕投降，仰天高呼“好汉谁肯降，便死，也做忠义鬼”，说罢在阵地自缢殉国！

襄阳城陷！

力尽关山未解围，历时五年多的襄樊保卫战至此结束！

南宋朝廷救援襄樊确实是竭尽全力，至少在财力上是不遗余力，仅咸淳七年（1271）六月、八月两个月就至少拨付前线七百万贯钱犒军，当时有“今朝廷竭天下财力，以援一州而不能”的批评。因此，襄樊城破的原因并非只是南宋朝廷救援不力。

襄樊失陷，从元军方面看，是因其实力过于强大。此战元军投入精兵强将，五六年时间集中全力围攻襄樊城，这在蒙古对外扩张史和世界战争史上都极其罕见。元军在军事上构成对宋军的绝对优势碾压，尤其是其后期回回炮一响，几乎是降维打击。宋军肝胆俱裂，纷纷投降。

从南宋方面看，未能解围襄樊的原因，首先是军队内部分裂。南宋军队内部派系林立，救援襄樊军队虽多却不能形成合力。贾似道只依赖、信任以吕文焕为首的吕氏子弟将领和吕文焕女婿范文虎，以及旧部夏贵、孙虎臣等人组成的吕氏军事集团，而对高达、李庭芝颇多猜忌。前线将帅不和，吕文焕听闻高达率军来援时，竟颇为不快。南宋军队内部的掣肘矛盾，严重贻误救援襄樊战机。

更严重的问题是，南宋未能及时开辟其他战场牵制襄樊元军。当时因见政治腐败，早已无意仕途、“绝意进取”的白衣处士金履祥，见襄樊危局，上书朝廷提出围魏救赵之计，“牵制捣虚之策”，具体计划是“以重兵由海道直趋燕蓟，则襄樊之师将不攻而自解”。为确保进军顺利，金履祥还在奏疏中详细写明水军战船所经之地的难易远近等情况。当时南宋水军相对蒙古水军仍有较大优势，且山东、北京、天津等地蒙军大多远调襄樊前线，北方空虚。宋军如果从海上直逼天津、大都，襄樊元军极有可能撤军回援。

金履祥之策虽然不一定能解围襄樊，但至少应该是朝廷统筹解围襄樊策略时应该参考的重要因素，南宋君臣却弃之如敝屣。直至襄樊失陷不到半年的咸淳八年（1272）十一月，贾似道才提出开辟山东战场、两淮战场，迫使襄樊元军分兵的建议，但只说不做，最终没有实施。

而当时蒙古为牵制宋军对襄樊的救援，在对襄樊战场保持强大军事进攻态势的情况下，同时对四川、重庆、河南等地发动进攻，意图牵制。宋军虽然不为所动，继续增援襄樊，但总不免有后顾之忧，一直处于被动挨打的境地。

襄樊失陷，撕开了南宋在中部的重要防线，长江中游门户洞开。元军从此可以水陆并进，闪击临安，极大增强了元朝灭宋的信心，如阿里海牙所言，“襄阳，自昔用武之地也，今天助顺而克之，宜乘胜顺流长驱，宋可必平”。南宋丧失苟安江南的屏障，抗元信心顿挫，“京、襄沦没，祖宗之基业莫能保”。吕文焕的出降，更是带动在南宋军队中颇具实力的吕氏家族军事集团成员纷纷投降，极大损伤了南宋军队的元气，反过来增强了元朝的军事力量。

更重要的是，在长达五年多的襄樊战役中，元朝水军在战争中学习战争，终于积累了水上作战的丰富经验，打破了南宋在水军和水战上的战术优势。占领襄樊后，元朝水军打通了从汉水通往长江的水道，从此可以浮汉入江，从长江顺流而下直趋临安。

由此，南宋与蒙古对峙近四十年的僵持局面被打破，宋元战争出现根本性转变。襄樊战役成为元朝在战略上对南宋展开全面进攻，而南宋开始全线溃败的转捩点，其灭亡已经是时间问题。

三战三败　无力回天

元朝攻占襄樊后，一方面巩固占领地区，暂时放慢进攻步伐；另一方面在军事上全面进行南伐准备，尤其是加紧编练水军。

据《元史》卷八《世祖五》，就在刚攻破襄阳的咸淳九年（1273）三月，忽必烈就按照刘整的建议，在兴元府（今陕西省汉中市一带）、金州（今陕西省安康市一带）、洋州（今陕西省洋县一带）等地造船两千艘，扩充水军五六万。六月，利用襄阳船厂新造战船千艘。第二年，又编练水弩和炮手五千、水军三万补充兵力，并在汴梁（今河南省开封市一带）再造战船八百艘。与此同时，忽必烈建立南伐指挥机构，任命元老重臣伯颜为灭宋总指挥，统兵南伐，刘整、吕文焕等南宋降将尽在其中，由此确立了以荆湖为重点突破方向、以淮西为策应战场的战略计划。

一切准备就绪，咸淳十年（1274）六月，忽必烈下诏“问罪”南伐。七月初九，度宗病死，留下杨淑妃所生六岁赵昰，全皇后所生四岁赵㬎，俞修容所生三岁赵昺三个皇子。贾似道等大臣拥立赵㬎登基，是为恭帝。当年的理宗皇后、如今的太皇太后谢氏临朝听政。

南宋新朝还未站稳根基，元朝就分兵两路大举进攻。左路以博罗欢为统帅，刘整为先锋进攻两淮；右路以伯颜、史天泽为统帅，吕文焕率水军跟进，从襄樊顺汉水而下，水陆并进。南宋在郢州组织第一道防线，十万士兵分列水陆要冲，千余艘战船列于江上，并用铁索连接数十条大船横排以封锁江面。

元军无法渡江，便绕过郢州南下，攻占湖北钟祥南部的黄家湾堡。吕文焕发现附近有条沟渠深阔数丈，南通距离汉水仅有数里的藤湖。元军遂开凿渠道，挽船入渠，拖船入湖，才重新进入汉水，随后登陆攻击沙洋（今湖北省荆门市沙洋县一带）、新城（今湖北省潜江市北部一带）。宋军没料到元军能绕过郢州江面登陆，仓促迎战。吕文焕到城下招降，城上宋军万箭齐发，飞矢如雨。吕文焕身中三箭坠马，几乎被宋军活捉，幸得元军救助才仓皇奔还。

元军见招降不成，遂猛烈攻城，守将边居谊所部三千人全部壮烈殉国。十月底，元军逼降控制汉水要地的复州（今湖北省仙桃市一带，古称沔阳），兵临鄂州（今湖北省鄂州市一带，古武昌所在地），准备进入长江。

此时南宋在长江中游的重要军事基地几乎仅剩鄂州一地，故朝廷急派七十九岁的老将夏贵率淮西水军战船万艘增援，抢占鄂州附近长江上游阳逻堡（今湖北省武汉市新洲区西南长江北岸的阳逻镇一带）等要隘，控制水面三十余里，阻止元军从汉水进入长江。

汉水水面宽阔，水流湍急，加上宋军防守严密，元军一时难以渡过，几次试探性进攻都没有实质性进展。十二月初，元军企图从汉口过江，夏贵率水军前来交锋。元军斩杀夏贵之子小将夏松，顺势直冲宋军，夺取战船百余艘。当夜，夏贵偷袭元军战船，又被打退。元军虽小胜，但未能撕开夏贵防御体系，还是不得过江，遂集中兵力攻打阳逻堡。

阳逻堡四面皆水，形势险要，易守难攻。伯颜先派人去阳逻堡招降，宋军将士不屑一顾，答道："我辈累受大宋重恩，政（正）当勠力死图报效，此其时也……我宋之天下，赌博孤注，输赢在此一掷耳。"伯颜发兵进攻，夏贵用战舰数千艘列于大江之上，横断江面，击退元军。

十二月十三日，伯颜采用声东击西战术，派张弘范等人继续进攻阳逻堡麻痹宋军，夜间派阿术等人从沙芜口（汉口武湖入江处）抢渡长江。十四日黎明，伯颜得报阿术过江后，急攻阳逻堡，直冲宋军舰船，大败南宋水军。夏贵见元军业已过江，大惊失色，望风而逃，带三百艘战船逃离战场。阳逻堡守军独木难支，守将王达与八千军士战死。十四日白天，元军攻占阳逻堡。汉阳、鄂州守军见阳逻堡屏障已失，相继于十六日、十八日出降。元军由此突破南宋长江防线，主力部队用三天三夜时间从阳逻堡渡江完毕。伯颜和阿术率元军主力，以吕文焕为先锋，顺江东下直扑临安。

鄂州失陷，南宋君臣大惊失色。十二月二十一，朝廷下诏天下勤王。贾似道紧急在临安组建都督府，总督各路兵马，组织防御战线。但元军进攻速度太快，且沿江守将陈弈、吕师道、吕师夔、范文虎等基本上都是吕文焕亲属或旧部，在吕文焕的招抚下纷纷献上黄州、蕲州、江州、安庆等城池迎降。

德祐元年（1275）正月十五，贾似道上表出师前线，谢太后仍旧效仿度宗，让他坐镇临安指挥。贾似道见军情紧急，不顾谢太后阻拦，决意于十六日率精兵十三万、战船两千五百艘开赴淮河前线，进行最后抵抗。

二月，伯颜率元军主力进驻安庆，攻打池州（今安徽省池州市一带）。池州通判赵卯发拒绝元军劝降，婴城固守，但孤城难以支撑，他抱定必死决心，给其弟写诗一首："城池不高深，无财又无兵。惟有死报国，来生作弟兄。"其妻雍氏愿意与夫君俱死，夫妇二人在墙壁上题下"国不可背，城不可降。夫妇同死，节义成双"绝笔，双双自缢。二月初九，池州守将张林出城投降，元军再下一城。

南宋这边，贾似道出师后，以孙虎臣为前锋，率步兵、骑兵七万人进驻丁家洲（今安徽省铜陵市东北二十余里长江中）；以夏贵为水军统帅，统领两千五百艘战船横亘长江；贾似道自己则率后军驻防丁家洲下游的鲁港（今安徽省芜湖市南部三十余里处），阻止元军在打败南宋前军后一冲而下。

贾似道排兵布阵后，仍然幻想与元朝议和。二月初九，贾似道派使者到元军军营求和，企图以称臣、增加岁币为条件，换取元朝退兵并归还所占城池。伯颜拒绝贾似道的求和，并咄咄逼迫南宋投降，要求"君臣相率纳土归附"，否则"备尔坚甲利兵，以决胜负"。贾似道断不能、亦不敢接受此条件，议和遂告失败。

贾似道的求和活动，严重挫伤了宋军的士气。元军却利用双方议和的时间，水陆并进，于二月十六开至丁家洲，距离宋军阵地仅有数里。同时，元军步兵、骑兵也选择有利地形登陆列阵，架起回回炮。

伯颜军至丁家洲后，见宋军船多势众，决定以计取胜。十八日，伯颜令军中制作数十个大筏，筏中装满薪柴火药，扬言火烧宋军战船。宋军日夜戒备，士气不断衰竭。十九日，伯颜突然指挥战舰冲击南宋水军，两岸回回炮也同时开炮。南宋水军三面受敌，伤亡惨重。

夏贵水军刚受到冲击，就先行逃跑，孙虎臣见状也逃离战场，逃至鲁港。夏贵坐船从鲁港贾似道所部水寨经过时，竟然大呼“彼众我寡，势不支矣”，赶紧逃命要紧。数万宋军军心动摇，不再听从贾似道的迎敌命令，四处逃散。贾似道仓皇失措，鸣锣收兵，企图退到扬州召集余部再战。不料元军借贾似道收兵之机趁势冲杀，宋军溃败，一发不可收拾。元军俘虏南宋将领三十余人，士兵五千余人，缴获战船一千余艘。

丁家洲之战，宋军最后的有生力量被歼灭，元军乘胜连下湖北、江西、湖南等地多座城池，从北、西、南三个方向形成了对浙江的战略包围。贾似道鉴于元军进攻临安已经是迫在眉睫，上书请求迁都，转移恭帝和诸王到安全地带，“但得赵家一点血，即有兴复之望”，以免重蹈“靖康之耻”覆辙。

但由于贾似道专权日久，朝中早已积攒了对其不满的情绪，那些平日被他压制的官员，遂借丁家洲之败掀起弹劾贾似道的浪潮。贾似道的党羽也纷纷以反贾似道的面目出现，尤以被任命为知枢密院事、参知政事的陈宜中为甚。陈宜中甚至在谢太后的默许下，诱杀坚持执行贾似道迁都计划的殿前都指挥使大将韩震。在朝中群臣的强烈要求下，谢太后将贾似道贬杀，迁都之事也不了了之，南宋王室只能成为瓮中之鳖。

南宋下诏全国勤王后，大多数地方官员畏敌不前，只有江西提刑文天祥、郢州都统制张世杰等人起兵响应，入卫临安。随着天气渐热，从北方草原而来的元军逐渐不耐酷暑，攻势渐弱。张世杰抓住时机发动反击，收复常州等地，并在江苏镇江境内的焦山集结水军，准备通过与元朝水军决战挽回败局。

德祐元年（1275）七月，张世杰最后出动水军一万艘战船，列阵于焦山南北，约常州、扬州水军同时发兵，在焦山与元军决战。不料到约定日期，扬州兵竟然失期，常州兵更是畏敌不来，张世杰只能孤军作战。张世杰率万艘战舰到达预定阵地后，将十船编成一组，互相系上铁索，沉锚江底，约定非有号令，各船不得起锚。张世杰试图以此阵容造成横断江面之势，吓退他印象中弱小的元朝水军。张世杰不知，元朝水军早已今非昔比，不但战船坚固，士兵训练有素，而且已经锻炼出阿术、张弘范等精熟水战的大将。

战前，阿术带人登上南岸石公山瞭望，观察宋军阵型，发现宋朝水军虽然船只众多，船型巨大，旌旗招展，其势堂堂，但互相连锁，机动性不足，兴奋地告诉部将“可烧而走也”。开战后，阿术将元军骑兵常用的两面夹击、中间猛冲战法移用到水上，指挥左右两路水军包抄宋军船队，然后派快船直捣其中。南宋水军多是海船，船大且互相连接，难以机动。元军乘坐小型战船“水哨马”，往来如飞。

激战一个上午后，阿术派善射者一千余人，乘坐两艘大船，分左右两翼顺风发射火箭。宋军战船纷纷起火，烈焰冲天。阿术又派张弘范率预备船队从焦山上游顺流而下，趁乱再冲宋军船队。张世杰始终不下机动起锚的命令，南宋战船欲战无力，欲逃不能，万余人赴江而死。元军缴获宋军小型战船七百艘、大型战船八十艘，南宋水军几乎损失殆尽。

阳逻堡之战、丁家洲之战、焦山之战，是临安被攻破前宋元之间最重要的三场水战。宋军接连败北，尤以焦山之战为甚，“自是宋人不复能军矣”，从此只有招架之功而无还手之力。元军乘胜扫荡江浙各地，在德祐元年（1275）十二月中旬，完成了对临安的包围。

谢太后多次派人求和，均遭到伯颜拒绝。第二年即德祐二年（1276）正月十七，在文天祥的强烈建议下，谢太后借恭帝下诏，改封吉王赵昰为益王、判福州福建安抚大使，改封信王赵昺为广王、判泉州兼判南外宗正司，为在福建、广州等地重建宋室做准备。当夜，张世杰率兵走宁波，陆秀夫护送益王、广王奔温州。

正月十九，谢太后任命文天祥为右丞相兼枢密使，派他到元军伯颜帐中递上降表。伯颜见文天祥“举动不常，疑有异志”，将他扣留。二月初五，南宋正式投降，张弘范率军进入临安，解除宋军武装。

国家兴亡，匹夫有责。朝廷无能，百姓自救。南宋朝廷的投降，并不意味着抗元战争的结束。文天祥在被押解往大都的路上逃脱，张世杰、陆秀夫在海上苦撑危局，各地的反元斗争仍然如火如荼。

十万健儿浮血尸

德祐二年（1276）三月，益王、广王在陆秀夫的护卫下来到温州，召回陈宜中，不久张世杰也从浙江镇海前来会合。四月，诸人簇拥二王从温州经海道转移到福州。五月初一，陆秀夫、张世杰等人拥立益王赵昰为帝，是为端宗，改元景炎，册封益王生母杨淑妃为太后，一同听政，建立起流亡政权，被称为“海上行朝”。

流亡政权建立后，抗元复国形势有所好转，“郡县豪杰，争起兵应之”，他们试图收复江西和浙南部分失地，但先后失败。流亡政权内部也是矛盾重重，陈宜中与陆秀夫、张世杰关系不和。五月二十六，文天祥到福州后，仅仅一月就被陈宜中排挤出朝，到江西前线督战。

七月，文天祥转战福建南平，搜罗旧部，招募民兵，试图收复江西，使之与江淮、浙东连成一片，支撑福建、广东的流亡政权基地。当年冬天，元军大举南下，宋军接连失利，南平等地陆续丢失。此时，流亡政权有士兵十七万，民兵三十万，尚可一战。但张世杰怕力不能敌，于十一月将流亡政权迁移到海上，福州守将王刚中随即献城投降。

端宗政权到达泉州沿海后，福建广东招抚使兼提举泉州市舶使蒲寿庚前来觐见，请求端宗驻跸泉州。但张世杰对蒲寿庚怀有戒心，没有同意。张世杰此番确实没有冤枉蒲寿庚，南宋在临安投降元朝当月，伯颜就派人到泉州招降蒲寿庚。蒲寿庚虽然没有立即答应，但见南宋恢复无望，亦有投降之意。有人建议张世杰，既然不能信任蒲寿庚，就将其留在身边，万勿放虎归山，若不能，至少免去蒲寿庚对泉州海上船队的统领权。张世杰不听，放任蒲寿庚率领船队返回泉州港口。

泉州宗室众多，朝廷在此设立南外宗正司总管其事。端宗船队停泊泉州外海时，赵宋宗室子弟聚集万余民兵，出迎王师，蒲寿庚因为之前与宗正司的矛盾，竟然闭门三日，拒绝让宗室民兵出城。端宗船队停泊日久，补给物质缺乏，蒲寿庚拒绝供给。张世杰无奈，只能强行夺取蒲寿庚海上船队的船只与财物以供军用，随后奉端宗从海路逃至潮州。蒲寿庚在泉州公然屠戮赵宋宗室和士大夫，并于十二月献城投降元朝，又率战船随元军追击端宗、张世杰君臣。

景炎二年（1277）七月，流亡政权转移到广州浅湾，张世杰率水军北上攻打泉州，被蒲寿庚搬来的元朝救兵打退。元军顺势从福建攻入广东，江西元军也翻越大庾岭进入广东。十一月，元军攻陷广州，元将刘深率水军进攻浅湾。张世杰迎战不利，将端宗船队转移到广州南珠江口的秀山，十二月再移至珠江口外大小横琴岛海湾中间的井澳。船队转移时恰巧遇到台风，宋军损失不小，更关键的是端宗惊恐发病。陈宜中借口往占城（今越南中南部一带）联络，逃至占城，一去不返。

景炎三年（1278）正月，流亡政权船队移驻广东雷州湾外硇洲岛硇洲。四月，端宗病势转危，于十五日在船上驾崩。群臣皆欲各自散去，陆秀夫劝谕众人“古人有以一旅成中兴者，今百官有司皆具，士卒选万，天若未欲绝宋，此岂不可为国邪”。群臣遂共立赵昺为帝，是为帝昺，改元祥兴，以陆秀夫为左丞相，张世杰为少师、枢密副使，共同执政。

不久，元军占领雷州，攻克海南岛，对停泊硇洲的帝昺政权形成包抄态势。张世杰几次出兵，都无法打开通往占城的海道，只有在六月将流亡政权迁移到崖山岛（今广东省江门市新会区崖门镇一带）。不久，屯兵海丰的文天祥也率军至崖山，请求觐见帝昺，但张世杰不同意，让他回驻地督师。张世杰之所以不愿与文天祥携手扶宋，很大程度上在于二人政见尤其是对待各地义军的态度不同。文天祥主张上岸，联络整合各地义军力量共同抗元；而张世杰只欲在沿海各地游击流亡，不肯上岸。十一月，文天祥进驻潮阳（今广东省汕头市潮阳区一带），巩固对潮州、海丰的防守，以屏卫崖山。

崖山是珠江出海口之一，与西面汤瓶山对峙如门，故也被称为“崖门”。崖山岛屿多山，方圆虽然只有五十千米，但位置险要，周围潮汐湍急，舟行艰难，是可以据险固守的天然堡垒。崖山北面通道被海水覆盖，但水面非常浅，元军最小的战船也无法通过，而宋军则可利用早晨涨潮“乘潮水而战”，利用晚上落潮“顺潮而退”；南面通道则被险峻小岛环绕，驻岛哨兵监视附近海面，很容易发现敌船来袭。张世杰正是看到崖山形胜，才下定决心将流亡政权船队移泊于此。

船队靠岛后，张世杰、陆秀夫上岸，派人进山伐木，建造行宫三十间、士兵住房三千间，供帝昺君臣居住，其余二十万士卒则继续在船上生活。宋军抓紧时间修补舰船，赶制兵器，准备与元军进行殊死搏斗。

祥兴元年（1278）年底，张弘范率元朝水军、骑兵进攻广东沿海。十二月十五，文天祥退出潮阳，转战海丰北面五坡岭，据险固守。不料元军在二十日从海上潜入海丰沿岸，从五坡岭登陆，直冲文天祥中军大帐，将其俘虏。文天祥被俘后，服毒自杀未果。

祥兴二年（1279）正月初六，张弘范从潮阳港入海进攻崖山，带文天祥一同去招降张世杰。元朝水军经过珠江口外的零丁洋时，张弘范让文天祥写招降书。文天祥挥笔写下《过零丁洋》一诗：

辛苦遭逢起一经，干戈寥落四周星。
山河破碎风飘絮，身世浮沉雨打萍。
惶恐滩头说惶恐，零丁洋里叹零丁。
人生自古谁无死？留取丹心照汗青。

张弘范看后表示敬佩，评价是“好人好诗”，对文天祥礼遇有加。正月十三，张弘范到达崖山，扼守崖门之南。李恒也率水军于二十二日开至崖山，与张弘范会师，在崖门北面镇守。二人对崖山构成南北夹击之势。

从当时的实力对比看，虽然在全局上是南宋以崖山一岛敌元朝全国，完全居于劣势。但具体到崖山局部，宋军反而占有优势。宋军号称二十万，除去十几万平民及家属，尚有数万人的战斗部队，而元军水军、步兵合计才两万余人。战船方面，宋军有船千余艘，大型战船极多；而张弘范大小船总计才五百艘，还有两百艘迷失道路，久候不至，加上李恒的一百二十艘战船，总计投入战场的只有四百二十艘舰船。

更重要的是，崖山之战是海战，与之前宋元屡次交锋的水战不同。元朝水军虽然日渐精炼，但以往只在大江大河中作战，对海战几乎完全陌生，海战是其前所未遇的崭新课题和短板弱项。元朝水军刚登上战船入海就多晕船呕吐不止，不能挽弓射箭，水手也不熟悉航道，进退失据。且元朝水军的创始人刘整在丁家洲之战前就因为被排挤郁郁而终，元军几乎没有熟悉海战的将领。而南宋因其发达的海上贸易，对海洋相当熟悉，在海战上相对元朝水军处于优势地位。但不幸的是，由于张世杰的决策失误，宋军一开始就陷入被动境地。

早在张弘范水军刚到崖山时，就有人劝他抢先占据崖山出海口，如果此战得胜，“国之福也”，若败“犹可西走”，可冲出重围保存部分实力。张世杰不听，认为士兵久居海上会因军心浮动溃散，坚持与元军决一死战。此论明显是意气用事，张世杰一心固守孤岛，却放弃在更大空间内与元朝周旋、持久作战的机会。周恩来总理1958年7月4日视察崖山时，就认为宋人当时“应该带兵到海南岛去……到那里可以搞根据地，还可以打嘛！到那里进可攻，退可守，打下去是有前途的”。

而且张弘范水军到崖山立足未稳，与李恒水军会师尚有八天左右时间差。张世杰本应趁此机会主动出击，先破张弘范，再击李恒，或许还有一线生机。而他却坐等张弘范、李恒顺利会师，完成对崖山的合围。

张世杰决定死守，下令焚烧崖山岛上刚刚修建不久的行宫和兵营，全体人马集体登船，将所有战船依山面海用铁索、绳缆连接成一字长蛇阵，又在四周高筑楼寨，宛如城墙。帝昺御船安置在舰队中央，准备与全军将士共存亡。张世杰此举，无疑是重蹈当年他指挥焦山之战的覆辙。

两军交战，张世杰“以游舟数出，得小捷”，利用元军不善海战的弱点，用轻舟与其交战，连胜数阵。但张世杰无意“摧锋直前”，不乘势冲击扩大战果突出重围，而是继续固守，再次丧失战机。

张弘范喘息甫定，发现宋军战船连接，游弋机动不便，就想复制焦山之战火烧连船的胜利，出动轻舟数艘，满载薪柴火药，乘风纵火，妄图烧毁宋军战船。孰料张世杰早已猜到元军可能使用火攻，预先在舰船船身涂上湿泥，在船上安置长木远远伸出船身，又悬挂水桶无数。元军火船根本无法接近宋军战船，即使突破宋军防线到达船前，也无法引燃船身；即使勉强引燃，火苗也很快被浇灭。张世杰虽破元军烧船之计，但连船缺乏机动性毕竟是事实，还是只能坐等挨打。

元军将领见火攻无效，建议用回回炮轰击宋军船队，张弘范拒绝，认为炮轰势必将宋军连锁船队轰散，方便其各自逃窜，而以元朝水军数量和实力，根本不可能跨海各个追击，“不如以计聚留而与战也”，此战务必在此地全歼宋军。张弘范遂对宋军实行长期围困之策，从北面和南面侧翼切断宋军淡水供应的水道。张世杰几次派军试图夺回水道均告失利，宋军连续十多天只能吃干粮，无滴水可饮，只能去喝海水解渴。海水咸苦，宋军饮下即呕吐，纷纷病倒，战斗力大减。

二月初六，元军发动总攻。宋军虽然体力衰竭，仍多次挡住元军凌厉攻势。张弘范再次设计，让先锋船队放下兵器，演奏音乐。宋军听闻元军船上音乐响起，以为元军正在宴饮吃饭，遂放松警惕，直到元军舰船逼近，才明白已经中计，但为时已晚。在元军的猛攻下，宋军大溃，许多舰船的樯旗纷纷掉落。

张世杰见旗倒兵散，知道大势已去，连忙指挥亲兵砍断船缆，让人去御船接驾，准备用轻舟杀开血路，保护帝昺冲出重围。一直护卫在帝昺身边的陆秀夫面对此情此景，认定帝昺已经无法逃出。遂穿上盛装朝服，手执利剑逼迫结发妻子投海，随后劝谏帝昺：恭帝已经被俘受辱，陛下万不能再受凌辱，令皇室蒙羞！说罢，陆秀夫背起八岁的帝昺，用素白绸带将君臣二人紧紧缠绕在一起，跳入茫茫大海。宋军船队上的官员、士兵、宫女见状，纷纷投海自尽。杨太后听闻帝昺已死，绝望大恸，“我忍死艰关至此者，正为赵氏一块肉尔，今无望矣”，遂赴海而死。

崖山激战之时，早先被俘的文天祥在张弘范船“亲所目击，痛苦酷罚，无以胜堪”。目睹一切的他“坐北舟中，向南恸哭”，写诗“正气扫地山河羞”“惟有孤臣雨泪垂”。几天后，海上浮出十万余具宋人遗体，张宪据此作《崖山行》诗曰“十万健儿浮血尸”。

张世杰突围后，欲再立赵宋宗室子弟为帝，以重建流亡政权继续抗元，最终壮志难酬，于五月在海上遇台风落海而死，“自是岭海间无复宋军旗帜矣”。公元1283年一月九日，在元大都被关押三年多的文天祥拒不投降，从容就义。

崖山海战是宋元战争最后一役，是南宋面对蒙古侵略的最后一次有组织抵抗，标志着南宋抗击蒙古人四十五年战争的最终结束。元朝经过崖山海战彻底统一中国，而其国运亦是与运河、海贸、黄河承载的水运相始终。京杭大运河的开通再次整合南北，海外贸易的拓展继续充实国力，而对黄河治理的漠视则直接将元朝送上退回漠北老家的不归路。

运河、海贸、治黄与元朝兴衰

元朝经过崖山海战后的统一，代表着中国自唐末以来更高层次的大一统局面再次形成。五代动乱之后，北宋虽然基本上统一中原，且在对内治理上颇有成效，但大一统格局已不能与汉唐同日而语。北宋与辽国的对峙，在一定意义上可以认为是另一种形式的南北对立，只是南北对峙线从传统的黄淮一线北移到燕云十六州而已。元朝的统一，从根本上结束了唐末五代以来分裂割据和两宋之后几个政权并立的局面，奠定了元明清六百多年长期大一统的基石。

历经北宋与辽国、金国，南宋与金国、蒙古长期残酷战争的敌对，南北地区再次面临民族融合、心理亲和、经济联合的重大考验。元朝立国后，很快将开通连接南宋故都临安杭州与元朝新都大都北京的京杭大运河工作提上日程，以便尽快重建南北政治经济一体化格局。

运河纵贯江南塞北

秦汉以来，古代中国在经济重心逐步从北方转移到南方的同时，政治中心也逐步从西向东移动，即从长安向洛阳、开封，进而向北京转移。政治中心东移的重要原因，是中原王朝主要对手草原民族政权分布从西北向东北移动，中原王朝需要及时调整国防军事布局进而转移政治中心，以应对草原政权南下的挑战。虽然个别时期政治中心也有从东向西的回流，如西汉、东汉到隋唐，从长安到洛阳再回长安的回还，但总体东移趋势不改。元朝定都北京，标志着政治中心东移进程的最终完成。

在政治中心与经济重心南北分据的政治经济态势下，作为隋唐大运河起点和南宋经营一百五十多年基地的江南，成为元朝的经济命脉所系。《元史·食货志》云："元都于燕，去江南极远，而百司庶府之繁，卫士编民之众，无不仰给于江南。"全国粮食生产、商品百货、财政赋税均依靠江南供给。而由于宋、辽、金、元多年战乱的影响，六百多年前开凿的隋唐大运河江淮以北河段早已时断时通，部分航段甚至淤塞荒废，无法承担沟通南北水运的重任。

元朝建立之前，因南宋与金国长期对峙在淮河一线，淮河以北的汴河已经基本上淤塞，无法通航，永济渠也是部分航道可行船，只有淮河以南属于南宋地界的山阳渎河维持通航状态。金国为打击南宋，经常以邻为壑。南宋绍熙五年（1194），黄河在阳武（今河南省原阳县一带）决口，洪水南下夺淮河入海。而金国要借黄河洪水水淹宋军，故意不封堵决口，放任黄河水南灌淮河，使淮河变成一条多灾多难、屡次决堤的河流，严重影响运河通航。

早在伯颜灭宋时，就对江南四通八达的水运有深刻印象。他回京复命时，上奏元世祖"今南北混一，宜穿凿河渠令四海之水相通，远方朝贡京师者，皆由此致达，诚国家永久之利"，建议重开运河沟通南北乃至全国。但当时元朝立国甫定，内外战争频繁，只能利用部分运河航道实行水陆联运，连接江南大都。首先将浙江、江苏、皖南、赣东、福建等地的物资集中到江南运河两岸，装船起航过长江到扬州瓜州渡口，由山阳渎河道进入淮河，再转进涡水驶向西北进入黄河。从黄河往西，在河南封丘县境内上岸后改走陆路，陆运一百八十里至河南淇县东南的淇门，由淇门进入卫河北上，到达山东临清后，再入永济渠，经天津到达通州，最后从通州用车辆运到大都。

这条运输线先从南向北，再向西北，又转东北，最后往西，形成一个不等边的三角形路线，颇为漫长，且水路、陆路多次交替，反复装卸，效率低、运费高，可谓费时费工，一年只能运送三十万石粮食。元朝初年，大都附近多有屯田，总面积超过万顷，有一定的粮食生产能力，基本上能满足需求，从江南调粮压力还不甚大。但随着元朝政权机构的完善，京师朝廷部门机构和官员、百姓的增多，大都用粮需求迅速增加。元世祖至元二十年（1283），大都粮食缺口从元初的十万石增加到二十七万多石，六年后，到至元二十六年激增到九十一万多石，第二年即至元二十七年猛增到一百五十万石。发展到武宗至大二年（1309），缺口达两百三十八万石，至泰定帝泰定三年（1326），更是达到三百五十万石。原有的水陆联运路线根本无法满足需求，而海运又风险太大，迫切需要开通新的运河河道，尤其需要直接连通黄河与卫河，避开从封丘到淇县的一百八十里陆运。

元朝开运河属于规划先行，早在至元十二年（1275），伯颜就委托都水监长官郭守敬赴河北、山东等地实地勘测“自江淮达大都河道”。郭守敬是河北邢台人，熟知水利、地理、数学知识，曾向元世祖当面上陈发展华北地区水利、水运事业的六项要事。元世祖称赞他“习知水利，巧思绝人”。

郭守敬接受伯颜的委任后，随即出发由北向南勘探地势、地形。他“自陵州（今山东省德州市一带）至大名，又自济州（今山东省济宁市一带）至沛县，又南至吕梁（今江苏省徐州市东南一带），又自东平至纲城（今山东省泰安市宁阳县一带），又自东平清河逾旧黄河至御河（即卫河），自卫州（今河南省汲县一带）御河至东平，自东平西南水泊至御河”，在河北、河南、山东、江苏进行了大面积勘测，由此“乃得汶（水）、泗（水）与御河相通形势，为图奏之”，向朝廷献上开凿运河、连接北方水网的规划设计图。

郭守敬在山东汶上县进行探察时，听说当地名士马之贞对水利颇有研究心得，便登门拜访。马之贞祖籍河北沧州，后随到汶上县为官的父亲定居于此。他自幼才思敏捷，勤学善辩，“信眉高谈，一座尽倾”，长大后关心国计民生，经常为古运河年久失修多有淤塞而痛心不已，遂潜心研究水利和地理问题。

马之贞见郭守敬来访，如高山流水遇知音，向其全盘托出自己的水利研究心得和水路规划设计，“宋金以来，汶、泗相通河道，北清河相通渤海，若于济州城南汶、泗合流处于北清河之间开一新河，然后北引汶水，东引泗水分流南北，便可南达江淮，北通京津”。郭守敬听后大喜过望，在马之贞的带领下亲自到济州周边实地查勘，随后完全同意马之贞的规划设想。后来伯颜灭宋回京复命时，还专程到汶上看望马之贞，询问开河事宜，马之贞备受鼓舞。

至元十七年（1280），在郭守敬的强烈推荐下，朝廷采纳马之贞的建议，开凿从济州南鲁桥到东平安山的济州河。马之贞获任泗、汶都漕运副使一职，协助参与施工。至元十八年，朝廷派大臣奥鲁赤、刘都水，还有“精算数者一人”，即通晓数学的工程师，携朝廷文件、大印到济州“定开河夫役”，筹备开工事宜，同时令大名、卫州等地驻军“亦往助工”，参加工程建设。

可能是由于蒙古大臣不通水利，筹备两年没有进展。至元二十年（1283），朝廷又委任兵部尚书李处巽[1]主持开河事宜。当年八月，全长一百五十里的济州河开凿完工。

济州河开凿后，江南船只从泗水北上到徐州，转入济州河，然后

1. 也有学者认为奥鲁赤与李处巽是一人，名李奥鲁赤。

入大清河东去利津进入渤海湾，直达天津塘沽。这条路线河运、海运相结合，不用从河南封丘绕大弯，距离较短；同时绕过山东半岛东端风高浪大的成山角，运输较为安全。但济州河刚开通时，由于工程技术不完善，水量不足，不能全年通航，河运时断时续。

至元二十一年（1284），马之贞先后在兖州、宁阳等地设立闸堰，引导泗水、汶水、洸水等河流河水进入济州河补充水量，确保济州河能正常通航。第二年，马之贞升任济州河都漕运副使，负责管理开闭船闸等事务。当时大量船只蜂拥进入济州河，朝廷大员和依附于权贵的大商人船只经常在船闸处强行优先过河，而执掌船闸的官员又靠水吃水，对普通民船敲诈勒索，致使运河经常在船闸处堵塞。马之贞大力进行整顿，严令管闸官吏不得吃拿卡要，船只阻滞现象大为减少。

马之贞能够确保济州河通行无阻，但以济州河为依托的河海联运模式却在运行三年后出现问题。当时河海联运一般使用海船，海船载重大、吃水深，在内河航道通行不便，经常会搁浅，调转亦不灵便，影响漕运效率；而汶水、泗水通徐州淮河的河道，由于受黄河夺淮的影响，泥沙含量大，容易淤塞，清淤工作难度很大，大清河在利津入海处，也经常出现泥沙淤塞现象。

由此，漕运路线改由从济州河过大清河后，在山东东阿县登陆，重新实行陆运，经山东寿张县（今山东省阳谷县寿张镇一带）、茌平县（今山东省聊城市茌平区一带）等地到临清县（今山东省临清市一带），从临清再次装船从卫河北上到天津。这条路线虽然也能省去从河南封丘的绕行，路途相对较短，但重复装卸亦是费时费工，成本颇高。特别是茌平路段地势低洼，夏秋雨水多，路途泥泞，人推牛拉辗转其间，苦不堪言。

这时，山东寿张地方官员韩仲晖和中央太史院官员边源等人相继提出，打通大清河北岸从东阿到临清的河道，接通卫河。至元二十四年（1287），马之贞和边源等官员“按视地势，商度工用”，经过实地勘测地形、筹算工本后，正式向朝廷提出开凿这段运河的建议。

两年后，至元二十六年（1289）正月，元世祖接受马之贞、边源等人建议，下诏让李处巽等人“董其事”领衔督办，马之贞“主其役”具体负责开河事宜。李处巽、马之贞历时六月，耗费二百五十多万人工，终于开凿运河二百五十多里，东起须城县（今山东省东平县一带）接通济州河，向北经聊城到临清接入卫河，元世祖赐名“会通河”。

济州河、会通河相继完工后，从江南北上的漕船可以直达北京通州。但从通州到北京内城还有很长距离，仍需陆运，不甚方便。秋天霖雨时节，运输漕粮的驴子等牲畜死亡不计其数，郭守敬遂向元世祖建议疏通从通州到大都的河道。至元二十九年（1292）春，元世祖同意郭守敬意见，下诏修河，让丞相以下官员都到工地上参加劳动。为确保新修河道有足够水源，郭守敬修建了一条从昌平白浮村向西再折南的引水渠，汇集沿途双塔河、榆河等河泉水，到积水潭注入新开水渠。至元三十年，从通州到积水潭的新修河道完工，全长四十里左右，元世祖赐名“通惠河”。

至此，全长三千五百多里，贯通海河、黄河、淮河、长江、钱塘江五大水系的京杭大运河再次通航，江南漕粮可从杭州全程水运到达北京积水潭，比绕道洛阳的隋唐大运河运程缩短一千八百多里距离，连通南北更加高效快捷。

后世明清继续对大运河进行疏浚调整，而其总体不出元朝所开大运河范围。即使是在现代社会，大运河的超级“带货”能力仍然不可小觑。2008年初，长江流域发生大面积罕见暴雪灾害，高速瘫痪、铁路不畅、航空停飞，大运河再次承担起运输物资的重任。运河苏南段在设计通过能力只有不到5000万吨的情况下，雪灾期间的运力竟然高达1.5亿吨左右，超过其设计通过能力的三倍。除此之外，大运河更是输送了江苏90%以上的电煤，成为电煤粮食等物资运输大通道，这再一次证明了大运河蓬勃顽强的生命力与不可替代性。

京杭大运河的再通，在很大程度上稳定了北京的首都地位，也在一定意义上标志着王朝首都临大运河而建的政治格局最终形成。从隋唐大运河到元明清大运河，从隋唐建都长安、洛阳，到北宋立国开封、南宋迁都杭州，再到元明清建国北京，历代王朝沿大运河定都的选择，都是这一政治格局的继续推进与重复确认。有学者认为，“中国的近世（即宋元明清时代），是一个以运河交通为核心的时代”。

海贸联通大洋

强势崛起于欧亚大陆的元帝国，在坐北朝南的大都北京城中，通过京杭大运河再次沟通南北政治中心与经济中心，初步将塞北草原与江南、中原融合为统一体。中国由此以背靠草原的态势，向大海投射新的热望。

元朝空前辽阔的疆域、强大的军事实力，为以丝绸之路为中心的陆路贸易回升提供了有利条件，同时在唐宋基础上，将海上贸易推进到一个新的阶段。

元朝初年，造船业得到迅速恢复和发展，航海业也有了长足的进步。随着针盘在航海中的广泛应用，元朝掌握了从一地航海穿行到另一地的转向针位点技术，各个针位点连接起来便成为针路。罗经针位成为元朝航船指引航路的重要依据，观察天象则退居次要地位。借助针盘和针路，元朝海员对海道和海外诸国的地理分布有了更清楚的认识，航海地理概念进一步清晰明确。

元朝将海南诸国分为东洋和西洋，二者以马六甲为界，以东为东洋，以西为西洋。东、西洋甚至更细分为大小东洋、大小西洋。在西洋诸国中，以印度半岛南端故临（今印度港口城市奎隆一带）为界，以东的孟加拉湾为小西洋，以西的阿拉伯海、波斯湾、红海、东非沿岸为大西洋。在东洋诸国中，以渤泥（今加里曼丹岛一带）为界，以东为小东洋，以西为大东洋。

元朝海贸港口格局的最大变化，是广州港与泉州港地位的此起彼伏。宋末元初，广州是南宋残余势力与元朝反复拉锯的地区。在元朝最终消灭南宋反抗势力的崖山之战前，元军曾经两次攻占广州，宋军又两次收复，直到第三次，元军才彻底平定广州。在宋元双方对广州的反复争夺拉锯中，广州百姓流离失所，社会经济受到很大破坏。停泊广州港的许多商船被改作战船，毁于兵火，海运力量损失很大，严重影响了广州港的海外贸易。元朝统治稳定后，广州港海上贸易重新繁荣，“岁时蕃舶金珠、犀象、香药、杂产之富，充溢耳目，抽赋帑藏，盖不下巨万计”，但其发展速度已经远远赶不上泉州港。

当初元军刚到泉州，任职南宋泉州市舶司的蒲寿庚就递上降表投降元朝。蒲寿庚帮助元朝打击南宋残余势力，招徕海外诸国前来贸易，“其往来互市，各从所欲”，客观上使泉州港避免了兵火的蹂躏，没有像广州港那样受到战争的严重破坏。相比于广州港，泉州港的海外贸易始终没有中断，继续了南宋时期的发展势头。

在这势头一升一降之间，元朝初年，泉州港正式超过广州港，成为国内第一大港，广州港则退居第二大港地位。元初儒学大师吴澄曾言，“泉，七闽之都会也，蕃货远物、易宝珍玩之所渊薮，殊方别域，富商巨贾之所窟宅，号为天下最”，充分说明泉州港繁盛之极。

同时吴澄也指出，“而近年为尤甚，盖非自初而然也”，明确说明泉州港的第一大港地位是在元朝才确立的，而非自古皆然。由于泉州港在元朝海外贸易格局中始终占有重要地位，元朝甚至一度在泉州单独建省，设立泉州行省。

借助于高超航海技术的加持，元朝海商从泉州港、广州港等港口起航，在大小东洋、大小西洋的广阔洋面上纵横驰骋。经营形式的多元化，是元朝海上贸易的突出特点。元朝不仅有官方贸易、私人民间贸易，还出现官商紧密结合的官商贸易形式。

元朝积极促进与海外诸国的官方贸易往来。元军刚占领浙江、福建，江南初定而全国尚未统一时，元世祖就通过泉州市舶司向海外各国宣布了“诚能来朝，朕将宠礼之；其往来互市，各从所欲”的对外开放政策。仅元世祖至元十六年（1279）到三十一年间，分布在东亚、东南亚、南亚、西亚、北非、东非、欧洲的海外各国来华通商就达九十多次。但元朝的官方贸易主要目的是索取海外珍奇供权贵使用，而不是像两宋一样赚取利润增加财政收入以充实国库。

虽然元朝曾经在世祖至元二十九年（1292）到英宗至治二年（1322）的三十年中，四次实行“禁商下海”政策，但均为时较短，四次禁海总计仅有十一年，且主要是出于政治上约束权贵垄断海路、约束违禁品大量外流等临时需要，是禁止国内商人出海，而非禁绝外商来华。四次海禁其间，外商均可自由来华贸易。

元朝鼓励支持民间开展海上贸易，尤其体现在废除宋代禁止官员下海从事海贸的政策，允许官员权贵直接参与到海上贸易的经营中，官员权贵只需“以例抽解”照章纳税、按规利润分成即可。当时权势比较大的王公贵族，一般是躲在幕后，聘请他人代为经商，利用白手套为自己贸易牟利。小官小吏则利用因公出海的机会，直接经营海贸赚钱。沿海官员还会用私家船只经营海贸，或者出本钱委托其他海商代为经营。权贵官吏直接介入海上贸易，固然推动了贸易的繁荣，但在一定程度上也造成对普通民间商人的挤压。前述元朝四次海禁的主要政治用意，就是对权贵垄断海贸进行整顿。

元朝是第一个少数民族入主中原建立的大一统政权，在政治上实行蒙古人、色目人（以西域人为主体）、汉人（北方汉人和契丹、女真等民族）、南人（南宋统治范围的汉人和少数民族）四等民族等级压迫制度。蒙古人人数较少，元朝就大力扶持色目人对付占人口绝大多数的汉人和其他少数民族，善于经商的色目商人因此在沿海港口和元朝海外贸易中占有重要地位。元朝中叶之前，色目商人以唐宋之后来华的阿拉伯后裔为主体，如泉州港市舶司蒲寿庚等。元朝中叶之后，蒲氏家族势力渐衰，居住在江南的西域商人开始崛起，操纵了泉州等港口的海上贸易。当时仅居住在泉州的色目商人就有数万之多，不少是海贸巨商。

元朝专门从事海商贸易的商人称为“舶商”或“舶商户”，资本雄厚的舶商都拥有自己的船只，多独立经营海上贸易，也有委托其他商人代为经营者。中小商人人数最多，但他们资金较少，很少独立经营，一般是以合伙方式共同经营，或是借贷经营。大中小海商之外，元朝还有很多从沿海破产农民转化而来的散商。他们既无海船，又乏资金，为求生计只能依附有海船的大商人，在其船上分占仓位，自带货物出海贸易，人称“搭客”或“人伴”。

在官方贸易和私人民间贸易之外，官商贸易是元朝海上贸易的突出特点，其规模之大、持续时间之长、形式之多样，远超历代。

官商贸易主要有三种形式，一是使臣贸易，即朝廷直接拨付大笔资金，派特命使臣到海外诸国采办货物、开展贸易，属于官方出本、官方办理的官本官办。使臣携带的皇帝诏书，称之为“铺马圣旨”。

二是斡脱贸易，即由为朝廷和贵族经商、放债营利且享有各种特权的斡脱商人从事海上贸易。斡脱商人主要是色目人，其从事海上贸易的资金基本从朝廷借贷，利率一般仅为民间高利贷的25%，因此斡脱贸易实际上是一种官本商办的贸易形式。朝廷专门管理斡脱的机构“诸位斡脱总管府”每年发放给斡脱商人做海上贸易本钱的官钱达数十万锭，可收取息钱数百万贯。但斡脱商人和朝廷在海上贸易利润上的分配往往有分歧矛盾，致使有些斡脱商人领取朝廷借贷后，滞留海外不归，朝廷往往遭受重大损失。

第三种是官本船贸易，即由官方出钱出船，委托商人经营海上贸易的官本商办形式。虽与斡脱贸易有相似之处，但其经营主体多为东南沿海商人，而非来自西域的色目人。从事官本船贸易的商人与朝廷利润分成一般是三七开，“官取其七，所易人得其三”。正是鉴于优厚的分成比例，元朝在推行官本船贸易上不遗余力，每次派往海外的官本贸易船都有百余艘，仅在至元二十二年（1285）就一次性下拨专款十万锭钞用于官本船贸易，占当年纸币发行量的十五分之一到二十分之一。依靠推行官本船制度，元朝赚取了厚利，也造就了一批靠借贷官本而发家致富的大海商。

元朝在积极推动海上贸易的同时，也逐步探索海贸管理经验、管理条例，提高管理水平。元朝刚刚完成统一时，继续沿用南宋的市舶司管理规定，没有及时制定新的条例。随着承平日久，经管市舶的官员开始靠海吃海，利用制度漏洞营私舞弊。而平定沿海的军事将领亦和当地的海商势力逐步勾结，试图在把持沿海行政大权的同时垄断海上贸易，逐渐尾大不掉。

力图加强中央集权的元朝不能容忍这种局面的出现，朝廷除通过官商贸易制度直接介入海上贸易外，还从至元二十八年（1291）开始组织大臣搜集南宋市舶管理规定，着手制定新的市舶条例，试图通过严密法规加强对海上贸易的管理。两年后即至元三十年八月，经过朝廷各部门多方协商，元朝以“亡宋市舶则例”为蓝本，制定了《整治市舶司勾当》二十二件，又称《市舶法则》二十二条。

元朝《市舶法则》对抽解利润分成、舶税税收缴纳、商船出海返航手续、出口商品品类进行了规定。突出了对海上合法经营的保护，对海上通商地域和出海时间的限制进一步放宽；禁止各省、港口和市舶官员强迫海商捎带钱本为其出海贸易，也禁止他们在海商商船返航时低价贱买贵重货物，违者将治以重罪；优待从事海上贸易的商人及其家属，一并免除其杂役负担，以鼓励他们出海。

元仁宗延祐元年（1314），朝廷又对元世祖至元年间的《市舶法则》进行了修订，颁布了新的《市舶法则》，主要是增加了禁止出口商品的品类，提高了税率，以解决日渐严重的财政危机。至元和延祐年间两部《市舶法则》的出台，是古代中国海上贸易管理法律的第一次系统化，在古代海贸发展史上具有重要意义。

挑动黄河天下反

元朝开通京杭运河重新连接南北，继续发展海上贸易，都表明了其对水运、国运相互关系规律的尊重。但元朝对这一关系的理解，无疑是较为功利的。

京杭大运河的开通，更多是为了便利江南财富转运塞北，而非真正意义的重构南北一体，由此造成“贫极江南，富极塞北”的新的经济不平衡。海上贸易的发展也更多是为了满足上层统治者的奢欲，并没有如唐宋那样带动社会经济的整体发展。对中原儒家传统民本思想隔膜的元朝，更是忽视了国运绵延的根基——民生冷暖，由此造成在黄河治理问题上的被动。

相对于秦汉隋唐两宋，元朝对黄河的认识超越前朝，尤其是在黄河河源的探索上，更是取得重大成果。隋唐之前，人们依据《山海经》等古籍，认为黄河源出于昆仑山或葱岭（今帕米尔高原），到罗布泊时潜入地下成为暗河，至青海积石山再次流出，是为“潜流重出”。《史记》《汉书》《水经注》等都认可这一说法。

唐朝在与吐谷浑、吐蕃等西北民族的长期交战和交往中，多次考察河源所在，对黄河河源有了更清晰的认识。唐太宗贞观九年（635），李靖、侯君集、李道宗出征吐谷浑，曾在柏海（今青海扎陵湖与鄂陵湖流域一带）和星宿川（即今星宿海一带）观察黄河源头，认为柏海是黄河正源。唐穆宗长庆二年（822），出使吐蕃的刘元鼎更是在探源黄河时，指出黄河可能发源于巴颜喀拉山之间，动摇了“潜流重出”说，唐人杜佑的《通典》就采纳了这一观点。

元朝统一后，郭守敬率先提出了探寻河源的建议，他在西夏故地时，“尝挽舟溯流而上，究所谓河源”。至元十七年（1280），元世祖接受郭守敬的建议，决定探源黄河河源，“欲极其（即黄河）源之所出，营一城俾蕃贾互市，规置航传，凡物贡水行达京师，古无有也，朕为之，以永后来无穷利益”，并试图在黄河源头建立一座城市，方便各族人民商贸往来，同时利用黄河水运，加强西北与中原的交通联系，将西北乃至中亚的物产通过水路运送到大都。

至元十七年（1280）当年，元世祖派女真人都实为招讨使，佩金虎符，率队前往青海地区专门探寻河源，这是古代中国首次由官方专门组织团队实地考察黄河源头。经过四个月左右的努力，都实抵达青海，在大致查清河源地区实际情况的基础上，绘制了《黄河源》图及沿途山川城镇图，还撰写了考察河源的专门报告。

由于都实报告藏在宫廷大内，世人无法得知其详细内容。后来翰林学士潘昂霄从都实弟弟阔阔出手上得到都实报告副本，据之写成《河源记》，又称《河源志》，收入明人所修《元史·地理志》中。当初都实报告除有汉文本外，另有梵文本。元人朱思本后来得到梵文本，将其翻译成汉文。朱思本译本和潘昂霄《河源记》详略各异，可以互相补充。

据《河源记》，当初都实考察河源，认定“河源在土蕃朵甘思西鄙，有泉百余泓，沮洳散涣，弗可逼视，方可七八十里。履高山下瞰，灿若列星，以故名火敦脑儿。火敦，译言星宿也。群流奔辏，近五七里，汇二巨泽，名阿剌脑儿（即今青海扎陵湖与鄂陵湖）。自西而东，连属吞噬，行一日，迤逦东骛成川，号赤宾河”，认为星宿海是黄河源头。这比唐人距离黄河正源更近了一步，但星宿海终究不是黄河真正源头。有学者不无惋惜地认为“都实探险的结果，发现了以往的错误，但自己也误以为星宿海为河源”。

但据朱思本翻译的都实报告梵文本，都实还指出“河源在中州西南，直四川马湖蛮部之正西三千余里，云南丽江宣抚司之西北一千五百余里，帝师撒思加地之西南二千余里。水从地涌出如井。其井百余，东北流百余里，汇为大泽，曰火敦脑儿”。根据这段记载，都实在考察星宿海的同时，还发现星宿海西南方向上溯的一条河流即卡日曲，这正是1978年国家科考队认定的黄河正源源头。

也就是说，都实当年实际上已经发现了卡日曲这一黄河真正的源头所在。有学者认为：“当时他们（都实）很可能是将它（即那条‘东北流百余里’的河流）作为黄河正源来记述的，如果这一源流即是现在星宿海西南的卡日曲，那么，当时的认识与现代科学调查结果完全吻合。当然，即使不是这样，那也表明当时已注意到黄河的真正源头河流。”

找到黄河正源，是元朝在中国古代水文化上的重要贡献。与在探源黄河源头上的积极努力相比，元朝对黄河河患的治理却显得相当消极。

元朝时期，黄河河患逐渐严重，其原因是黄河上中游地区水土流失严重，河水不断冲刷河道，携带大量泥沙顺流而下，造成中下游地区泥沙大量淤积，河床逐渐升高，甚至高出两岸地面，形成地上悬河。河堤随之不断加高，容易发生决堤，且决堤后水势凶猛，破坏力极强。

南宋初年杜充决河，也加剧了下游水患。南宋高宗建炎二年（1128）冬天，金兵再次大规模南下入侵，东京开封留守杜充不敢与之交锋，竟然下令掘开黄河大堤，企图阻止金兵。杜充决河对金兵攻击影响不大，但对黄河下游河道却破坏性极大，导致下游河道发生大的改道。黄河决堤后，河水东流汇入泗水，经泗水南流夺占淮河河道注入黄海。泗水以上的黄河河道河床较浅，容易漫溢成灾；泗水以下的黄河河道狭窄，无法容纳黄河汛期的水量。

自杜充决堤后，黄河下游泛滥频繁。到元朝末年，泗水、淮河河道又从宋金对峙时期的新道演变成故道。在这条故道之外，黄河水还经常决口冲出许多新的岔道，在山东西部、河南东部泛滥成灾。而沿河豪强霸占河旁滩地，阻塞水流，一遇到河水暴涨，水无所归，更是加剧了河患。

元朝虽然组织了数次治河活动，但委派的治河官员对地形高下、水势利病都是懵然无知，每次治河都是虚与委蛇。朝廷在治河决策上往往迟疑不决，贻误时机，决策系统运转速度赶不上黄河决口速度。

朝廷尚在议论纷纷时，黄河已冲决大堤。加上治河部门无长远规划，将筑堤防洪之事看得犹如儿戏般，以致有元一代，黄河河患频繁且严重。据岑仲勉《黄河变迁史》一书中的统计，从元朝建立到灭亡，百余年间决堤达六七十次之多，平均1.4年决堤一次，决口有两三百处。决口之处，庄稼漂没，百姓淹死，民居毁坏，大量百姓流离失所，形成流民。当时有诗写道："屋倒人离散，风生水浪滔。周围千里外，多少尽居巢。"

而元朝政治也日益腐败，财政入不敷出，赤字连年增加。元顺帝至正九年（1349）脱脱再次拜相后，强力推行钞法改革，用新钞兑换百姓手中旧钞。此举虽然暂时缓和了财政危机，但引发恶性通货膨胀，"行之未久，物价腾涌，价逾十倍……每日印造，不可数计……京师料钞十锭，易斗粟不可得，既而所在郡县，皆以物货相贸易"，民怨沸腾。加上长期以来的民族矛盾积压，小规模民变此起彼伏，大面积农民起义一触即发。在这汹汹的危局面前，元朝才下决心根治黄河河患，试图挽回人心。

至正四年（1344）、五年、八年，黄河连续大决口，不但威胁会通河、北清河漕运，而且危及沿岸漕司盐场安全。顺帝任命贾鲁为行都水监使，让其制定治水方略。贾鲁受命后，沿着黄河故道考察地形，往返数千里访得治河要害，向朝廷提出一难一易两条策略：一是在黄河南北两岸大堤中，优先修建经常决口的北岸大堤，防止溃决，此策易行，但治标不治本；二是疏塞并举，引导黄河南流，使其回归故道，即沿着泗水、淮水河道，东入黄海，此策难为，但是治本之策，其功数倍。

贾鲁请朝廷就此难易二策进行抉择，不料朝廷却将他调职，两个方案一个也不选，治河之事被搁置。脱脱再次拜相后，旧事重提，与贾鲁商议后，决定实施第二条即难行之策。当时大多臣僚均持反对意见，脱脱慨然表示："事有难为，犹疾有难治，自古河患即难治之疾也，今我必欲去其疾。"

在脱脱的大力推荐下，至正十一年（1351）四月，顺帝任命贾鲁为工部尚书、总治河防使，统领河南、河北诸路军民，调发开封、大名等地民夫十五万人，调拨庐州等地驻军两万人，实施治河工程。

但朝廷的反对意见仍然存在，另一位工部尚书成遵和大司农秃鲁踏访黄河两岸后，就认为"河之故道，不可得复"，将黄河回归故道实属不能为之事。成遵、秃鲁与脱脱在顺帝面前争论不休，他们认为河南、河北连年决口，百姓饥馑，民不聊生，如果聚集将近20万人在此地治河，"恐后日之忧，又有重于河患者"，暗示会有人趁机闹事。脱脱一语道破成遵、秃鲁所忧，将二人暗示直接摆在明面上，怒道："汝谓民将反邪！"

第二天，有重臣劝成遵，"修河之役，丞相意已定，且有人任其责矣，公其毋多言，幸为两可之议"，不要再在修河之事上忤逆脱脱。成遵断然拒绝，"腕可断，议不可易也"，宁可断腕也不改变政见。

但成遵的手腕终究扭不过脱脱的大腿，在脱脱的坚决支持下，贾鲁开始了治河行动。贾鲁引导黄河回归故道的策略，抓住了当时治黄的关键。在治河过程中，贾鲁采用疏塞并举，先疏通河道，然后堵塞的施工方案，创造性地采用了"石船堤障水"的措施，即把二十七艘装满碎石的大船排成三列，在决口上方停稳后将其凿沉，形成倾斜的石船堤，将河水挑离决口，从而使得堵塞决口工程得以顺利进行。通过这种方法，贾鲁指挥民工将河水决堤处的缺口、地方残破处的豁口、新河道与故河道之间的龙口一一填补。

当年七月，贾鲁凿河成功，疏通黄河故道二百八十余里。八月，基本堵塞故道所有决口。九月，黄河可通舟楫。到十一月，“水土工毕”，修补大堤七百余里，治河成功，“河乃复故道，南汇于淮，又东入于海”，黄河重新经泗水、淮河故道入海。

贾鲁治河，使黄河中下游获得了相对的稳定，业绩值得肯定。虽然黄河在贾鲁治理之后仍然多次决口，河患并未完全平息，古今多有异议。但此后河患频仍并非贾鲁个人能力所及，而是与黄河中下游泥沙不断淤积、暴雨灾害天气频发、治河官员能力水平一般等密切相关，贾鲁不可能毕其功于一役。

贾鲁虽然在脱脱的强力支持下治河成功，但成遵、秃鲁的担心却也一语成谶。朝廷治河没错，但在治河中克扣民工工钱甚至口粮，却是铸成大错。朝廷对治河民工督责严苛，官吏又肆行贪污，“朝廷所降食钱，官吏多不尽给”，导致“死者枕藉于道”，百姓“哀苦声闻于天”。山雨欲来风满楼，“天高皇帝远，民少相公多。一日三遍打，不反待如何”的民谣到处流传。

起义条件逐步成熟，民间秘密宗教白莲教领袖韩山童在河南、江淮间宣言“天下大乱，弥勒佛下生”，秘密传教。韩山童和教众在治河工地黄陵冈（今山东省曹县黄河故道北岸一带）预先埋下一尊只有一只眼的石人像，利用治河民工对朝廷的严重不满情绪，广为散发“莫道石人一只眼，此物一出天下反”的谶谣。

不久，治河民工顺理成章地在黄陵冈挖出单眼石人，群情激奋。韩山童遂宣称自己本姓赵，是赵宋王室后裔、宋徽宗八世孙，与刘福通等人以“弥勒佛降世”“明王出世”为号召，于至正十一年（1351）五月在颍州（今安徽省阜阳市颍州区一带）发动起义，文告中有“蕴玉玺于海东，取精兵于日本”，暗示崖山海战兵败后，南宋大臣赴海外求援，必将杀回大陆。起义军头裹红巾，号称“红巾军”，治河民工纷纷参加，很快攻克颍州。当时有《醉太平》小曲云：“堂堂大元，奸佞专权，开河变钞祸根源，惹红巾万千。”

因贾鲁治河与红巾军起义存在先后关系，故当时有“天下之乱，皆由贾鲁治河之役，劳民动众之所致”的观点，认为是贾鲁治河导致起义遍地、天下大乱。但正如《元史》所言，“元之所以亡者，实基于上下因循，狃于宴安之习，纪纲废弛，风俗偷薄，其致乱之阶，非一朝一夕之故，所由来久矣”，冰冻三尺，非一日之寒，元朝之亡亦是因积怨已久，凡人“不此之察，乃独归咎于是役，是徒以成败论事，非通论也”，即使“贾鲁不兴是役，天下之乱，讵无从而起乎”。元朝对汉人的残暴统治也已经到了无法忍受的程度。红巾军在进军路上宣言“虎贲三千，直抵幽燕之地；龙飞九五，重开大宋之天”，以重建大宋天下旗帜团结汉人，掀开了轰轰烈烈的元末农民大起义序幕。

在红巾军和后来朱元璋等人的北伐下，元朝最终退出中原，退居塞北。朱元璋建国大明，汉人天下王者归来。在继承元朝凿通运河再连南北、大兴海贸连通大洋遗产的基础上，明朝面向海洋再出发，又一次扬帆起航，奏响古代中国向洋而兴的历史绝唱。

郑和下西洋的历史绝唱

明朝对海洋的划分以婆罗洲（今加里曼丹岛）上的文莱为界，文莱以东为东洋，以西为西洋。郑和下西洋为古代中国规模最大、历时最久的海上远征，也是15世纪末欧洲地理大发现之前世界历史上规模最大的海上探险。但郑和的这一壮举，却是在明太祖朱元璋海禁国策的阴影笼罩包围下，倔强突围而出的。

太祖的内向和成祖的野望

在元末群雄逐鹿的乱世之中，朱元璋经过艰苦卓绝的殊死斗争最终脱颖而出，“西平汉王陈友谅，东缚吴王张士诚，南平闽粤，勘定八蕃，北逐胡君，肃清华夏，复我中国之旧疆”，建国大明。

作为重建汉人天下的开国皇帝，朱元璋在治国上却不似秦汉，更不类唐宋，而是全面向元朝看齐。朱元璋通过废除丞相、加强特务机关建设全面强化君主权力，恢复“家天下”的分封制极力抬高皇族地位，在乡间实行里甲制加强对农民人身和基层社会控制，经济上推行休养生息的同时重农抑商，导致明初商品经济萎缩。这种内向的政治经济国策在对外政策上的反映，就是通好与海禁并存的鲜明两重性。

朱元璋刚统一中国不久，就奉行睦邻友好政策，派使臣和周边各国遣使通好，将日本、朝鲜、安南、真腊等国列为不征之国，对周边各国之间的战争也是遣使斡旋让其息兵和好。但同时实行严厉的海禁政策，规定“片板不许下海”，既不允许中国海商出海贸易，也不允许外国海商私自来华。这一海禁政策，既有当时商品经济水平低下的社会基础背景，也有海疆不靖的直接军事原因。

在元末群雄逐鹿时被朱元璋击败的张士诚、方国珍等人，起初都是以泛海贩盐为业，其部众都是熟悉海上情况的沿海百姓。张士诚、方国珍被朱元璋击溃后，其余部仍有很大的势力，大都逃亡海上，继续与明朝为敌。张、方海上武装在广阔的海域里神出鬼没，随时准备卷土重来。

张士诚、方国珍余部甚至和日本等国的海盗倭寇相勾结，剽掠沿海，史载，“张士诚、方国珍余党导倭出没海上，焚民居，掠货财，北至辽海、山东，南抵闽、浙、东粤，滨海之区无岁不被其害”。张、方余部还与国内的反明力量联络，“东借日本诸岛悍夷为爪牙，而西南接交趾、占城、阇婆、暹罗为逋薮……而又内接山寇，以为腹心之患”，明朝防不胜防。因此史书对朱元璋海禁政策颇有同情之理解，认为原因正在于明初“方国珍余党多入海剽掠故也”。

在这一国防军事背景下，据《明实录》，早在洪武四年（1371）十二月，朱元璋就颁布了“禁濒海民不得私出海”的海禁诏令，此后每隔两三年就三令五申，禁止民间使用外国香料及其他舶来品，禁止建造二桅以上的大船。洪武七年九月，下诏废除福建、广东、浙江三地市舶司。朝廷大臣严格执行太祖海禁政策，洪武十七年，汤和巡视浙江、福建沿海城池时，甚至禁止百姓入海捕鱼。

在海禁政策的制约下，明初私人海上贸易活动几乎禁绝，中外海贸局限在官方朝贡贸易的范围之内，且对朝贡日期、频次甚至路线都有严格规定。太祖在朝贡贸易中还实行“厚往薄来”的指导思想，违反经济法则，虽有政治上的国威声望之小“得”，却造成经济上负担加重的大“失”，难以长久维持。

朱元璋驾崩后，皇太孙建文帝朱允炆即位，继续推行海禁政策。

直到成祖朱棣通过“靖难之役”从侄子手上夺得皇位，才开始对海禁政策进行初步调整。

成祖即位时，明朝经过太祖洪武和惠帝建文三十多年的休养生息，社会经济已经完全恢复并迈向新的台阶，商品经济重新勃兴。沿海的张士诚、方国珍余部和倭寇威胁，经过明军三十多年的清剿，也渐次平息，具备了重开海上贸易的社会经济和国防军事条件。

因此，成祖在刚登基的永乐元年（1403），就下令重设被父皇废除的浙江、福建、广东三地市舶司，让其招徕海商来华，显示了对海外交往持积极态度的新朝气象，释放了重开海上贸易的明确信号。在海禁政策上，成祖虽然没有明确废除，反而在即位不到半个月的建文四年（1402）七月颁发谕旨重申沿海军民人等不得交通外国，但此举的用意，是通过政策上的纸面延续，强调其继承朱元璋皇位的正统性，抹去其夺位登基的不合法色彩。在具体执行时，成祖多次暗示臣下对海禁政策“勿拘法禁”“岂当一切拘之禁令”，在事实上停止了海禁国策的执行。

成祖即位之初，只有真腊、朝鲜、琉球、暹罗等几个国家来朝，颇显门前冷落车马稀。为广泛招谕各国，成祖遣使四出，派陈诚、李达出使西域，让侯显出使西南各国，派宦官海童出使蒙古诸部。而最大规模的出使远行，无疑是郑和下西洋。

郑和是云南昆阳人，大致出生于洪武四年（1371），原姓马，又被称为马三保或马三宝。祖先是西域人，元朝时迁徙到云南为官，其父马哈只在云南梁王辖下为滇阳侯。洪武十五年，明军攻灭云南梁王政权，马哈只兵败而亡，郑和被俘虏后遭阉割成为宦官。朱元璋见其出身王侯世家，遂将其赐给当时还是燕王的朱棣为近侍。郑和“丰躯伟貌，博辩机敏”“姿貌才智，内侍中无与比者”，且“有智略，知兵习战”，在朱棣征讨蒙古余部和夺取皇位的“靖难之役”中都立有功劳。故朱棣赐其郑姓，以示恩宠。

郑和能够被委派出使，除他与成祖的特殊关系和卓越才能外，其宗教信仰也是一个重要因素。郑和家族世代信奉伊斯兰教，郑和祖父和父亲都曾到西方朝圣，郑和出使有利于笼络西洋亚非诸国中的伊斯兰国家。郑和还尊奉佛教，曾受菩萨戒为佛门弟子，法名福善，这一身份也有助于联络南亚、东南亚地区的奉佛诸国。

成祖之所以派遣郑和多次下西洋，除经济上的海贸通商因素外，还有着深刻的政治、军事乃至国际外交战略背景。

从明成祖永乐三年（1405）第一次出发，到明宣宗宣德八年（1433）最后一次归来，郑和先后下西洋七次，可分为前三次的前期下西洋和后四次的后期下西洋。郑和下西洋前后两个时期的历史任务并不同，更不是《明史》中简单归纳甚至有刻意丑化嫌疑的“成祖疑惠帝亡海外，欲踪迹之；且欲耀兵异域，示中国富强”，即寻找下落不明的建文帝、满足天朝上国的虚荣心。

永乐三年（1405）到九年这六年间，郑和开展了三次下西洋活动。这一时期，郑和出使的范围不超过东南亚和南亚，主要往来于东南亚各国之间。而所谓寻找建文帝下落的问题，也是客观存在的。据近年来的明史研究，当年朱棣攻破南京时，建文帝并没有因宫中火起被焚于火，而是从城中逃出。建文帝是明太祖亲自指定的接班人、确立的皇太孙，在皇统上远比朱棣更有合法性。从元末明初开始，东南沿海就有人到南洋和印度洋一带谋生，建文帝极有可能藏身出洋百姓之中——毕竟相对于国内，海外诸国对建文帝而言更加安全。因此，郑和前期下西洋，确实可能有寻找建文帝的隐秘目的，毕竟建文帝一日生死不明，朱棣就一日不得安寝。

但成祖寻找建文帝不可能大张旗鼓，那样只会让建文帝提前得知消息躲藏起来。郑和即使附带有找寻建文帝的任务，也只能是顺道探访，而不会是主要目的。成祖对郑和前期下西洋的任务布置，有着更宏大的视野和格局。

明初东南亚局势动荡不安，最突出的问题就是安南（今越南北部一带）奉行对外侵略扩张政策，严重威胁东南亚其他国家的安全。太祖洪武年间，安南就多次骚扰中国边境，太祖都是下诏谴责，在外交和经济上暂停其入贡。安南陈氏王朝倒也识趣，有所收敛，对明朝大体顺服。安南向北无法撼动强大中国，只能向南侵略邻国占城（今越南中南部一带）。早在洪武四年（1371）七月，安南就侵扰占城国土，占城向明朝求助，太祖囿于国内尚未总体稳定，只是在外交上责令安南罢兵，并未出兵讨伐。

惠帝建文二年（1400），安南国相黎季嫠夺取政权，自立为王，对内屠戮陈氏宗族，对外攻劫占城。永乐二年（1404），成祖派使者到安南，要求其立即停止对占城的侵略行径，但安南黎氏政权不但置若罔闻，反而在南侵占城的同时，北上把矛头对准明朝，侵占广西、云南等地城池，造成中南半岛和明朝西南边境形势严重紧张。

除安南的叫板外，明朝在当时的东南亚、南亚国际关系格局中的处境也颇为尴尬。元朝倚仗兵强马壮，对周边国家四处挞伐，先后征伐安南、占城、缅甸等地，甚至跨海远征日本、爪哇（今印尼爪哇岛一带），破坏了中国与周边国家的传统友好关系。明朝刚建立，太祖就遣使四出，力图恢复友好，但各国对明朝仍然有很深的疑虑隔阂，明朝并没有及时在各国中建立威信。

洪武十三年（1380），太祖遣使取道爪哇赴三佛齐（今马来半岛、巽他群岛一带）赐给其国王印绶，没想到爪哇因与三佛齐的历史恩怨，竟然杀害明朝使者。太祖大怒，在爪哇入贡贸易时扣留其使者月余方才遣还，还派使臣谴责警告其国王。但爪哇竟然对明朝的警告毫不理睬，不但拒不悔罪，还停止向明朝入贡。成祖即位后，虽然派使者前往爪哇诏谕安抚，但两国关系没有明显改善。

爪哇在南洋诸国中颇有影响，它对明朝不逊，自然影响明朝在其他南洋国家中的威信。永乐三年（1405），曾有中国佛教徒到锡兰（今斯里兰卡一带）朝圣，锡兰国王竟然对其多有虐待。

由于缺乏主导力量，东南亚、南亚各国之间因历史遗留问题，或是现实中的宗教、经济问题，互相之间关系也是矛盾重重。安南与占城，满剌加（今泰国南部至苏门答腊岛西南部一带）与暹罗（今泰国一带），爪哇与三佛齐，锡兰与周边邻国都存在着复杂尖锐的矛盾。彼此或是兵戎相见，或是老死不相往来。

成祖即位初期，明朝在西南方向有安南北侵的现实威胁，在西北则有帖木儿帝国东进的潜在威胁。元朝被明朝灭亡后，西察合台蒙古贵族帖木儿在中亚建立国家，史称“帖木儿帝国”。太祖洪武年间，帖木儿帝国多次遣使向明朝进贡马匹，借以刺探明朝虚实。惠帝建文四年（1402）春，帖木儿帝国在安卡拉战役中大败奥斯曼帝国，解除其西面奥斯曼的威胁，不再有西顾之忧，便乘国力上升、锐气正盛之时，筹备东侵明朝，为元朝报仇雪耻，声称“中国主为奸恶贼人，吾之仇也”。

永乐二年（1404）十一月，帖木儿率领二十万步兵、二十五万骑兵，号称八十万，向东方明朝方向开进。西北局势骤然紧张，成祖急命甘肃加强守备。虽然这次东侵因帖木儿暴病去世中止，但当时成祖并不知道帖木儿大军已经撤兵的确切消息。在成祖的战略布局中，一旦在西北与帖木儿帝国开战，可让下西洋到印度半岛南端的郑和，从南亚海路牵制帖木儿帝国侧背，使其有后顾之忧，不敢全力东侵。郑和第一次出海带近三万军士的深刻用意，恐怕正在于此。

郑和下西洋，并非出自成祖个人的若干主观动机，当时国内外政治经济形势的要求，恐怕是更大的推动力量。明朝要重振国威，应对安南的叫板和帖木儿帝国的挑战，在东南亚、南亚国际体系中打开局面、树立威信，确立在东南亚、南亚国际关系格局中的主导地位，恢复各国间友好往来的国际关系秩序，顺便扫清南洋、印度洋海盗，重重因素叠加在一起，最终促成郑和前三次下西洋活动。

永乐十年（1412）郑和开始第四次下西洋时，明朝永乐盛世已经进入鼎盛阶段，国力强大，南北均无国防之忧。通过前三次下西洋活动，郑和在东南亚、南亚广树明朝声威，重建以明朝为主导的国际关系体系，建立明朝船队中途候风转航的据点，并积累了丰富的航海经验，开始向南亚以西继续航行，到达波斯湾等更远的远方，向未知世界前进，力图开辟新航路，让自古未通中国的海外远蕃越洋而来，宾服中国。

在郑和后期，即第四到第七次下西洋活动中，郑和船队经过南洋群岛，横渡印度洋，取道波斯湾，穿越红海，沿东非海岸南下，最远到达赤道以南的非洲东部沿岸国家和马达加斯加岛一带，其分船队甚至远达西非海岸。第四次到第七次下西洋，郑和除重访东南亚、南亚诸国外，还通过新发现的航道，访问阿拉伯和东非国家，建立友好关系。分船队在向西南深入大西洋、向东南深入太平洋的远航中，更是访问过一些迄今我们仍不清楚究竟位于何处的国家和地区，足见郑和后期下西洋范围之广，实属旷古未有。

广树声威　重建秩序

成祖永乐三年（1405）六月[1]，郑和与副手王景弘等率将士两万七千八百余人，从江苏太仓刘家港出发，开始第一次下西洋远航。船队出长江口后，南下到福建长乐太平港整训，补充货物给养，随后等到冬季来临后，趁东北季风南下。郑和船队出闽江口五虎门，过台湾海峡、东沙群岛、海南岛东南外侧，航行十个昼夜后，在永乐三年十二月或永乐四年年初到达占城港口罗湾头（今越南中部归仁附近港口）。

郑和船队第一次下西洋首达占城，主要目的是牵制安南水师，从海路配合明朝解决安南问题，为此在安南沿海和占城附近停留活动达半年以上。永乐四年（1406）四月，成祖下令明军讨伐安南，郑和船队在安南沿海广造声势，配合明军的陆上进攻。

在完成牵制安南水师的任务后，郑和船队从占城向南航行，经南沙群岛、加里曼丹岛西海岸，经过二十余昼夜，于永乐四年（1406）六月三十日左右，在爪哇中部的三宝垄登陆。当时爪哇国内分为东西两部，由东王、西王分别管理，都想争取明朝支持，统一爪哇。郑和船队从中国出发后的永乐四年正月十二，西王遣使到明朝进贡珍珠、珊瑚等。十七天后，二十九日，东王遣使进贡马匹。郑和船队刚到爪哇，东西两王就互相攻杀。东王战败被杀，西王统一爪哇，不再有争取明朝支持的外交压力，对明朝态度转变。郑和船队经过东王治所，上岸与百姓交易时，竟然被西王所派兵马袭击，一百七十余名兵士被

1. 郑和七次下西洋的航程和具体活动，学界争论颇多，本文只以主流观点为主要参考进行书写。

杀。郑和大怒，准备发兵征讨，西王畏惧，立马遣使赴明朝谢罪。成祖下诏谴责西王不听明朝号令吞并东王土地，且杀害明朝兵士，要求西王赔付被害兵士家属六万两黄金作为抚恤金。西王表示服罪，郑和这才取消攻打西王的军事计划，但此事仍未完结，直到郑和第二次下西洋才得到最终处理。

离开爪哇后，郑和船队进入马六甲海峡，航行八昼夜到达满剌加国，在当地建立官厂基地，修建仓库存放船队补给物资和贸易货物。随后从满剌加沿苏门答腊岛北岸向西航行八昼夜，到达西北部的苏门答剌国。

在当时的南洋群岛诸国格局中，苏门答剌国是东南亚前往环印度洋各国的航运中心。此时爪哇已经吞并三佛齐国，对苏门答剌国虎视眈眈。明朝不能对爪哇在南洋群岛坐大置之不理，遂扶持苏门答剌国牵制爪哇。郑和到苏门答剌后，建立船队基地，奉成祖谕旨正式册封其酋长宰奴里阿必丁为苏门答剌国国王，使爪哇国有所顾忌，收敛吞并苏门答剌国的野心。

册封后，郑和船队往正西行驶三昼夜，对南渤里国（今印度尼西亚苏门答腊岛西北角一带）进行访问抚谕。南渤里国是只有千余户百姓的小国，但举国信奉伊斯兰教，是东西洋海上交通枢纽之地，宗教、地理位置重要，对于明朝加强与伊斯兰世界的联系、发展东西洋交通具有重要意义。

离开南渤里国后，郑和船队到达锡兰（今斯里兰卡一带）的别罗里港（今科伦坡一带），建立补给集散基地。随后向西北航行四昼夜，绕过印度次大陆南端，再航行四昼夜到达印度西南海岸第一大港古里（今印度西南部卡利卡特一带），这是郑和第一次下西洋到达的最远港口城市。古里是西洋诸国中较大的国家，号称“西洋诸番之会”，国王沙米曾到明朝访问。郑和此次向沙米宣读了成祖的敕书，赐给其诰命银印，加强同古里君臣的联系，在此为船队建立交通贸易的转运基地。郑和还在古里起建碑亭，上书“其国去中国十万余里，民物咸若，熙皞同风，刻石于兹，永昭万世”。

永乐五年（1407）四月，明朝平定安南，解决安南问题，郑和船队彻底结束从海路牵制安南水师的使命，于七月启程回国。

在回国路上经过苏门答腊岛附近海域时，郑和还解决了海盗陈祖义集团问题。郑和先对其招抚，争取让他改邪归正，但陈祖义表面上接受招安，暗地里准备偷袭郑和船队。郑和收到情报，有所戒备，在陈祖义船队来袭时，“出兵与战，祖义大败”。郑和“杀贼党五千余人”，烧毁敌大船十艘，俘虏七艘，生擒陈祖义等三名头领。此战意义重大，郑和不仅消灭陈祖义，更为明朝开疆拓地，在南洋旧港建立了一块飞地。

旧港位于苏门答腊岛东南部，原为三佛齐国领地，明初广东、福建百姓多有迁居三佛齐者，逐渐在旧港聚居。爪哇吞并三佛齐后，并不能控制其全国，华人遂以旧港为基地独立自治，先后推举梁道明、施进卿为首领。陈祖义多次骚扰旧港，与施进卿争夺领导权。郑和与陈祖义大战前的关键情报，就是施进卿提供的。郑和清除陈祖义势力后，在旧港设立宣慰使司，长官宣慰使由朝廷统一任命，按照明朝制度治理旧港，使之成为明朝属地。旧港北面直对贸易繁忙的马六甲海峡和巽他海峡，明朝控制此地，有利于将影响力稳固地投射到马来半岛和婆罗洲沿海，相当于掌控了南洋贸易的总闸门。

永乐五年（1407）九月，郑和船队回到中国，很快于冬天再次出海，航程与第一次基本相同。郑和第二次下西洋的一个重要目的是彻底解决爪哇问题。

爪哇西王在郑和船队回国后，认为风头已过，拒不缴纳杀害明朝兵士的抚恤金。郑和二下西洋，再次兵临爪哇，西王这才畏惧服罪，献上黄金万两作为抚恤金。成祖念在爪哇过而能改，免其剩余五万两抚恤金。爪哇对明朝叛服无常，在南洋诸国中堪称典型，明朝对爪哇恩威并重，将其制服，有力提高了在南洋诸国中的威信。此次下西洋回程时，郑和还带渤泥国（今加里曼丹岛北部文莱一带）国王来华访问，在锡兰弘扬佛事，向寺庙布施金银供器，但调停锡兰与周边国家争端未果。永乐七年（1409）夏，郑和船队回国。

永乐七年（1409）冬，郑和船队再次从福建起航，顺风十昼夜到达占城。由于明朝制止了安南对占城的侵略兼并，帮助占城收复被安南吞并的大片土地，郑和此行受到占城举国上下的热烈欢迎。当郑和船队抵达占城新州（今越南义平省归仁港一带）时，占城君臣百姓出城远迎。郑和宣读成祖诏书时，占城国王“下象，膝行匍匐，感沐天恩，奏贡方物”，对明朝感恩戴德，竭诚拥戴。

离开占城后，郑和再次驶抵锡兰，力图解决锡兰作恶邻国问题，这是郑和三下西洋的重要使命。郑和到锡兰后，对国王阿烈苦奈儿照例赏赐，向他宣读成祖诏书，告诫他不可欺凌弱小邻国。阿烈苦奈儿不但不认罪悔过、改弦更张，反而贪得无厌，向郑和索要更多金银宝物。郑和拒绝，阿烈苦奈儿竟然图谋劫夺郑和船只、钱粮、宝货，发兵五万人堵塞郑和上岸兵士返回港口的道路，并“分兵以劫海舟”。

锡兰内部亲华官员秘密向郑和报告此事，郑和赶紧带队返回港口，但为时已晚，道路已绝。郑和分析形势认为，锡兰大军倾巢而出攻击船队，国中势必空虚，且骄傲轻敌，不如出其不意。遂让少部分兵士潜回港口告知船队戒备迎战，随即率三千兵士趁夜一举攻占锡兰王城，生擒阿烈苦奈儿，将其带回明朝。成祖后派人改立阿烈苦奈儿亲属中相对贤明的耶巴乃那为锡兰国王，最终妥善解决长期悬而未决的锡兰问题，恢复斯里兰卡群岛附近海域的和平秩序。

解决锡兰问题后，郑和船队来到满剌加和暹罗。满剌加长期无国王，只有头目酋长掌事，一向受暹罗控制霸凌。永乐三年（1405），满剌加使者访华，成祖册封满剌加酋长拜里迷苏剌为国王，赐给诰印，使满剌加独立建国，与暹罗获得同等地位，避免其再受暹罗欺凌。不料暹罗竟然不听明朝招呼，对满剌加的独立进行武装干涉，派兵抢夺满剌加所受明朝诰印，满剌加“国人惊骇，不能安生”。郑和先谴责暹罗的暴力行径，警告其不得再干涉满剌加独立，随后正式为拜里迷苏剌举行封王仪式，正式承认满剌加独立建国。此后暹罗不敢再对其进行侵扰，满剌加问题最终得以解决。相传，郑和船队还曾在满剌加附近的九洲山进山采药，有兵士归国后售卖所采药材，成为富翁。

满剌加依靠明朝获得独立，不再受暹罗欺凌，对明朝万分感激，国王拜里迷苏剌遂同郑和一同返回明朝，正式访问明朝，充分表现出海外弱小国家对中华文明和强大中国的热忱仰慕。成祖热情接待拜里迷苏剌君臣，赏赐丰厚财物。暹罗为修补与明朝的关系，随即也派使者访华，并将与明朝为敌、逃至暹罗避难的海盗何八观等人交给郑和带回国内处置。

随着安南、爪哇、锡兰、满剌加等地问题的相继解决，明朝重建以其为主导的南亚、东南亚国际秩序的目的基本得到实现，郑和下西洋进入以开拓航路、发展经贸为主的第二阶段。

永乐十年（1412）十一月十五，郑和第四次下西洋，从中国出发后，以前三次的终点古里为新起点，进一步向西非和东非诸国进发。郑和此次下西洋，虽然重点是向南亚以西远航，但同时也调停、处理了东南亚、南亚国家的大量争端，进一步确立了明朝在这一地区国际关系格局中的主导地位。

满剌加在明朝的支持下获得独立后，野心逐渐膨胀，开始向爪哇方向扩张。当时旧港地区大部分为明朝所设宣慰使司管辖，但也有部分地区仍被爪哇占据，而满剌加的扩张方向就是爪哇占据的旧港地区。毕竟宣慰使司所辖旧港地区是明朝领地，满剌加不愿、不会也不敢前去抢夺。满剌加狐假虎威，宣称奉得明朝号令，要求爪哇将所占旧港地区交由满剌加代管。爪哇清楚满剌加与明朝的特殊关系，对满剌加的扩张很是恐惧，认为满剌加的背后是明朝在撑腰。成祖让郑和亲赴爪哇调停此事，消除了爪哇的疑心，明确了旧港宣慰使司辖区与爪哇领地之间的界线。

苏门答剌国是郑和第二阶段远航的重要补给基地。当时苏门答剌发生内讧，“伪王”苏干剌与国王锁丹罕难阿必镇互争正统，成祖反复考虑后，从全局出发，要求郑和寻机调节二王争位问题。郑和船队到苏门答剌后，按照政策外交传统先对锁丹罕难阿必镇宣诏赏赐，苏干剌怨恨郑和不先赏赐自己，且怀疑郑和与锁丹罕难阿必镇密谋攻打自己。为解除郑和的威胁，进而为夺取王位扫清障碍，苏干剌竟然出动全部兵力攻打郑和船队。郑和被迫反击，指挥明军与锁丹罕难阿必镇联军协同作战，最终擒获苏干剌，稳定了锁丹罕难阿必镇的王位。锁丹罕难阿必镇“位始固，以此感恩义，常贡方物”。

郑和船队行驶至非洲的麻林国（可能是今肯尼亚马林迪一带）时，该国遣使随同郑和回国，到中国回访，并献上麒麟（即长颈鹿）。这一事件被当时认为是实现“际天极地，罔不臣妾”外交目标的标志。长颈鹿在非洲是常见之物，但在中国传统政治观念中却是千载难逢的瑞兽麒麟，是太平盛世来临的象征。永乐十三年（1415）十一月十九，成祖在奉天门亲自主持欢迎仪式，率领百官接受麻林国麒麟进奉。

永乐十四年（1416）十二月初十，郑和率船队第五次下西洋，主要任务是护送第四次下西洋时随同明朝船队赴中国访问的亚非各国使臣回国。郑和沿途对各国例行宣诏封赏，册封印度西海岸柯枝国国王，封其国中之山为“镇国山”，勒铭刻碑。各国受麻林国进奉麒麟长颈鹿受到明朝特殊优待的鼓励，纷纷进献各种珍禽异兽，充实了刚刚营建的新都北京内苑。

永乐十五年（1417）七月十五，郑和船队启程回国，八月初一路过苏禄国（今菲律宾苏禄群岛一带）时，苏禄东王、西王、峒王各率亲王大臣坐郑和大船一起赴明朝访问。成祖分别册封三王为苏禄东王、苏禄西王、苏禄峒王。苏禄东王羡慕中国繁华，流连不去，最终因病去世，成祖为其举行高规格葬礼，并亲自撰写碑文。

永乐十九年（1421）正月，古里、锡兰、苏门答剌、满剌加等亚非十六国使臣访华。当月月底，郑和第六次下西洋，护送各国使臣回国，访问沿途国家，并采办珍宝、香料药物等。郑和此次下西洋回国不久，又专程去旧港处理宣慰使司任命问题。当时施进卿已经去世，其子施济孙与其女施二姐之间发生了一场争夺继承权的斗争。施进卿在世时，根据当地习俗确立了“本人死，位不传子”的原则，着意培养施二姐，使之具有相当的权势和影响。施济孙不平，与施二姐争权，抢先向明朝申请继承父亲职务。明朝当时可能并不清楚旧港继承制度，答应了施济孙所请。但还没等郑和到达旧港，施二姐就取施济孙而代之。郑和适时变通，没有刻意干涉旧港事务，而是尊重其习惯，任命施二姐为宣慰使司，稳定了明朝对旧港的控制和影响。

郑和在旧港处置施济孙、施二姐争权事务时，成祖于永乐二十二年（1424）驾崩。仁宗即位后，鉴于下西洋耗费巨大，在户部尚书夏元吉的强烈建议下，封存郑和船队，将全体下西洋兵士调往南京驻防。

仁宗即位不到一年就驾崩，宣宗即位，怀念当年成祖时万国来朝盛景。据传永乐十一年（1413）端午节时，成祖到东苑观击球射柳活动，见各国使节云集，对当时还是皇太孙的宣宗吐出一联“万方玉帛风云会”，让皇孙对下联。宣宗不假思索对出“一统山河日月明”。仁宗虽子不类父，儿子宣宗却隔代遗传，隔代继承了成祖囊包四海的雄心。宣德五年（1430）正月，反对下西洋的户部尚书夏元吉去世，郑和停航五六年后明朝海外威望亦有所下降，宣宗遂于当年六月初九再派郑和下西洋。

已经是花甲之年的郑和再次奉诏，于当年十二月初六从南京出发，第二年即宣德六年（1431）到达福建长乐太平港，停留八九个月准备物资并等待冬季季风后，十二月开船出海远航，访问锡兰、古里、满剌加等二十二国。当时暹罗因郑和船队停航，又对满剌加国蠢蠢欲动，隔绝满剌加使臣朝贡之路。郑和此次下西洋诫谕暹罗勿要再起邪念，维护了满剌加的独立地位。

宣德七年（1432）十二月，郑和船队到达忽鲁谟斯（今霍尔木兹海峡一带），完成访问使命后于第二年即宣德八年二月十八开船启程回国。大致在三月底四月初路过古里时，郑和去世。副手王景弘带领船队继续返程，七月回到中国。

郑和七下西洋，开展了中国古代航海史上最伟大的航行，大大开阔了古代中国的海外眼界，向世界传播了中华文明，为近代中国重新拥抱海洋奠定了重要心理基础，促进了亚非国家间海外贸易的增长，推动了亚非各国间和平关系的建立。

郑和下西洋更是世界范围内航海事业进步的伟大成就，是人类历史上第一次探寻新大陆。欧洲人哥伦布在1492年开展探寻新大陆的航海活动，比郑和第一次下西洋晚了八十七年，比郑和最后一次下西洋也晚了六十二年。法国年鉴学派历史学家费尔南·布罗代尔在《15至18世纪的物质文明、经济和资本主义》一书中发问：“如果中国帆船于1419年绕过了好望角，如果世界的统治权转到了这个遥远的东方大国，转到了当时世界上人口最稠密、生产最发达的区域，那又会是什么情形？”李露晔在其《当中国称霸海上》一书中继续提问：“郑和与达伽马到达非洲的时间相差了80年，或许有人想知道：如果他们相遇，会发生什么事情？在了解了大明水师超凡力量之后，达伽马及其85英尺的小船，还敢不敢继续穿越印度洋呢？见过了葡萄牙的小破船之后，中国水师的指挥官会不会想在前进的途中踩扁了这些挡路的蜗牛，从而彻底阻止欧洲人打开一条东西贸易的海上道路呢？”

可惜历史不能假设，郑和在宣宗宣德年间的最后一次下西洋，成为千古绝唱。宣宗之后，明朝历经英宗时期的“土木堡之变”，国力由胜转衰，对外交往重新趋向保守。明英宗曾准备派都指挥使马云再下西洋，大臣张昭上疏劝谏“安内救民，国家之急务；慕外勤远，朝廷之末策……望陛下用和番之费，益以府库之财”，英宗只得打消此念。

明宪宗成化年间，宪宗又欲派人下西洋，下令查阅郑和下西洋时所用航海地图卷宗。兵部尚书项忠翻遍库房，查找三天也没有找到，原来地图早已被反对再下西洋的大臣刘大夏提前拿走销毁。项忠拷问负责保管卷宗的小吏时，刘大夏在一旁切谏：“三保下西洋，费钱粮数十万，军民死且万计，纵得宝而归，于国家何益。”项忠无法辩驳，宪宗下西洋之事亦不了了之。

明孝宗弘治年间，朝廷又多次重申海禁，甚至将私自出海贸易者以“私通外国之罪罪之”。但随着国力的衰落，明朝海防废弛，私人海商贸易暗中发展，官员走私现象多有发生，甚至有海商冒充官员走私，或是海商勾结官员共同走私。

随着哥伦布、麦哲伦对新航路的开辟，地理大发现新时代来临。葡萄牙、西班牙、荷兰等殖民者相继东来，中国传统海上贸易的对象发生重大变化。明武宗正德年间，朝廷对海上贸易政策进行部分调整，市舶司开始对海贸货物实行抽分税收制，这标志着明朝对私人海上贸易事实上的承认。以广东右布政使吴廷举为代表的部分开明官员甚至主张因势利导，放宽海禁，承认私人海上贸易的合法地位，朝廷可从中抽取商税增加财政收入。

在这些官员的推动下，明朝私人海上贸易更加活跃，他们借助“近许官府抽分，公为贸易”的良机，“驾造巨舶，私置兵器，纵横海上”。历史学者张维华认为：“当时沿海地方官吏久已不遵成宪，而是故作痴呆地默允一部分私商的活动。久而久之，私人的海外贸易成了既成的事实。这样的一种转变，不能看作仅仅是统治集团内部的问题，而是反映了当时中国社会内部普遍地具有发展海外贸易的要求。所以旧日的海禁政策以及对于朝贡关系的海外贸易那些控制的办法，迟早是要变更的。”

“开—关—开”的正向循环

在郑和下西洋所处的历史时期，尽管有明太祖朱元璋的海禁国策，但这一政策有明初休养生息和海疆不靖的特殊国情背景在里面。明成祖即位后很快就在事实上打破了海禁政策，确立了开放格局，从而有郑和下西洋的壮举。明宣宗宣德之后，明朝海洋政策虽然有所反复，但总体上仍维持大体开放格局，尤其是私人海上贸易发展迅速。因此，从明初到明世宗嘉靖年间，明朝的海洋政策本质上属于“开”的范畴。但从明世宗嘉靖时期开始，明朝对海洋的态度明显出现了转折性的倒退变化。

事情是由日本人引起的。在嘉靖之前，明朝对日本使团来华的朝贡贸易有所限制，对使团人数、贸易时间、货物总额都有具体规定，因此日本国内各势力集团在来华朝贡贸易上的竞争非常激烈。嘉靖二年（1523）四月，日本大内集团派宗设率三艘商船到浙江宁波。数天后，细川集团派端佐和宋素卿带一艘商船、百余人来华贸易。宋素卿原是中国人，熟悉明朝官场情况，通过向主管市舶的太监赖恩行贿，获得优先待遇。在明朝安排的接风宴席上，端佐使团虽然后至，但排位却在宗设使团之上。市舶在验收货物时，也是先收端佐使团，再验宗设使团。宗设一怒之下，竟然率众与端佐使团在明朝地面混战。端佐被杀，宋素卿逃走。宗设使团追到绍兴，没有抓住宋素卿，又返回宁波，沿途烧杀抢劫，夺船而走。宁波地方驻军进行追击，不料连指挥官也被杀死。

明朝海防以防备倭寇为主，实行海禁的主要目的也在于此。日本使团在中国地面互相攻击还杀害中国官民之事，在朝廷引起极大震动，一些官员纷纷上言要求加强海禁，朝廷据此撤销浙江、福建两地市舶司，只保留广东一处。明朝对朝贡贸易的管理也更加严格，海外各国来华使团急剧减少，引发事端的日本更是如此。嘉靖二十八年（1549），日本使团来华进行了最后一次朝贡贸易，此后两国关系因倭寇问题急剧恶化，终明一代，日本官方使团再无来华之事。

从嘉靖三年（1524）开始，明朝又把在正德年间早已沦为一纸空文的海禁法令一而再、再而三地重申。海商只有偷偷摸摸地进行贸易，“私造双桅大船下海”，甚至有“时出剽劫”武装反抗者。朝廷对此的回应，是持续加码海禁政策。

嘉靖八年（1529）十二月，世宗下诏“禁沿海居民毋得私充牙行”，严禁充当海商交易中间人，将“势豪违禁大船，悉报官拆毁，以杜后患，违者一体重治”。嘉靖十二年九月的禁令更加严厉，兵部直接要求浙江、福建、广东驻军出动军事力量，“督兵防剿”，将“一切违禁大船，尽数毁之”。沿海军民如若“私与贼市”，私自出海贸易则严惩不贷，“其邻舍不举者连坐”，对左邻右舍知情而不告发者实行连坐惩罚。

严厉的海禁政策造成沿海各地经济普遍萧条，尤以广东为甚。嘉靖八年（1529），广东巡抚林富上书请求在当地放宽海禁，允许大明历代先皇祖训中认可的朝贡国前来贸易，拒绝葡萄牙等非朝贡国交易，如此便可不违海禁祖制国策，又可收充实国库，补充地方军饷、财政，有解决百姓生计之效。林富上书，在遵守朝廷海禁国策的前提下强调部分开海之利，入情入理，得到明世宗赞同。嘉靖九年，广东朝贡贸易重开，对朝贡使团中夹带的私人货物也以抽分的形式默许承认。

葡萄牙人不能在广东贸易，转而北上福建、浙江，利用福建、浙江海防废弛、海禁不力的机会，与沿海百姓暗通贸易，甚至占据福建漳州浯屿（今金门岛一带）、浙江宁波双屿（今六横山下的佛能岛、比克岛一带）。双屿地理位置优越，地处大海之中，与宁波一水之隔，北有舟山群岛，进退都比较方便，且岛屿较小，明朝水师很少到这里巡查。葡萄牙人遂将双屿经营成进行走私贸易的重要据点，中国海商纷纷前往双屿与葡萄牙人进行走私贸易。葡萄牙人也俨然将双屿视为其殖民地，在岛上委任官员，设立官僚机构和医院、教堂等。

葡萄牙人为与中国长久贸易，刚开始不敢在双屿过于放肆。时间一久，逐渐横行无忌，竟然发展到掠买儿童为奴隶，而且勾结中国海商在福建、浙江沿海四处骚扰。明军于嘉靖二十二年（1543）前去进剿，反为其所败，世宗震怒。嘉靖二十六年，世宗任命朱纨为浙江巡抚兼提督闽、浙两省军务，统一事权、军权，改变了之前福建、浙江两地互相推诿扯皮的状况。

朱纨到任后，大力整顿海防水师，严厉保甲海禁，力图切断葡萄牙人从中国沿海获得物资补给的通道。嘉靖二十七年（1548），葡萄牙人因与中国海商发生经济纠纷，竟然带兵上岸闯入百姓村社，杀害十余人，劫掠十多家。四月，朱纨带兵进攻双屿。起初葡萄牙人倚仗堡垒坚守不出，等到夜间“风雨昏黑，海雾迷目”倾巢而出，企图将立足未稳的明军赶下海。明军“奋勇夹击，大胜之”，敌军遭“俘斩、溺死者数百人”，许六、姚大总等头目“皆就擒”。从这些人的姓名看，被杀的双屿岛上敌军不止葡萄牙人，还有大量中国走私海商。攻占双屿后，朱纨本想派兵上岛据守。但士兵都不愿意驻留，朱纨只得毁掉岛上葡萄牙人的营房、战舰，堵塞港口，将其荡平了事。第二年，明军又捣毁葡萄牙人在浯屿的据点，将其驱逐。

朱纨在整饬福建、浙江海防的同时，也更加严格地执行海禁，引起福建、浙江靠走私贸易起家的世家大族普遍不满，普通百姓的日常生活也受到很大影响。沿海大族通过在朝的福建、浙江籍官员上疏弹劾朱纨，称其擅权滥杀。

朱纨也确实在整饬海防、厉行海禁的过程中过于急切、用刑过严，不论葡萄牙人还是中国海商，只要抓到一律斩杀。在闽浙官员的集体压力下，世宗将朱纨免职下狱。朱纨明白天恩已绝，遂喝药自杀。徐光启曾评价朱纨，“清正刚果，专以禁绝为事，击断无避，当时哗然，终被论劾，愤懑以死。至今人士皆以为称冤”，但“冤则冤矣，海上实情实事，果未得其要领。当时处置，果未尽合事宜也”，一语道破朱纨禁海与自杀之间的微妙关系。

朱纨死后，朝廷“罢巡视大臣不设”，很长时间内不再派员到沿海地区督查禁海，“中外摇手不敢言海禁事”。按照《明史》的说法就是“自（朱）纨死，海禁复弛”，福建、浙江等地海禁更加松弛，以王直等人为首的大海商集团趁机崛起，他们公然武装走私，对抗朝廷海禁政策。明朝将这些海商一律斥为因国内战乱来中国沿海抢劫的日本海盗倭寇，称为“嘉靖倭患”。

其实倭寇中只有少部分是日本海盗，大部分都是中国走私海商。东南沿海尤其是福建漳州、泉州沿海一带，有唐宋时期开展海上贸易的历史传统，有眼下土地贫瘠、田不足养只能以海为生的现实困境，更有私人海上贸易一般可获十倍利润的经济诱惑，当地人纷纷冲破朝廷海禁的束缚，铤而走险加入海上走私贸易的队伍中。朝廷眼中的“倭患”由此日益严重。

而“倭患”的实质，正是海禁与反海禁的斗争，是全球化与中国市场需求之间的矛盾。如韩毓海在《五百年来谁著史：1500年以来的中国与世界》中所言：“倭寇问题又不是单纯的国际问题、更不是单纯的日本问题，而是随着中国海外贸易的扩大、国内外贸巨商的崛起，所导致的近世中国内部矛盾不断发展、激化之结果。”当时明军在与所谓“倭寇”的斗争中经常一败涂地，“倭寇”越剿越多。明朝从各地调来东南沿海围剿“倭寇”的客兵毫无战斗力，遇敌就退，抢劫百姓明火执仗，沿海百姓流传“宁遇倭贼，勿遇客兵”“倭来犹可，兵来杀我”的民谣。一些地方官员执行海禁政策时趁机上下其手，鱼肉百姓，更是加重了百姓的苦难，以致文人归有光为百姓发出

“与其守分而死，孰若从寇而生”的哀号。嘉靖年间已经到了不得不调整海禁政策的历史关口。

嘉靖四十五年（1566）年底，在帝位上盘桓近半个世纪的世宗驾崩，穆宗即位，第二年改元隆庆。随着海商反抗海禁的斗争日趋激烈，越来越多的有识之士认识到，“市通则寇转而为商，市禁则商转而为寇”。刑部主事唐枢与抗倭大将胡宗宪论及处置所谓“倭寇”首领王直时曾言，“海禁愈严，贼伙愈盛”，所谓“倭寇”之乱，实乃“海商之为寇也”。后来官至吏部尚书的张翰也认为：“禁之使不得通，安能免其不为寇哉！余以海市一通，则鲸鲵自息。”

在朝野的一再疾呼下，隆庆元年（1567），穆宗应福建巡抚都御使涂泽民所请，宣布在福建漳州月港（今福建省漳州市龙海区海澄镇一带）开放海禁，除禁止与日本通商贸易外，“准贩东西二洋”，史称“隆庆开海”。世宗嘉靖年间倭患不断，穆宗隆庆开海后立马“海宇晏如”，充分说明海禁与倭患之间的关联。

隆庆开海虽然只局限在月港一隅之地，但意义重大，使明朝私人海上贸易从此摆脱了非法地位，取得了合法身份。如果说郑和下西洋时期明朝的对外开放是官方开放，那隆庆开海之后则是全面的民间开放，使明朝海外贸易彻底突破了官方朝贡贸易的樊笼，获得了广阔的自由发展空间。

朝廷之所以选择月港作为开海港口，与其在海上贸易中的特殊地位密切相关。月港位于漳州东南五十里，地处九龙江入海处，南接南溪，东北通海潮，“水萦之如月然”，地形状似弯月，故名月港，又名月泉港。月港地区人多地少，百姓只能在山腰乱石间整理小块土地耕种，生存条件极其恶劣，被迫向海上拓展生存空间，从海上贸易中寻找生计。早在明宪宗成化和明孝宗弘治年间，月港就已经是“风向帆转，宝贿填舟，家家赛神，钟鼓响答，东北巨贾竞鹜争驰”的海贸重镇。嘉靖海禁其间，朝廷先后在月港附近设立安边馆、靖边馆、海防馆，管控百姓的贸易往来，但收效甚微，“漳闽之人”仍然从月港出海，“与番舶夷商贸贩方物，往来络绎于海上”。

月港开海前，朝廷以月港为县治，在月港地区设立海澄县，寄予“海疆澄静”之意。海澄设县，有利于加强对海上贸易的管理，将之前混乱的走私贸易变为有序的民间贸易。海防馆也改为督饷馆，负责对出海商人征税。隆庆开海后，出海贸易的商人需要先向官府申请船引（即出海许可证），写明船主姓名、船只大小、货物种类数量，回国时据此向督饷馆纳税，每张船引纳税六两。

除船引税外，督饷馆还征收水饷、陆饷、加增饷三种税。水饷按船只大小征收，相当于吨位税；陆饷由到海船上接买进口货物的陆上铺商缴纳，按货物价值百分之二征收，相当于商品进口税；加增饷专门针对往吕宋的海船征收。当时西班牙人在美洲掠夺大量白银，除运回欧洲本土外，还大量运送到殖民地吕宋，以方便购买明朝货物，然后将中国货物运到美洲或欧洲，被后世学者称为“大帆船贸易”。明朝船只将货物运送到吕宋与西班牙人交易后，往往无货可买，只能将白银运回。督饷馆据此每船征收白银一百五十两，后因海商抗议税负过重，改为一百二十两。

朝廷通过控制发放船引数量调控贸易规模，船引数量从每年五十张逐步增加到一百一十张。由于申请出海人数太多，官府亦想多收税饷，实际上经常额外发放船引。每年差不多有两百多艘大船在月港进出，航迹遍布东西洋四十多个国家、地区。

隆庆开海后，被压抑两百年之久的私人海上贸易如潮水冲破堤坝一样喷涌而出，获得蓬勃发展，万历年间出现了一批资本规模高达

5500英镑—7500英镑的大海商，而同时期英国东印度公司的最大股东的资本也不过8100英镑。有学者推算，明朝后期进出口贸易总额平均每年高达1647万两白银，年均贸易盈利达942万两白银。

明朝北方草原问题的最终解决，也与隆庆开海后世界贸易格局的转变和白银大量流入深度关联。倚仗隆庆元年（1567）开海后赚取的巨额白银，明朝手中才有足够的经济资本换取北方草原上蒙古政权的臣服，在隆庆五年与蒙古俺答汗部落达成封王、通贡和互市协议，是为“隆庆和议”“俺答封贡”，从而结束了北方国防线上自明朝开国以来两百多年的准战争状态。

而蒙古之所以最终臣服，亦是因为隆庆开海前后，西欧与东亚的海上贸易通道再次畅通，导致蒙古占据亚欧贸易中亚交通线的地理优势丧失，反而在经济上处于被东亚、西欧联合夹击的腹背受敌状态，只能倒向明朝并接受封贡。明朝通过在东南海洋上开海通商，在北方草原上降服蒙古，最终建立起一个横跨陆地与海洋的巨大贸易网络，隐隐然有了成为陆洋中介枢纽的思维。

隆庆开海对明朝以至中国古代社会后期经济社会发展，乃至政治变迁产生的最大影响，莫过于白银通过海上贸易的大量内流。据学者估算，明朝后期仅仅从月港一地流入中国的白银，16世纪70年代年均约28.5万两，80年代年均约88.9万两，到1600年以后年均达到100万两的规模。历史学者万明估计，1570—1644年，美洲白银总共约有12620吨流入中国，占美洲白银产量的一半左右。

除美洲白银外，流入中国的还有日本新发现银矿所产白银。明朝虽然禁止中国海商前往日本贸易，但越禁止利润越高。海商千方百计出海前往日本，在茫茫大海上行踪极难控制。日本对中国商人持欢迎态度，即使是在颁布锁国令后，仍然不限制中国商船贸易。明朝官员对海商去日本也是采取睁一只眼闭一只眼的默认态度，因此隆庆之后中日贸易实际上发展相当快速。

日本对中国商品相当依赖，白银大量流入中国。日本学者笃小火田认为："在十七世纪初，由日本人、中国人、葡萄牙人以及荷兰人的船只，从日本载运出口的白银每年可达150000（公斤）—187500公斤……最终还是流到中国大陆。"有中国学者据此推算认为，仅在明朝进入17世纪的四十余年间，至少有2亿两白银从日本流入中国。据侯镜如的统计，1601—1647年，从日本输出的白银约为7480万两，绝大部分流向明朝。历史学者万明认为，在1540—1644年的一百多年间，如果以平均每年75吨计算，从日本流入中国的白银有7500吨左右。不管哪一数据，日本白银大规模流入中国的事实是无可争议的。明朝倭患的平息，在很大程度上也是因日本发现银矿，可以用白银换取中国商品，没必要再进行武装抢劫。

嘉靖年间明朝财政收入每年只有200万两白银，万历年间也只是400万两左右。而总计各个方向流入中国的白银，据历史学家梁方仲估算，从万历元年（1573）到崇祯十七年（1644）明朝灭亡，七十余年间"合计各国输入中国的银元由于贸易关系的至少远超过一万万元以上"，加上其他渠道流入中国的白银，最保守也在一亿两左右，相当于嘉靖时期每年财政收入的50倍、万历时期的25倍。

正是在海上贸易带来的大规模白银内流基础上，张居正才能于万历九年（1581）在全国范围内推行以白银为征收内容的"一条鞭法"赋税制度改革，推动经济发展，缓和政治危机，扭转国运下跌势头，为明朝再延六十余年国运。

明朝也顺势将白银确立为本位货币，实行货币白银化。白银价值高，币值稳定，便于携带，有利于大宗商品交易。充足的白银供应为明朝国内商品经济的加速发展创造了良好的货币环境，东南沿海城市再次出现两宋时期工商业大发展和民间社会经济高度发达的近代化因素，整个社会加速走向货币经济化，标志着中国社会经济开始整体上由传统农业经济向商品货币经济转变。

当然，由于中国本身银矿贫乏，明朝以白银为本位货币也造成货币发行主导权的丧失，影响经济秩序的稳定。明朝后来的衰亡，与白银内流中止、出现银荒进而导致通货紧缩、经济停滞密不可分。明末中国社会危机的总爆发，与当时世界范围内的白银通货危机有着不可否认的联系。

这一正反两方面的历史事实说明，隆庆开海后，中国市场已经自觉不自觉地进入全球市场之中，转型变革中的中国与正在形成的全球市场互相衔接并彼此促进。是中国主动走向世界，并积极推动、参与了以白银为国际贸易结算方式的世界经济体系的初步建构，为全球市场的最终形成作出了重要历史贡献，而非被动被西方拉入世界体系。从此，中国国运不仅与江河水运深度关联，更与大洋海运同频共振。

更重要的是，隆庆开海后，明朝在发展海上贸易的同时，大量吸收西方近代科学知识和启蒙思想，重新接续因被蒙古入侵打断的宋朝近代化历史进程。利玛窦、庞迪我、汤若望等大批耶稣会士、商人、使者来到中国，将数学、天文学、地理学、物理学、音乐绘画等西方早期近代化科技文化介绍给中国，有力推动了当时中国科学技术的发展。明末思想家将中国传统民本思想与欧洲启蒙思维糅合，几乎与欧洲在同一时期出现启蒙之光。

与西学东渐同时发生的，是中学西传。来华传教士在向中国传入西方科技知识和思想理念的同时，也把博大精深的中华传统文化介绍到西方。中国的哲学、文学、历史等社会科学和造纸、印刷、农艺、医药、建筑等诸工百艺都引起西方人的强烈兴趣。大量中国文献被翻译到西方，对欧洲的上层社会和知识界产生了深远影响。德国哲学家莱布尼茨在《中国近况》一书的序言中写道："我们从前谁也不信在这世界上还有比我们的伦理更完善，立身处世之道更进步的民族存在，现在从东方的中国，竟使我们觉醒了。"

在中学西传与西学东渐互相交融的历史进程中，从实际效果而言，欧洲从中国的受益远远大于中国从西方的获取。西方启蒙思想家以耶稣会士为媒介，在东方发现了一个新的精神和物质世界，促进了西方的近代化进程，为欧洲从中世纪向近代社会过渡的历史变革提供了物质条件和精神资源。

重建汉人江山的明朝，尽管先后有蒙古北元势力和东北女真崛起的北方掣肘，但仍一往无前地走向海洋，在古代中国面向大海的历史征程中走出了一个"开—关—开"的历史正向循环。而将明朝疆域大大拓展的清朝，尽管把草原、大漠与中原、江南再次纳入统一的治理秩序之中，不再有来自草原、大漠的背后顾虑，却在面向大海的历史进程中走了一个"关—开—关"的历史逆向循环。这一开一关之间，带来的不仅是清朝来自海洋的噩梦缠身，更是中华国运的近代沉沦。

清朝的海洋噩梦

清朝前期，经过康熙、雍正、乾隆诸帝前赴后继的努力，塞外草原与江南、中原终于融合为牢不可破的统一体，北方草原上的边患不再具有根本威胁。背靠草原的清朝，本应以更大的动力去开拓更远的大海大洋，却在事实上关闭了海上的大门。但海上的大浪大潮终究不可阻挡地冲击拍打清朝的国门，台湾海岛上的郑成功、西洋东洋的殖民者、南洋诸岛上的华人革命党，先后成为清朝挥之不去的海洋噩梦。

海上的郑氏父子

收复台湾岛作为反清复明基地的郑成功，是清朝立国后面对的第一个海上威胁。清初实行海禁的直接原因，就是郑成功的存在。郑成功的强大海上力量，起源于其父郑芝龙的长期经营。而郑芝龙的崛起，和明朝中后期的隆庆开海密不可分。如陈寅恪在《柳如是别传》中所言："郑氏父子之兴起，非仅由武力，而经济方面，即当时中国与外洋通商贸之关系有以致之。"

隆庆开海准许海商在东西洋开展贸易，但后因倭寇、朝鲜问题与日本关系恶化，遂禁止海商前往日本贸易。而贸易的流动往往是不以朝廷政策的限制为转移的，在巨额利润的诱惑下，大量海商赴日本开展走私贸易。正是在这个过程中，郑芝龙和他所属的郑氏海商集团迅速发展壮大。

郑芝龙是明朝福建泉州府南安人，出生于明神宗万历三十二年(1604)，其母亲来自当地著名的海商黄氏家族，其舅父大海商黄程经常在澳门、日本等地往返，从事海上贸易。明熹宗天启元年（1621），年轻的郑芝龙离开南安，到澳门投靠黄程学做生意。

当时的澳门已经成为中外贸易中转的国际化都市，郑芝龙在这里得到了社会历练，学会了葡萄牙语。郑芝龙通晓语言，聪明能干，到澳门后不久就担任了通事一职，充当葡萄人贸易代理商。郑芝龙还受洗成为基督教徒，教名为尼古拉斯·贾斯帕尔，西方史料称其为“尼古拉·一官”。郑芝龙虽受洗入教，却只是为更方便地与基督教国家开展贸易洽谈和商业往来，没有放弃原有的中国宗教信仰。借助于担任通事，郑芝龙在与欧洲人做生意的过程中，初步了解了西方的商业、军事、科技和宗教文化等观念，造就了国际化的视野。

天启三年（1623）夏五月，郑芝龙受黄程派遣，乘坐大海商李旦的商船，押运白糖、奇楠、麝香、鹿皮等商品到日本贸易，由此在日本扎根，先居住长崎，后搬到日本的对外贸易中心，即长崎附近平户岛的河内浦拓展生意。郑芝龙在平户除开展贸易之外，还跟随日本二刀剑术传人花房权右卫门学习剑术武艺。因热爱刀剑，郑芝龙结识了锻造刀剑起家的泉州籍旅日华侨田川翁翌皇。

郑芝龙在日本站稳脚跟后，开始跟随李旦和另一个大海商颜思齐[1]拓展贸易，并将触手延伸到台湾岛。李旦、颜思齐、郑芝龙三人先后对台湾岛进行了初步开发，经常往来台湾、吕宋、日本、广州等地贩运走私货物。李旦见郑芝龙胆大心细，能干可靠，收其为义子。后在李旦的介绍下，郑芝龙娶翁翌皇与日本女子所生的女儿田川松为妻[2]，婚后生下一子郑森。

---

1. 李旦与颜思齐或是一人，或是两人，说法各异。

2. 另有说法认为田川氏是翁翌皇收养的日本女子。

李旦去世后，郑芝龙以义子的身份继承了他的大部分部众和财产。不久，身为在日华人海商盟主的颜思齐也去世，郑芝龙又凭借与颜思齐的生意合伙关系，继承了他的遗产，并被推举为新的华商盟主。经过对李旦、颜思齐遗产的继承，郑芝龙的势力急剧扩充，既跨国贸易，在琉球、朝鲜、真腊、占城、三佛齐等地贩运“苏杭细软，两京大内宝玩”；又武装走私，专门开辟一条从福建安平港到日本长崎的航线，具有海商与海盗双重色彩。

郑芝龙集团在广东、福建一带海面活动频繁，在各港口多有劫掠行为，但不同于一般海盗，他们“不许掳妇女、屠人民、纵火焚烧、榨艾稻谷”。郑芝龙还趁福建连年大旱，在厦门、金门一带竖旗招兵，饥民归之如流水。郑芝龙聚徒数万，声名大振，且懂得收买民心，购买百姓商品都会付给较高报酬。沿海居民乐为郑芝龙所用，经常充当其耳目，向他报告官府和军队动向。郑芝龙集团力量不断壮大，天启七年（1627）已拥有七百余艘海船，引起朝廷的注意，朝廷开始对其围剿。

天启七年（1627）六月，福建巡抚朱一冯命都司洪先春水军进攻郑芝龙集团占据的厦门，双方激战一日，不分胜负。郑芝龙趁夜间海潮大涨，朝廷水军阵型混乱，反戈一击，将其击溃。朝廷见凭借一己之力无法战胜郑芝龙，就联合荷兰殖民者，以优厚的贸易条件为诱饵，要求荷兰东印度公司军队派兵攻打郑芝龙。荷兰海军与郑芝龙部队在福建东山岛大战，也被打败，快艇奥沃克号被焚毁，士兵被俘虏。郑芝龙以牙还牙，多次主动攻击、劫持荷兰商船。但郑芝龙并没有对朝廷水军穷追猛打，对被俘虏的明军将士也是以礼相待，处处留有余地，主动向朝廷示好，意在请朝廷招安。泉州知府王猷敏锐地捕捉到了这一信息，请示朝廷后，于七月遣人招降郑芝龙。九月，郑芝龙派人表示愿意接受招抚，并立功赎罪。

明思宗崇祯元年（1628）七月，思宗下诏招抚郑芝龙。九月，郑芝龙就抚，出任海防游击一职。当时福建旱情还未解除，饿殍遍地。郑芝龙出面集资，招募饥民数万，每人发给一定数量购买耕牛和粮种的银钱，然后用郑氏集团船舶运送至台湾开垦土地，收获后向郑氏缴纳地租。这是古代中国历史上第一次向台湾大规模移民。由此，福建度过了严重的饥荒危局，台湾汉族人口也大规模增加，土地得到开发。

后来由于郑芝龙转移力量，在福建、广东、浙江扩展势力，不再将台湾作为练兵、积粮基地，逐步从台湾抽离力量，荷兰人才有机会侵吞台湾。但郑芝龙在抽离主力的同时，也将何斌、郭怀一等部将亲信安插到台湾，初步对台湾进行了布局，为郑氏后来收复台湾埋下伏笔。

郑芝龙接受招抚后，为了发展海上贸易，又对荷兰人进行妥协，于崇祯元年（1628）和荷兰东印度公司签订了为期三年的贸易协议。崇祯三年，郑芝龙又与荷兰人签署关于保障郑氏集团船只安全的协议，要求荷兰人不得攻击郑氏海船。

稳定与荷兰人的关系后，郑芝龙开始按照朝廷部署，逐一消灭李芝奇、李魁奇、钟斌、刘香老等海商兼海盗集团，凭借战功逐步升任参将，以至总兵。更重要的是，由于消灭了竞争对手，郑氏集团势力极度膨胀，船队最多时达三千艘大船，往来日本和东南亚，成为中国古代规模最大、实力最强的海商集团，几乎完全控制了福建的政治和军事。其他海商要从事海上贸易，必须取得郑氏集团许可，并按照每船两千金的标准缴纳管理费。郑氏集团每年仅管理费收入就达数千万，富可敌国。如若不经郑氏允许进行走私，将遭到郑芝龙以朝廷名义的铁拳重击，以至被铲除。

郑氏集团一家独大后，与荷兰人的关系再次紧张。崇祯六年（1633）七月，荷兰先骚扰福建、广东沿海，又突然袭击厦门，击毁明朝水军和郑氏集团大量船只。九月，郑芝龙调派广东、福建两省水军进行反击，在金门料罗湾大败荷兰舰队，焚毁其大型战船五艘，缴获一艘，击毙、俘虏大量荷兰军士，是为料罗湾大捷。崇祯十二年，郑芝龙在福建湄洲湾再次击败前来袭扰的荷兰舰队，击毁其战舰多艘。

荷兰人由此不敢再侵扰福建沿海，于崇祯十三年（1640）与郑芝龙签署关于海上航行和对日贸易互惠的协议，其侵占台湾后继续向中国东南沿海扩张的势头被遏制。郑芝龙亦官亦商，以官护商，在海贸中居于绝对优势地位，几乎垄断了整个东亚和东南亚海外贸易，致使荷兰东印度公司经济利益损失惨重。荷兰人还试图动用武力，但最终慑于郑芝龙的强大实力未敢轻举妄动。郑芝龙的军事和商业行动，沉重打击了荷兰殖民者的势力，遏止了其对福建、广东沿海的骚扰，维护了中国海商和沿海百姓的利益。

在郑氏集团如日中天的同时，明朝却是日落西山，在李自成农民起义的打击下灭亡。清军入关后，南明唐王隆武政权依靠郑芝龙的支持在福建暂时立足，先后册封其为平虏侯、平国公，其子郑森被赐国姓朱，改名成功，是为郑成功。郑芝龙初期全力支持隆武政权，为此曾两次派人赴日本请援。

随着隆武政权内部派系斗争日趋激烈，加上有意依赖日渐平定全国的清朝大兴海贸，郑芝龙倾向于与清朝和谈。郑芝龙一生驰骋大海，见风使舵是其常态。在遭到隆武政权拒绝、排挤后，郑芝龙最终决定接受清朝任命其为闽粤总督的条件降清。顺治三年（1646）十一月，郑芝龙北上北京投降，虽先后受封一等精奇尼哈番、同安侯等高爵，却没有得到实权高官，反被软禁成为笼中之鸟。清军随后攻进福建，隆武政权灭亡。

儿子郑成功与父亲决裂，表示“父教子以忠，未闻教子以贰”，举起反清复明大旗，先后占据金门、厦门，遥奉随后建立的南明永历政权，统一因郑芝龙降清而分裂的海上势力，随后以水军为主力，向清朝发起猛烈的水上攻势。而清朝因郑成功的军事反击，在海上实行禁海政策，最终走出了一个“关—开—关”的海贸政策逆向循环，造成古代中国后期国运的历史闭环。

“关—开—关”的逆向闭环

郑成功虽然在政治上与父亲郑芝龙走了一条截然相反的路，但在事业上却是对父亲进行了全盘继承。郑成功“背父报国”坚持抗清的主要军费来源，就是其父留下的海上资产和贸易事业。

郑成功起兵反清后，从家族海外贸易资金中调出大量钱财招兵买马，进占金门、厦门，随后将南澳、铜山、金门、厦门连成一线，又攻取漳州、泉州所属各县，立足闽海，南取粤东，北上浙海，形成对整个东南沿海的控制。清廷见一时难以消灭郑成功，就利用郑芝龙招降郑成功。顺治十年至十一年（1653—1654），清廷与郑成功进行了三次和谈。郑成功将计就计，虚与委蛇，利用和谈进行休整，扩军筹饷。

顺治十三年（1656），清廷见招降不成，开始实施禁海政策，要求“凡沿海各地，处处设防，不许片帆入口”，严禁商民下海交易，犯禁者不论官民一律处死，货物入官，犯人家产全部赏给告发人。犯人所属州县文武官员一律革职，从重治罪。地方保甲如不先行发现并告发，一律处死。清廷试图通过这种残酷手段，切断郑成功军队与内地的联系。

在实行禁海政策的同时，清廷水师大举进攻厦门，在厦门海面与郑成功水军大战。郑军大胜，击沉清军战船三十余艘，缴获十余艘。战后，郑成功开始主动反击，从顺治十四年（1657）起连续发动三次北伐，力图以主动的战略进攻，扭转东南抗清战局，与西南抗清义军孙可望、李定国部会师江南，攻取南京，中兴大明江山。

郑成功顺治十四年（1657）七月的第一次北伐，因后方失守回援而草草收场，但摸清了清朝虚实。顺治十五年的第二次北伐基本解除了清军对金门、厦门根据地的威胁，但因水军战船受台风袭击，损毁严重，只能推迟进攻南京计划。顺治十六年，郑成功率水陆两军十万人马，乘坐三千余艘战船发动第三次北伐，连续攻克长江门户瓜州、镇江，肃清江面。七月初四，郑成功率水军进攻南京，在南京城外连下清军八十三营，率文武官员拜祭明太祖。但在攻城的关键时刻，郑成功过于轻敌，听信城中清军投降诡计，坐等清军投降，错失战机，让清军得以集结兵力反击，陷入被动局面，最终反被清军所败，导致北伐大业功败垂成。

清廷见郑成功屡次北伐，意识到已经无法将其招降，而郑芝龙也因失去利用价值，于顺治十八年（1661）被清廷杀害。同年，清廷升级禁海令，采取暴力手段强制沿海居民内迁，造成大量百姓流离失所，耕地荒废，更遑论海上贸易完全停滞。郑成功也从北伐屡败中认识到，单凭一己之力已经无法扭转抗清战局，需要另寻根据地拓展发展空间，保住反清复明火种，以图久安之计。

顺治十八年（1661）三月初，郑成功在金门祭海誓师，在父亲郑芝龙旧部何斌的帮助下，利用何斌绘制的台湾海峡和荷兰基地赤嵌城堡地图，发兵被荷兰殖民者占据的中国台湾。郑成功亲率第一梯队将士两万四千人、战船四百艘，先期出发，第二梯队战船二十余艘、将士六千余人殿后。经过近一年的艰苦战斗，第二年二月一日，荷兰台湾总督揆一与郑成功正式签署投降条约，率荷军登船离开台湾返回巴达维亚。荷兰对台湾三十八年的殖民统治宣告结束，台湾被重新纳入中国版图。

收复台湾后，郑成功在加大对台湾经营开发力度的同时，开始以更宽的视角、更大的格局思考反清复明和东亚、东南亚国际秩序问题，及时将征讨吕宋（即菲律宾）提上日程。

吕宋距离台湾不到四百千米，从唐朝开始，随着海外贸易的发展，华人开始逐渐迁往吕宋定居，吕宋成为华人主要移民地区。16世纪晚期西班牙殖民者占据吕宋后，多次大规模屠杀华人。消息传到台湾，郑成功愤恨不已，开始考虑夺取吕宋为华人复仇，同时解决台湾战略回旋空间过小，无法支撑反清复明大业问题。据《台湾外记》记载："诸岛番，惟吕宋待我中国人最无礼。先王（指郑成功）在日，每欲征之，以雪我中国人之恨，因开创无暇。"

康熙元年（1662）四月二十五日，郑成功将在厦门的意大利神父李科罗请到台湾，委托他为使节代表自己出访吕宋，向西班牙总督递交外交照会，谴责其屠杀华侨的行为，要求西班牙殖民者到台湾俯首称臣纳贡，否则郑军将大加挞伐。当时郑成功在台湾的兵力至少在三万人以上，对付不到一千人的西班牙殖民军队绰绰有余。故西班牙吕宋总督接到郑成功的照会后大惊失色，连夜召开会议商讨对策。

同时，郑成功广发英雄帖，联络吕宋各地华侨首领，号召华侨断绝同西班牙殖民者的贸易往来，储备粮草弹药，筹划起义。同时调动军队，准备内外夹击，攻取吕宋。《台湾通史》记载为"阴檄华侨起事，将以舟师援之"。

郑成功的战略意图很明显，那就是握有台湾这个战略基地后，先取吕宋，再夺印度尼西亚、爪哇一带，控制台湾海峡和马六甲海峡，然后借助身上的日本血统联合日本，形成了一条以台湾为中心，日本和吕宋、印尼为两翼的封锁清朝锁链。此计如若实现，郑成功也许将改写中国海洋版图，独霸东西洋之利，建立一个强大的海上军事—商业复合政权，与清朝抗衡，最终光复明朝。

可惜郑成功尚未出兵，局势便一变再变，先是吕宋华侨准备起义的消息意外泄露，西班牙殖民者遂对华侨进行了第三次大屠杀，“事泄，西人戒严，集兵马尼拉，毁城裂寨，以防窃踞，而华人已起矣。鏖战数日夜，终不敌，死者数万人，或驾小舟至台湾，多溺死，成功抚之”。接着永历皇帝在缅甸被清军抓获，被押回昆明处死。加上儿子郑经与乳母私通生子，让他颜面羞愧。郑成功受多重打击，一病不起。

康熙元年（1662）六月二十三，年仅三十九岁的郑成功在病床上让左右读《太祖祖训》，回首戎马一生，“自国家飘零以来，枕戈泣血，十有七年，进退无据，罪案日增，今又屏迹遐荒，遽捐人世。忠孝两亏，死不瞑目，天乎，天乎，何使孤臣至于此极也”。说罢，郑成功用双手抓破面目，长叹道“吾有何面目见先帝于地下也”，壮志未酬，含恨而去。

天不假年，将星斗落，英雄谢幕！

郑成功去世后，攻取吕宋的计划并没有完全被放弃。康熙十一年（1672）正月，郑军统领大将颜望忠、杨祥林提议执行郑成功遗愿，攻伐吕宋，“以为外府”。侍卫大臣冯锡范反对，认为吕宋已经宾服纳贡，“修好往来”，如果前去讨伐，会有“三失”，即“师出无名，远人携贰，一也；残扰地方，得之无用，二也；戍兵策应，鞭长莫及，三也”，且台湾年年丰收，百姓安居乐业，不可轻易动兵。“议遂止”，夺取吕宋计划再次被搁置。

随着时间的推移，清朝统治逐渐稳固，大一统秩序逐步重建。困守一隅之地孤岛台湾的郑氏，根本无法与占据全国的清廷对抗。康熙二十二年（1683），原为郑军大将、后投降清朝成为福建水师提督的施琅，率领水师在澎湖海域大败郑军，台湾本岛危在旦夕。

据《台湾外志》，郑军将领、建威中镇黄良骥认为“今日澎湖失守，台湾势危，不如将大小战船暨洋船，配载眷口士兵，从此山边直下”，攻取吕宋建立新的反清复明根据地。提督中镇洪邦柱慷慨表示，愿与黄良骥共为先锋，攻打吕宋。主政台湾的郑经之子郑克塽犹豫未决，冯锡范有所心动，认为“全师取吕宋亦易事耳，但不知人民土地如何”，中书舍人郑得潇也是赞同此策，并拿出吕宋地图。但当时台湾已经军心涣散，普通士兵并不想逃离家乡远赴吕宋，倘若一意孤行，士兵在海上随时有哗变可能。大将刘国轩无奈之下，只能反对此议，建议投降清朝。攻打吕宋之事，最终放弃。康熙二十二年（1683）七月十三，施琅登陆台湾。七月十五，郑克塽投降。

统一台湾后，清廷宣布解除海禁，允许开海贸易，“谓于闽粤边海民生有益，若此二省民用充阜，财货流通，各省俱有裨益，且出海贸易非贫民所能，富商大贾，懋迁有无，薄征其税，不致累民，可充闽粤兵饷，以免腹里省分转输协济之劳。腹里省分钱粮有余，小民又获安养，故令开海贸易”。康熙二十四年（1685），清廷指定澳门（后改广州）、漳州（后改厦门）、宁波、云台山四处为通商口岸。

但好景不长，仅仅过了三十余年，清廷畏惧汉人借口赴海外贸易与南洋华人联合反清，逐渐限制海商前往南洋贸易，最终于康熙五十六年（1717）颁布南洋禁海令，“凡商船照旧东洋贸易外，其南洋吕宋、噶罗巴等处，不许商船前往贸易，于南澳等地方截住。令广东、福建沿海一带水师各营巡查，违禁者严拏治罪”。在南洋贸易逐渐收紧的过程中，主要负责南洋方向贸易的厦门、宁波、云台山港口逐渐衰落，贸易日益集中在广州一口岸，广州港与西洋欧洲和美洲的贸易日益扩大。

康熙二十八年（1689），英国“防御号”商船来到广州，开始贸易。康熙五十四年，英国在广州设立商馆，贸易额逐步超过其他欧洲国家对华贸易总额。康熙三十七年，法国“安菲得里蒂”号商船第一次来到中国。雍正六年（1728），法国在广州设立商馆，但贸易进展不大。乾隆四十九年（1784），美国“中国皇后号”商船从纽约出发，绕道好望角来到广州，对华贸易发展很快，逐步占据各国对华贸易额的第二位。

随着对外贸易的扩大，清廷又疑心国人与外商勾结反清，逐步收紧贸易政策。康熙时期，虽然外国商船多在广州贸易，但也有在宁波、厦门等地交易。乾隆二十二年（1757），为避免外商进入当年反抗清朝最激烈的江南腹地，与江南人士呼应，动摇清朝统治，清廷下令关闭宁波、厦门、云台山口岸，只保留广州一处[1]。清朝限制进出口贸易种类，禁止出口的货物清单也越来越长，同时加强对外商的防范，防止外商直接和中国人接触。即使是广州贸易，也逐步交由广州十三行代理，一切外国进口货物由其承销，出口货物由其代购，并代为缴纳关税、办理交涉，广州十三行实际上兼具商务与外交双重职责。

清朝海洋政策从收复台湾之前的“关”，到收复台湾之后四口通

---

1. 但也有学者认为乾隆从未下令关闭三口岸，见王宏斌：《乾隆皇帝从未下令关闭江、浙、闽三海关》，《史学月刊》2011年第6期。

商时期的“开”，再到广州一口通商时期的“关”，走了一个“关—开—关”的闭环。尽管清廷海洋政策摇摆不定，海禁时期有废弛，开放时期有严管，不能一概简单斥之为“闭关锁国”；且民间私人贸易一直在狭缝中努力扩大海贸规模，甚至涌现出伍秉鉴家族等在西方进行铁路、金融投资的跨国财团。但在清廷的严禁下，官方对海外诸国交往大门愈关愈严，却是不争的事实。已经完成工业革命的英国等国外交使团为扩大通常规模，相继派喀塞卡特、马嘎尔尼、阿美士德等外交使团来华，均不欢而散、无果而终。

外交交涉和恫吓毫无进展，英国图穷匕见，开始骚扰中国沿海，并大肆向中国倾销鸦片，致使中国白银外流、财政空虚。林则徐毅然虎门销烟，英国悍然发动鸦片战争。英军人数虽然只有七千左右，且劳师远征，但在海上灵活机动，以小击大。清军则在漫长海岸线上处处设防，在局部战场形成“彼众我寡、彼聚我散、彼逸我劳”的劣势。最终，英国兵临南京城下，封锁长江，截断清朝赖以生存的、连通江南税收财政基地的大运河漕运命脉。清朝被迫议和，签署《南京条约》，割地赔款，开埠通商，允许英商在华自由贸易。

鸦片战争后，英国打开中国大门，其他殖民者蜂拥而至，中国被迫融入世界体系。自古以来，中国国防重心一直在北方，鸦片战争则给了清朝最深刻的教训，让其认识到外敌能从南边和东边严重威胁中国的疆域，甚至能从海上征服。清廷开始振作，编练海军，力图中兴。无奈虽有洋务运动、变法图强之举，但从第一次、第二次鸦片战争到中法战争、中日甲午战争，一败再败，最终经八国联军侵华战争全面沉沦。

失去海洋，也必然失去陆地。在海防全面告急的同时，西北、东北边疆烽火遍地，狼烟四起，清朝丢失大片领土。在以海洋为代表的水运上陷入被动后，清朝国运也是日薄西山。从太平天国到义和团，国内反抗运动不断。而清廷日防夜防的南洋华人与国内反抗势力联合的噩梦，最终在天亮后的梦醒时分变成现实，成为终结其国运的封喉一剑。

南洋的华人革命党

明朝隆庆开海后，国人在出海贸易的同时，也开始大规模移居海外，离国内大陆较近的南洋是其选择移居的首要目的地。鸦片战争后，西方商品的倾销和资本的入侵，引起南方尤其是广东、浙江、福建等的农民、手工业者纷纷破产，被迫出洋谋生。经过几百年的扎根奋斗，逐渐形成一个庞大的环中国海贸易网络。

第二次鸦片战争后，清廷与英、法、美等国相继签订条约，允许各国在中国任意招募劳工，华人出洋，各地官府不得阻挠。西方殖民者遂大肆招募掠卖华工，到南洋、美洲、非洲等地开发建设。到辛亥革命前，世界各地华侨已有500万—700万人，甚至有的统计口径达900万人左右，大部分分布在南洋一带。据不完全统计，其中马来半岛有91万左右，荷属东印度群岛有56万左右，越南有23万左右，暹罗有270万左右，美国有7万多，澳洲有3万多，日本有8000多。

华侨在侨居地生产、劳动、经营商业，为当地经济、文化的发展作出了很大贡献，同时也将大量收入汇回国内。据不完全统计，1903年华侨寄回中国的汇款有1.1亿元，1906年增长到1.5亿元，成为抵补清政府入超的第二项国际收入，仅1903年华侨汇款就占中国国际收入总额的17.8%。国内近代化企业的兴办和铁路建设，也有华人的资本、劳动参与。

但华人不仅在侨居地受到歧视，在法律上遭受不平等待遇，不断遭到排华势力袭击，而且受到清廷的百般迫害。清廷在保护海外华侨利益方面作为不大，对华侨的盘剥却不遗余力。据曾出使英、法、美、比等国的大臣薛福成言，“挟赀回国之人，有指为逋盗者，有斥为通蕃者，有谓为偷运军火接济海盗者，有谓其贩卖猪仔勾结洋匪者……有伪造积年契券藉索捕欠者”。薛福成对华侨的遭遇不无同情地叹息道：“海外羁氓，孤行孓立，一遭诬陷，控诉无门。”清廷亦承认“华商回籍后，地方胥吏遇事刁难，里族莠民藉端苛索，或诈取重贿，或勒令捐资”，华商若“不得已据情控诉，官不为理”，甚至有“挟赀归来，不数月而荡家破产者”。

随着清末民族意识的觉醒，以推翻清廷为主要目标的救亡图存运动日渐展开。由于清廷的严密统治，革命难以在国内公开开展，革命先行者只能将目光投向民族主义情绪日渐高涨的海外尤其是南洋华侨，力图从外向内，即从南洋向沿海再向内陆，一步步勒紧清廷的咽喉。

对于华侨在推翻清廷的辛亥革命中的作用，孙中山曾言“华侨是革命之母”，并在1916年致海外革命同志书中说，“此次推翻帝制，各埠华侨既捐巨资以为军费，而回国效命决死，以为党军模范者复踵相接”，另有人甚至得出“无华侨即无革命”的结论。

孙中山通过在华侨中建立革命组织，培养革命骨干。1894年11月24日，孙中山在夏威夷檀香山创办第一个革命团体——兴中会，20多个进步华侨参加。兴中会后来发展到500余人，在有名可查的286人中，华侨就有176人，占60%以上，其中侨居夏威夷者有137人，另外原籍广东的华侨有271人。到1905年，兴中会会员中华侨人数更是上升到70%以上。为吸引更多华侨参加革命，孙中山还加入集聚了80%左右华侨力量的秘密会党组织“洪门”，为其修订章程，将其改为“致公堂”，引领洪门华侨走上革命道路。

1905年中国同盟会成立后，曾计划在南洋、美国、欧洲、檀香山建立四个海外华侨支部，后来相继成立欧洲、西贡、新加坡、河内、仰光、曼谷、美国、加拿大、菲律宾等分会。仅新加坡、马来西亚地区的同盟会会员就达三四万人，其负责人陈楚楠、林义顺等还受孙中山委派，到吉隆坡、荷属东印度、仰光、马来西亚各地建立分会，发展组织，形成“凡华侨所到之地，几莫不有同盟会员之足迹”的态势。一些同盟会华侨会员，还回到国内发展组织。而在国内受到通缉、退居南洋的革命党人，也受到华侨的支持掩护。有英国人曾言：“1905年到1909年，新加坡成为中国政治人物的避难地。”

华侨在参加革命团体的同时，还广泛创办革命报刊，抨击清廷统治，批驳康有为等保皇党的主张，宣传民族主义，唤醒更多华人的革命意识，增强华侨团结和凝聚力，动员华侨为革命捐资捐款。孙中山曾言“慷慨助饷，多为华侨；热心宣传，多为学界；冲锋破敌，则在新军与会党”，而宣传工作和兵运工作，在很大程度上都需要华侨提供的经费推动。

兴中会和同盟会历次发动的起义，都由华侨捐资助饷。旅居檀香山的孙中山胞兄孙眉在兴中会成立后，听闻孙中山准备发动起义，将所养一半牲畜贱卖，筹得2000美元捐助起义，先后资助革命经费达70万美元，以致破产。据黄兴《海外报告书》，1911年广州起义，不包括安南、暹罗等地的华侨捐款就有15万多元，加拿大华侨将致公堂会所变卖得7万多元，全部捐助起义。仅在1911年，南洋华侨的革命捐款就达五六百万。另一种统计口径是，整个辛亥革命期间，海外华侨大约捐款总计七八百万港币。另有学者认为，孙中山为革命所募集的资金中，来自华侨的占93%，其中85%直接由南洋华侨贡献。

越南华侨黄景南以贩卖豆芽为生，在镇南关起义时，将半生积蓄全部捐给革命，后来将每日贩卖豆芽所得持续捐助军饷。华侨李卓峰在这次起义中亦捐款数万元，起义失败后革命军无饷可用，他又向银行贷款两万接济。在越南挑水为生的工人关唐，每担水只赚一文，却将三千积蓄悉数捐献。有些工人不管有无积蓄，经常捐出一到两个月薪水，捐出之后再考虑个人生活如何为继。新加坡华侨萧竹漪将其田产全部变卖得数千元，充作军饷。在新加坡开橡胶店的华侨林受之，有门店数十家，是当地巨富，每次捐资都是数千上万，后来将妻子私房积蓄也捐出，以致儿女教育无着，只能让其在南洋各地打工自食其力。

孙中山亦曾言，“披坚执锐血战千里者，内地同志之责也；合力筹款以济革命者，海外同志之任也”。而披坚执锐血战千里者，不止内地同志，更有华侨同志。从兴中会到同盟会，其领导的历次沿海和边境省份起义，都有华侨参加。1895年广州起义，檀香山华侨邓荫南、宋居仁、侯艾泉等人参加策划。1900年惠州七女湖起义，由同盟会委派华侨邓子瑜等人从新加坡回国策划，起义时，邓子瑜在前方指挥，邓荫南在后方进行接济。潮州黄冈起义，由华侨黄乃裳进行宣传鼓动，华侨徐雪秋参加领导发动。镇南关起义，有越南华侨在河内参加策划，钦廉等二百多名华侨回国参加。

1911年的广州起义，仅新加坡、槟榔屿等地就有500多名华侨回国参加。黄花岗86名[1]烈士中，华侨有29人[2]，占三分之一以上。马

1. 当时人们收殓烈士遗骸72具，合葬在黄花岗，故名“黄花岗七十二烈士”，后又陆续发现14名烈士遗骸，故总数为86人。

2. 另有一两人可能是华侨，故有说法是30人或31人。

来西亚华侨李炳辉参加起义时正值21岁生日，写信给母亲并赋诗一首："回头二十年前事，此日呱呱坠地时。惭愧劬劳恩未报，只缘报国误乌私。"马来西亚华侨余东雄在起义前写下诀别书，慷慨表示"一往向前，誓无反顾……前仆后继，方显吾党中大有人在，视死如归……但求马革裹尸以为荣耳"。日本留学生方声洞给父亲写下绝笔书："是以满政府一日不去，中国一日不免于危亡……与海内外诸同志共谋起义，以扑满政府，以救祖国，祖国之存亡在此一举，事败则中国不免于亡，四万万人皆死，不特儿一人；如事成，则四万万人皆生，儿虽死亦乐也。"

新加坡华侨杜玉兴随同黄兴进攻两广总督衙门，击毙总督卫队金邦振等十余人，后身中数弹殉难。新加坡华侨李文楷起义前表示"吾致志祖国之时机至矣"，在战斗中"偕众人奋勇前进，与清军巷战"，毙敌数十人，虽"身中数弹，犹奋力直前，血流如注，遍体赤红，卒以伤重仆地而死"。缅甸华侨李雁南被俘后慷慨陈词，"可恨我现在身中两枪，不能复战；虽然，从今而后，不数年，中国必亡国，百年必亡种，虽生何益"，遂从容就义，张口饮弹而死。越南华侨罗联担任起义先锋，转战被俘后对弟弟言，"吾必舍生取义，望诸弟能继吾志"，就义时高呼"中国非革命无以救亡，望后起者努力向前"。

如孙中山在《黄花岗七十二烈士事略》序中所言，"是役也，碧血横飞，浩气四塞，草木为之含悲，风云因而变色，全国久蛰之人心，乃大兴奋。怨愤所积，如怒涛排壑，不可遏抑，不半载而武昌之大革命以成！则斯役之价值，直可惊天地、泣鬼神，与武昌革命之役并寿"。在来自海外的爱国华侨积极参与的广州起义激励下，半年后武昌起义爆发，最终将清廷送上不归路。

福建郑氏海商家族的崛起，西方殖民者的东来，国人大量迁居海外成为华侨，都与明朝隆庆开海后中国政局与世界局势的彼此影响、相互塑造密切相关。从某种意义上说，这仿佛是奉行开海政策的大明，在冥冥之中为锁死执行禁海国策的清朝之国运，而布下的一个死局。

从明朝后期开始的中国近代化，历经清朝前中期的曲折后，在清朝晚期再次被动启动。经过晚清时期的挨打阵痛和20世纪上半期的长期摸索，古老的中国终于在大陆与大洋之间找到准确定位，开始不可阻遏的民族复兴征程！

结　语　成为陆洋枢纽

南明福王隆武二年（1646）三月，隆武帝为挽大明狂澜于既倒，在延平（今福建省南平市延平区一带）询问郑成功解危之策。

年仅二十三岁的郑成功从容言道："据险控扼，拣将进取，航船合攻，通洋裕国。"派兵占据险要关隘，堵住清军南下之路；稳住形势后，调兵遣将实施水陆两栖联合攻势，利用南明水军强大的优势，快速运输士兵登陆作战；战场环境于我有利则登岸围城，于我不利则扬帆入海而去；使用水陆两栖部队攻清军不备，出清廷不意，使清军在数千里的海防线上疲于奔命，顾此失彼，防不胜防；大兴海上贸易，用贸易利润富国强兵，用强大海军保护海上利益，形成军事与商业互相促进的良性循环，最终收复失地、开疆拓土。

郑成功的战略

郑成功短短的十六字，彰显了陆海结合、以海制陆的宏大战略构想，隆武帝当即赞叹他是"骍角也"。"骍角"一词来源于成语"犁牛骍角"，出自《论语》，意即杂色牛生出的毛色纯赤、牛角周正的小牛，比喻劣父生出贤明儿子。当时隆武帝对桀骜不驯的郑成功之父郑芝龙专权颇为不满，力图摆脱其挟制，故对郑成功有此评价。隆武帝还封郑成功为忠孝伯，挂招讨大将军印，赐尚方宝剑，可以便宜行事。

由于郑芝龙执意降清，下令所部让出福建大小险关要隘，致使郑成功“据险控扼，拣将进取，航船合攻，通洋裕国”战略中的先决条件即“据险控扼”丧失，直接导致隆武政权覆亡。但郑成功的十六字方针，不仅是为了应对南明隆武政权当时的战术困局，更是着眼于一旦退出大陆、转身向海的海权战略。“据险控扼”不只是控制陆上的险关要隘，还有海上的关键岛屿、主要海峡和沿海重要据点。

郑成功占据金门、厦门，收复台湾后，完全控制台湾海峡制海权，随后又试图攻取菲律宾和爪哇，控制马六甲海峡，掌控东西洋航运生命线。在经济上畅通海路，发展海贸“通洋裕国”，构建以其为主导的整个东亚、东南亚一体化贸易体系；在军事上以海制陆，打造以台湾为中心，日本、菲律宾为两翼的锁链封锁清朝，力图光复明朝。

郑成功与其父郑芝龙为代表的郑氏海商集团，与大陆上的明朝、清朝和大洋上的东西洋荷兰人、葡萄牙人、日本人都有着错综复杂的关系，显示出他们已经自觉或不自觉地产生了成为大陆与大洋之间中介枢纽的思想萌芽，成为古代中国在大航海时代摸索崭新定位这一历史运动的载体。尤其是郑成功，对海洋的认识已经超越了其父郑芝龙“无海则无家”，单纯以海为生的海贸观念，将之上升到实质性的海权理念。

郑芝龙执意降清时，郑成功百般劝诫，指出只要“大开海道，兴贩各港，以足其饷；选将练兵，号召天下，进取不难矣”，即用海上贸易利润充作军费编练军队，进而收复失地、再造大明。郑芝龙投降后，多次写信以父子之情劝郑成功归附清廷。郑成功严词拒绝，并在回信中再次亮明海权战略，认为“沿海地方，我所固有者也；东西洋饷，我所自生自殖者也；进战退守，绰绰余裕，其肯以坐享者反而受制于人乎”，劝父亲弃暗投明，勿要受制于他人。

郑成功一语成谶，郑芝龙最终受制于人，被清廷杀害。郑成功收复台湾，站稳脚跟后，随即开始实施“通洋裕国”战略。在郑芝龙留下的商业体系和贸易网络基础上，郑成功分别在山路和海路设立五大商行，商行领袖从郑氏集团领取资本进行贸易。山路五商在陆上从事进出口货物买卖，分为金、木、水、火、土五商；海路五商在海上从事进出口货物买卖，分为仁、义、礼、智、信五商。山、海两路商行不仅开展贸易，还暗中进行军事活动，搜集清廷情报，实际上是集商业、军事为一体的秘密结社，是郑成功抗衡清朝的组织依托。

海外贸易方面，郑成功在东西洋有直线贸易和三角贸易两条线路。直线贸易包括中国—日本，中国—东南亚；三角贸易包括中国—东南亚—日本—中国，中国—日本—东南亚—中国。依靠父亲留下的贸易网络和母亲的日籍身份，以及自己身上的部分日本血统，郑成功几乎垄断了对日贸易。郑成功在日本设有专门机构管理对日贸易船舶，其所经营的“官商”占中日贸易额的80%以上。郑成功还通过颁发“牌饷”，即按船只大小收取定额饷银的方式，控制了另外20%的散商。当时在长崎的商船必须向郑氏缴纳饷银，取得船牌方能通行。如果没有船牌，则无法进行交易。由此，郑成功以其“军事—商业”复合政权，完全掌控了东西两洋的军事制海权和贸易主导权。

据学者统计，1650—1662年，郑氏集团对日本东洋的贸易商船共有649艘，平均每年50艘，东南亚西洋贸易商船每年16—20艘。东西洋贸易总额每年约有392万—456万两白银，年均424万两，利润则在243万—269万两之间。

正是依靠海上贸易巨额利润的支撑，郑氏集团能在短期内与清廷周旋二十余年，势力最大时有士兵二十七万，战船、商船三千余艘。

清廷虽然迁界禁海，屡屡查获、没收郑氏集团在内地的商行，但“仍未足致其死命”，其根源就在于“盖在海外转辗贸易，仍甚裕如，且因通商之故而得台湾，适以延其世祚”。清人郁永河也认为：“成功以海外弹丸之地，养兵十余万，甲胄戈矢罔不坚利，战舰以数千计，又交通内地，遍买人心，而财用不匮者，以有通洋之利也。”

共和国的成功

在郑成功海权战略的设计中，大陆与大洋是统一的。但在具体的实施过程中，由于郑氏与清廷分属不同政权，导致二者在事实上是敌对的。清廷大陆力量由于郑成功的海上威胁，选择禁海迁界。郑成功由于反清复明的政治取向，选择袭扰大陆。大陆与大洋未能融合为一体，共同应对西方殖民者东来的挑战，延续明朝参加构建世界整体经济秩序的努力，不但造成郑氏与清廷的双重覆灭，更让中国丧失了在明末清初转型成为陆洋枢纽的历史机遇。

郑氏虽与清廷周旋二十余年，但在清廷迁界禁海，关闭大陆市场后，失去了贸易货物的主要来源和消费市场，获取大陆生产商品的成本代价直线上升，海上贸易长期难以为继。郑氏海商集团家族式经营的方式，导致其无法建立远距离信用机制，只能依靠同乡关系、宗族血缘和妈祖信仰，发展局限于东亚、东南亚的短距离海上贸易，无法像葡萄牙、西班牙、荷兰甚至英国那样，将信用关系突破熟人社会扩展到陌生人社会，进而将贸易触角伸向全世界，发展出世界性的海洋政权。而东亚、东南亚洋面的海岛政权，本质上是受大陆政治军事力量制约和市场体系掌控的，这就从底层逻辑上决定了郑氏“军事—商业”复合体的必然失败。

受到大陆、大洋隔离分离局面伤害的不止郑氏，还有清廷。清廷虽在统一台湾后开放海禁，但不久就因惧怕大陆汉人与海外华人联合推翻自己，而再次选择实质性的海禁，关闭海上大门，转身专注于经略大陆。虽然清朝对内蒙、新疆、西藏的整合达到了古代中国的完备状态，但因失去海洋，最终落后于工业革命后全球整体化趋势借助海洋加速推进的历史进程，被以英国为代表的整体性海洋体系压制。

鸦片战争的失败，让清廷有识之士开始睁眼看世界，在被动加入世界经济格局的同时，主动向海洋国家学习，试图通过加入海洋体系寻得一线生机。

无论是晚清的洋务运动，还是民国所谓“黄金十年”的国民经济建设运动，本质上均是努力加入海洋体系历史逻辑的实践，它们都是力图首先发展沿海城市地区，通过进入海洋加入西方主导的世界秩序。但由于中国地理空间、政治版图、人口数量的超大规模性，在内陆腹地没有完成整合的情况下，沿海城市地区单独加入世界秩序的行为，一定会不可避免地造成内陆与沿海、城市与乡村在经济上的撕裂，进而导致政治上的分离、文化上的割裂。洋务运动时期西北的边疆危机，“黄金十年”期间内地事实上的军阀割据、内战不断，和城市畸形繁荣、乡村总体崩溃的城市、农村二元撕裂危机，本质上都是沿海抛离内陆、城市卸载乡村，试图单独通过进入海洋加入世界秩序的产物。

中国在世界上的自然地理方位，正处于大陆与海洋之间的中介枢纽位置，向东向南是海洋，向西向北是内陆。清朝前中期是拒绝海洋，专注内陆，造成落后于时代，被动挨打；晚清、民国则是抛离内陆，专注海洋，造成内部分裂，内战连年。实践证明，二者均不得其门而入，只有将海洋与陆地连为一体才是正途。

而陆洋一体的关键，是首先完成大陆内部的政治整合，然后将整体的大陆力量投射向海洋，整体性地加入以海洋为中介的世界秩序。1949年之后的共和国发展路径，正是按照这个历史逻辑展开。而1840年以来中国革命的意义，就在于找到了中国在世界格局中陆洋枢纽的准确定位。

1949年中华人民共和国成立后，中国依靠数千年大江大河治理历史经验造就的社会动员能力，在重塑基层的基础上迅速完成了大陆内部政治整合，随后以独立自主的方式基本上建立了比较完整的工业体系和国民经济体系，实现了大陆政治与经济的双重整合，得以在世界政治格局中拥有举足轻重的应有席位。

随后，中国以南海边的渔村深圳为起点，开启了气势磅礴的改革开放进程，将统一起来的超大规模生产力通过海洋整体性地投射到世界市场，向世界释放超大规模优势，成就了世所罕见的经济奇迹，推动世界贸易结构的深度变迁，逐渐在世界经济体系中占据应有的经济地位。

最终，中国在彻底整合内陆的基础上全面拥抱海洋，完成了大陆与大洋的双重身份认定，确认了自己连接大陆大洋、构建人类命运共同体的陆洋枢纽地位。

星辰大海的远征

水运的本质是尊崇水流自然规律，顺应水势变化；国运的本质是尊重治国社会规律，顺应时势变化。国运由无数如涓涓滴水的人民共同创造，最终汇聚成历史大潮。故荀子言，“君者，舟也；庶人者，水也”，唐太宗李世民和魏徵在贞观论政时，更是体悟到“水能载舟，亦能覆舟”。人民这条大河，既能让王朝长风破浪，直挂云帆，从胜利走向新的胜利彼岸；也能化身惊涛骇浪，将其拍死在沙滩上。这一历史规律被历史周期性反复印证，顺之，国运昌盛；逆之，人亡政息。这种珍贵的行政理性，理应照亮从昨天到今天再到未来的历史隧道。

无论是“水运”的水流自然规律，还是“国运”的治国社会规律，两者的共同底层逻辑都是“规律”。中国国运从治理洪水构建民族共同体，到大兴水利打造国家大一统，从运河漕运连接南北，到面向大海成为陆洋枢纽的历史进程，正是以水运规律为依托，尊重国运规律的逻辑运行。依靠对水运规律的顺应，对国运规律的尊重，五千年华夏古国一次又一次地别开生面，一代又一代地薪火相传，一轮又一轮地涅槃重生。

一百多年前的1904年1月25日，英国地理学家、地缘政治学家哈尔福德·麦金德在英国皇家地理学会进行“历史的地理枢纽”演讲时，曾明确指出亚欧大陆心脏地带对整个世界历史的重大影响。他认为：“俄国对这片内陆地区的控制为某个新的力量取代，并不会降低这个枢纽位置的地理意义。例如，若是中国被日本组织起来去推翻俄罗斯帝国并征服它的领土，就因为它们把巨大的大陆资源与面向海洋结合在了一起（这是占据了枢纽地区的俄国至今尚未攫取的有利条件），就有可能构成威胁世界自由的‘黄祸’。”

哈尔福德·麦金德在1904年对中国、日本、俄国局势的推演在今天看来显然不足为训，有关所谓“黄祸”的言论更是无稽之谈。但他对“大陆资源与面向海洋结合”所可能爆发出的改变世界地缘政治格局的巨大能量的关注，则提示我们必须高度重视自身位于大陆大洋中介位置的地理优势，向大陆更远处进发，向大洋更深处探索，并在将大陆大洋连为一体的历史进程中更加主动作为，通过大陆“丝绸之路经济带”和大洋“21世纪海上丝绸之路”的双轮驱动，更加有效发挥陆洋枢纽作用。

中国古代有琴曲《流水》，“志在乎流水，言智者乐水之意”。1977年，这首在中华文明历史长河中流淌了两千多年的琴曲，先后搭载旅行者二号、一号[1]探测器飞向太空。我们这个星球的探索者，借助对流水的诗意表达，依靠对水运、国运相互关系的历史理解，奔向浩渺星空，再一次开始星辰大海的远征，寻找天外宇宙中可能临水而居的生命。

不论这次远征最终通向何方，终得何果，这种找寻本身就表明，对水与生命起源、水运与国运关系的认同，已经深刻灌注进人类关于宇宙未知文明的仰望、想象之中。正是在这种仰望和想象中，中华文明水运与国运互相塑造的历史经验，借助人类整体文明向地外空间扩展的征程，得到了宇宙意义的升华。

1. 分别于1977年8月20日、9月5日发射。

主要参考文献

古籍类

〔清〕郝懿行：《山海经笺疏》，栾保群点校，中华书局2019年版。
〔晋〕常璩：《华阳国志校注》，刘琳校注，巴蜀书社1984年版。
〔清〕孙星衍：《尚书今古文注疏》，陈抗、盛冬铃点校，中华书局1986年版。
唐文书：《六韬·三略译注》，上海古籍出版社2006年版。
〔魏〕王弼注：《老子道德经注校释》，中华书局2008年版。
杨伯峻译注：《论语译注》，中华书局2006年版。
〔汉〕许慎：《说文解字注》，〔清〕段玉裁注，上海古籍出版社1981年版。
徐元诰：《国语集解》，王树民、沈长云点校，中华书局2002年版。
金开诚、董洪利等：《屈原集校注》，中华书局1996年版。
〔清〕王先慎：《韩非子集解》，钟哲校，中华书局2016年版。
〔汉〕赵晔：《吴越春秋辑校汇考》，周生春辑校汇考，中华书局2019年版。
杨伯峻编著：《春秋左传注》，中华书局2009年版。
许维遹：《吕氏春秋集释》，中华书局2009年版。
〔汉〕司马迁：《史记》，中华书局1959年版。
〔汉〕班固：《汉书》，中华书局1962年版。
〔汉〕扬雄：《扬雄集校注》，张震泽校注，上海古籍出版社1993年版。
〔晋〕郭璞注：《尔雅》，王世伟校点，上海古籍出版社2015年版。
〔汉〕刘向编著：《新序校释》，石光瑛校释，陈新整理，中华书局2001年版。
〔南朝宋〕范晔：《后汉书》，中华书局2000年版。
〔汉〕应劭：《风俗通义校注》，王利器校注，中华书局2010年版。
〔西晋〕陈寿：《三国志》，中华书局1959年版。
〔晋〕习凿齿：《汉晋春秋通释》，〔清〕汤球、黄奭辑佚，柯美成汇校通释，人民出版社2015年版。
〔北魏〕郦道元：《水经注校证》，陈桥驿校证，中华书局2007年版。
〔晋〕张华：《博物志校证》，中华书局2014年版。
〔唐〕姚思廉：《梁书》，中华书局1973年版。
〔唐〕姚思廉：《陈书》，中华书局1972年版。
〔唐〕魏征：《隋书》，中华书局1997年版。
〔五代〕刘昫：《旧唐书》，中华书局1975年版。
〔宋〕欧阳修：《新唐书》，中华书局1975年版。
〔唐〕李泰等：《括地志辑校》，贺次君辑校，中华书局1980年版。
〔唐〕杜佑：《通典》，中华书局1984年版。
〔唐〕李筌：《太白阴经：汉英对照》，刘先廷校释，军事科学出版社2007年版。
〔元〕脱脱等：《宋史》，中华书局1985年版。
〔清〕徐松辑：《宋会要辑稿》，中华书局1957年版。
王瑞来：《宋季三朝政要笺证》，中华书局2010年版。
〔宋〕杨仲良：《皇宋通鉴长编纪事本末》，李之亮校点，黑龙江人民出版社2006年版。
〔宋〕赵彦卫：《云麓漫钞》，傅根清点校，中华书局1996年版。
〔宋〕周密：《齐东野语》，中华书局1983年版。
〔宋〕洪迈：《夷坚志》，中华书局1981年版。
〔宋〕徐兢：《宣和奉使高丽图经》，国家图书馆出版社2009年版。
〔明〕田汝成：《西湖游览志余》，浙江人民出版社1980年版。
〔元〕刘一清：《钱塘遗事校笺考原》，中华书局2016年版。
〔宋〕文天祥：《文天祥全集》，熊飞等校点，江西人民出版社1987年版。
〔明〕宋濂《元史》，中华书局1976年版。
〔元〕吴澄：《吴澄集》，方旭东、光洁校注，中国社会科学出版社2021年版。
陈高华等点校：《元典章》，天津古籍出版社2011年版。
上海书店出版社编：《明实录》，上海书店出版社2015年版。
〔明〕谢肇淛：《五杂俎》，中华书局1959年版。
〔宋〕吕祖谦：《吕祖谦全集》，浙江古籍出版社2008年版。

〔宋〕赵汝适：《诸蕃志校释》，杨博文校释，中华书局1996年版。
〔清〕顾祖禹：《读史方舆纪要》，中华书局2019年版。
〔清〕顾炎武：《天下郡国利病书》，黄坤等校点，上海古籍出版社2012年版。
李士厚：《影印原本郑和家谱校注》，晨光出版社2005年版。
〔明〕陈循等：《寰宇通志》，朝华出版社2020年版。
〔明〕马欢：《明钞本〈瀛涯胜览〉校注》，万明校注，海洋出版社2005年版。
〔明〕费信：《星槎胜览校注》，冯承钧校注，中华书局1954年版。
〔明〕严从简：《殊域周咨录》，余思黎点校，中华书局1993年版。
〔明〕郑若曾：《筹海图编》，中华书局2007年版。
〔明〕陈子龙等：《明经世文编》，中华书局1962年版。
〔明〕归有光：《震川先生集》，上海古籍出版社2007年版。
〔明〕张瀚：《松窗梦语》，盛冬铃点校，中华书局1985年版。
〔清〕杨英：《先王实录》，陈碧笙校注，福州人民出版社1981年版。
〔清〕江日昇：《台湾外记》，福建人民出版社1983年版。
〔清〕江日昇：《台湾外志》，吴德铎标校，上海古籍出版社1986年版。
〔清〕夏琳：《闽海纪要》，林大志校注，福建人民出版社2008年版。
〔明〕朱权：《神奇秘谱》，中国书店2016年版。
赵尔巽：《清史稿》，中华书局1998年版。
〔清〕朱寿朋编：《光绪朝东华录》，张静庐等校点，中华书局1958年版。
〔宋〕司马光：《资治通鉴》，中华书局1956年版。

论著类

《毛泽东评点二十四史》整理出版委员会编：《毛泽东评点二十四史》，中国档案出版社1996年版。
中国人民政治协商会议广东省委员会文史资料研究委员会编：《孙中山史料专辑》，广东人民出版社1979年版。
广东省社会科学研究院历史研究所、中国社会科学院近代研究所中华民国史研究室合编：《孙中山全集》，中华书局1981年版。
陈高华、吴泰：《宋元时期的海外贸易》，天津人民出版社1981年版。

厦门大学郑成功历史调查研究组编：《郑成功收复台湾史料选编》，福建人民出版社1982年版。

林仁川：《明末清初私人海外贸易》，华东师范大学出版社1987年版。

马书珂：《军事技术发展纵横史略》，北京兵器工业出版社1988年版。

孙光圻：《中国古代航海史》，海洋出版社1989年版。

赵荣：《中国古代地理学》，商务印书馆1997年版。

李长傅：《中国殖民史——中华民族拓殖南洋史·南洋华侨与闽粤社会南洋华侨史》，商务印书馆1998年版。

王小甫主编：《盛唐时代与东北亚政局》，上海辞书出版社2003年版。

黄纯艳：《宋代海外贸易》，社会科学文献出版社2003年版。

《莱布尼茨与中国文化》，首都师范大学出版社2006年版。

连横：《台湾通史》，商务印书馆2010年版。

邹鲁：《中国国民党史稿》，东方出版中心2012年版。

曾问吾：《中国经营西域史》，新疆人民出版社2014年版。

施展：《枢纽：3000年的中国》，广西师范大学出版社2018年版。

黄显堂编：《近代华侨史研究资料汇编》，上海科学技术文献出版社2020年版。

［英］巴兹尔·戴维逊：《古老非洲的再发现》，屠尔康、葛佶译，生活·读书·新知三联书店1973年版。

［日］池内宏：《满鲜史研究》，吉川弘文馆1979年版。

［美］卡尔·A.魏特夫：《东方专制主义》，徐式谷等译，中国社会科学出版社1989年版。

［日］内藤湖南：《概括的唐宋时代》，黄约瑟译，中华书局1992年版。

［德］马克思、恩格斯：《马克思恩格斯全集》，人民出版社1995年版。

［德］卡尔·施米特：《陆地与海洋——古今之“法”变》，林国基、周敏译，华东师范大学出版社2006年版。

［朝鲜］金富轼：《三国史记》，吉林大学出版社2015年版。

［英］詹姆斯·费尔格里夫：《地理与世界霸权》，胡坚译，浙江人民出版社2016年版。

［德］马克斯·韦伯：《世界经济简史》，李慧泉译，立信会计出版社2018年版。

[日] 舍人亲王：《日本书纪》，四川人民出版社2019年版。

[日] 中村修也：《天智天皇的日本：白村江之战后的律令国家与东亚》，吴明浩译，社会科学文献出版社2019年版。

期刊类

梁方仲：《明代的国际贸易与银的输出入》，《中国社会经济史集刊》1939年第6卷第2期。

田汝康：《15至18世纪中国海外贸易发展缓慢的原因》，《新建设》1964年第8期、第9期。

泉州湾宋代海船发掘报告编写组：《泉州湾宋代海船发掘简报》，《文物》1975年第10期。

上海交通大学：《秦汉时期的船舶》，《文物》1977年第4期。

郭正忠：《南宋海外贸易收入及其在财政岁赋中的比率》，《中华文史论丛》1982年第1辑。

黄约瑟：《试论唐倭之役与七世纪的东亚——评“白村江”》，《食货月刊》（复刊），1982年第12卷第3期。

石晓军：《唐日白江之战的兵力及几个地名考》，《陕西师范大学学报》1983年第3期。

沈仁安：《唐日关系的若干问题》，《日本研究》1994年第3期。

李伯重：《“选精”“集粹”与“宋代江南农业革命”——对传统经济史研究方法的检讨》，《中国社会科学》2000年第1期。

万明：《明代的白银货币化：中国与世界连接的新视角》，《河北学刊》2004年第3期。

王庆松：《20世纪宋代海外贸易研究综述》，《海交史研究》2004年第2期。

韩昇：《白江口之战的唐朝兵力考》，《暨南史学》2004年第3辑。

韩昇：《白江之战前唐朝与新罗、日本关系的演变》，《中国史研究》2005年第1期。